KPI

KEY PERFORMANCE INDICATORS: DEVELOPING, IMPLEMENTING, AND USING WINNING KPIS

4th Edition

关键绩效指标

KPI 的开发、实施和应用

（原书第4版）

[美] 戴维·帕门特（David Parmenter） ◎ 著

侯君 ◎ 译

机械工业出版社
CHINA MACHINE PRESS

图书在版编目（CIP）数据

关键绩效指标：KPI 的开发、实施和应用：原书第 4 版 /（美）戴维·帕门特（David Parmenter）著；
侯君译 . —北京：机械工业出版社，2023.5
书名原文：Key Performance Indicators:
Developing，Implementing，and Using Winning KPIs（4th Edition）

ISBN 978-7-111-72675-3

I. ① 关⋯　II. ① 戴⋯　② 侯⋯　III. ① 企业管理 – 人力资源管理　IV. ① F272.92

中国国家版本馆 CIP 数据核字（2023）第 042077 号

北京市版权局著作权合同登记　图字：01-2022-3176 号

关键绩效指标：

KPI 的开发、实施和应用（原书第 4 版）

出版发行：机械工业出版社（北京市西城区百万庄大街22号　邮政编码：100037）

策划编辑：李文静	责任编辑：李文静	
责任校对：薄萌钰　李　婷	责任印制：张　博	
印　　刷：保定市中画美凯印刷有限公司	版　　次：2023年5月第1版第1次印刷	
开　　本：170mm×230mm　1/16	印　　张：24.5	
书　　号：ISBN 978-7-111-72675-3	定　　价：89.00元	

客服电话：（010）88361066
　　　　　（010）68326294

版权所有·侵权必究
封底无防伪标均为盗版

_____
KEY
PERFORMANCE
INDICATORS

目录

第 10 章　汇报绩效评价指标 / 241

第 11 章　持续支持并改进关键绩效指标和关键成功因素 / 275

第 12 章　关键绩效指标项目研讨会案例研究与实施经验 / 287

成功实施关键绩效指标项目的企业
对本书的推荐

在 10 地设厂，拥有 4000 名全职员工的英国食品制造商

比起中长期的投入，许多企业仅关注短期的产出，我对此深表担心，因为在我看来只有前者才是企业未来业绩的预测因素。此外，让我感到忧心忡忡的还有许多企业缺乏团队合作，管理中充斥着臆造的"公司俚语"的乱象。长此以往，势必会造成分裂、混乱和形成一定的"怪罪文化"。为了改变现状，我决定从图书中汲取灵感，在阅读如何改进业务的相关理论时，我发现了戴维的著作，读后深受触动。

我们从企业中挑选了一位高级经理来领导变革计划，同时邀请戴维加入该项计划，与这位高级经理合作并给予指导。该经理与戴维组织了一系列会议，包括少数有关键利益相关者参与的研讨会和项目规划会议，经过多轮讨论，他们取得了积极的成果，最终在企业内全面推行了关键绩效指标方法。

戴维充分利用网络技术的优势，召开了网络研讨会，在 2.5 个小时的会议

中同时对各地分厂的员工进行培训。在分组会议中，与会者共同分享见解，见证了彼此思想的萌发和碰撞，继而形成成熟的观点。高管们对网络研讨会中提出的成果表示认可，并大力推进成果的交付。除了邀请戴维进行项目指导以外，我们还建立了一支关键绩效指标项目团队，肩负起这项繁重的工作，确保研讨会中制定的评价指标能够有效地指导企业的日常运营活动。这支关键绩效指标项目团队至今仍每天为整个企业提供关键绩效指标的汇报。

我将本书推荐给所有希望能更轻松地了解企业精细化绩效情况的首席执行官。依照书中提供的方法，我们的企业发生了颠覆性的变化，从一家只关心"团队政治"和"分内之事"的落后企业，一跃成为可以根据实时、客观的评价指标汇报，不断引领员工专注于重要且可控的活动的更为灵活、极具前瞻性的企业。

IPL 公司总经理，迈克·斯内尔（Mike Snell）

戴维的著作提出了实施关键绩效指标项目的具体方法，从外部为我们的企业提供了客观的指导，在此基础上我们设立了关键绩效指标办公室。项目团队借鉴书中提出的模式和循序渐进的流程，顺利地将绩效评价指标纳入到企业的运营活动中。

对初次实施关键绩效指标项目的企业来说，能够拥有一位外部导师和决策咨询师至关重要。这是我们企业第一次也是唯一一次尝试启动关键绩效指标项目，而戴维已经在此领域指导了无数次，积累了极其丰富的经验。

我们几乎完全按照戴维的指导实施项目。无须担心方法的契合性，我认为关键绩效指标项目与企业运营的业务性质毫不相关。

在此过程中，我们克服了 3 个难题：①在文化上获得认同，让员工意识到我们需要引入更有效的绩效评价指标来指导企业运营；②营造一种"先确定指标，再指导运营"的绩效评价指标汇报文化；③确定易于实施的数据可视化平台。

我们的关键绩效指标项目团队由 5 名分析师组成，他们采用业务合作的模式，分别与 5 个部门展开协作，具体工作包含 3 个方面：①提供有效的绩效评价指标，促进企业绩效；②提供易于理解及可视化的数据以帮助企业及员工了解企业当前的绩效；③与业务伙伴协作，通过利用上述数据和洞察来指导行动以改善绩效。

我们从关键绩效指标项目中看到的主要好处是，它让企业认识到用指标来衡量绩效并不是一件坏事。事实上，当下我们最引以为傲的是，这种用指标来衡量绩效的企业文化已经融入每一位员工的血液。

IPL 公司关键绩效指标项目团队领导者，

乔丹·斯特恩（Jordan Steane）

全球消费金融业务

几年前，我在英国初次接触到戴维的关键绩效指标方法。当企业制订最近的年度高管会议计划时，我们决定以新的方式开展关键绩效指标项目，于是我立刻想起了戴维提出的方法。我们的高管来自大大小小的金融机构，在之前的职业生涯中，我们见过不同的关键绩效指标方法，而这一次我们想做的改变就是尝试打破之前的"回顾性评价指标"，转向能够为我们期待的未来提供参考的绩效评价指标。

戴维为企业提供了一种全新的方法，帮助企业确定并实施相关的关键绩效指标项目，甚至还可以根据企业情况量身定制指标。

我将戴维的方法推荐给所有的高层管理者，它会帮助企业改善之前由于不当的评价指标而导致的不良绩效。

集团首席财务官，卡梅伦·斯莫尔（Cameron Small）

我们企业的全球首席执行官通过两天的高管会议了解了戴维的关键绩效指标方法，在确定了与企业相关的关键成功因素之后，任命我负责领导并实施关键绩效指标项目。和我一同工作的是总部人力资源团队的专业人士。尽管我们身处不同的国家，也从未见过面，但是我们通过日常交流和频繁的视频电话，成功地建立起了团队友谊。

关键成功因素是整体项目的基石。当我们将关键成功因素介绍给各地员工时，得到了各地不同部门员工的积极响应。全体员工目标一致，为关键绩效指标项目迅速搭建起框架。高管投入宝贵的时间确定企业的关键成功因素，这更加激发了员工对项目的认同。

企业建立了由两人组成的关键绩效指标项目领导团队，戴维对我们进行了积极有效的培训。他与我们一起出席了前两场研讨会（分别在澳大利亚和韩国举行），通过研讨会，我们指导与会者采用关键绩效指标方法，收集了与会者提出的绩效评价指标。此后，我们接管了全球研讨会的其余演示工作，戴维书中提供的模板给了我们莫大的帮助。戴维是一位了不起的导师，他不仅成功地向我们传授了知识，而且在此过程中帮助我们建立了充分的自信心。

戴维的《关键绩效指标》是我随身携带的手册。当员工提出难解的问题或想法时，我总可以在这本书中找到答案。

在项目实施的过程中，我发现戴维给予的指导效果显著。我建议所有关键绩效指标项目团队的领导者都聘请一位像戴维一样的外部导师。

我们严格遵照这本关键绩效指标手册提供的流程，成功地确立了企业的关键绩效指标。不同的是，我们选择用更少的指标来参与企业运营，同时显著加大对历史财务指标之外的绩效的监控。

在项目的实施过程中，我们努力地攻克了 3 个难题：①争取全体高管的支持，这是确保项目成功的必要条件；②理解企业是通过并购而非有机增长发展起来的，因此区域间的机制与流程存在差异，这一点给项目实施造成了诸多不便；③综合考虑企业面临的各种挑战以及其他亟待处理的问题，确保项目得到最高关注。

我们的关键绩效指标项目团队在项目的实施过程中积累了丰富的经验并收获了成长，目前在每一个全球运营区域或业务线上都拥有多个关键绩效指标项目团队冠军。我们未来的主要任务是改进绩效评价指标汇报的仪表盘，继续开发并实施最新的绩效评价指标——这已经成为一种企业管理的创新方式。

关键绩效指标项目团队领导者，

苏珊·麦克唐纳（Susan MacDonald）

其他读者的反馈

2013 年以来，我们一直在使用戴维·帕门特的方法。戴维提出的"主导性关键绩效指标"方法与我们企业的"精益"流程相得益彰。关键绩效指标至关重要，它们可以改变员工的日常行为，并交付广泛的经过改进的业务成果。

我衷心地将这本书推荐给关键绩效指标项目团队，阅读本书定会让他们受益匪浅。

纳尔逊管理有限公司战略与绩效部经理，

路易丝·奥康奈尔（Louise O'Connell）

戴维提出的关键绩效指标的开发和实施方法简单明了，极富实用性。对有兴趣在企业首次运用关键绩效指标方法的管理者来说，本书绝对是一份极其珍贵的参考资料。

The CFO Edge 公司首席执行官，

苏珊娜·塔克（Suzanne Tucker）

戴维的关键绩效指标方法易于理解和学习，适用于任何类型的企业。他的方法有助于企业确立并实施关键绩效指标，为提升企业的运营绩效提供了一剂良方。

卓越管理联合公司总裁兼绩效设计师，

斯科特·霍奇（Scott Hodge）

作者简介

戴维·帕门特的著作在关键绩效指标领域影响颇深，在国际上被公认为极具突破性和实践指导意义。他始终坚持持续改善（Kaizen）的理念，在不断实践探索的基础上，推出了本书——该领域最为畅销的作品的第 4 版。

戴维曾为安永会计师事务所（Ernst & Young）、英国石油有限公司（BP Oil Ltd）、安达信会计师事务所（Arthur Andersen）和普华永道会计师事务所（PricewaterhouseCoopers）工作，是英格兰及威尔士特许会计师协会（Institute of Chartered Accountants in England and Wales）会员。

他还是许多专业和商业杂志的专栏作家，他关注的绩效管理主题包括用季度滚动计划取代年度计划、汇报绩效的方法、领导力和管理等。

除本书以外，戴维还著有《财务总监和首席财务官的工具包：改变财务团队的精益实践（原书第 3 版）》（*The Financial Controllers and CFO's Toolkit: Lean Practices to Transform The Finance Team，3rd Edition*）、《政府和非营利机构的关键绩效指标：实施主导性关键绩效指标》（*Key Performance*

Indicators for Government and Non Profit Agencies: Implementing Winning KPIs）和《领先管理者的成功指南》（ *The Leading-Edge Manager's Guide to Success* ）（均由 Wiley 国际出版公司出版）。读者可以通过 parmenter@waymark.co.nz 与他取得联系。他在个人网站 www.davidparmenter.com 上提供了大量的电子资源，包括资源工具箱、论文、文章及免费的软件等，可以帮助关键绩效指标项目团队，尤其是首席评价官顺利开展工作。

戴维是闻名国际的演说家，他曾游历 32 个国家，为数千名与会者发表主题演讲，主持过无数次线上和线下的研讨会。他主持的会议生动活泼、发人深省，为许多企业带来无限的生机和翻天覆地的改变。

———

**KEY
PERFORMANCE
INDICATORS**

致谢

首先我要感谢位于惠灵顿的首都及湾区地区卫生局的所有医务人员，他们的无私奉献给予了我们极大的帮助，使我的妻子能够坚强地与癌症做斗争。他们的专业精神和团队合作深深地感染了我，并潜移默化地渗透到我的工作之中。

我还要感谢相信并选择应用我提供的方法的客户，他们的建议和反馈为本书前几章节的撰写工作提供了非常宝贵的资源。

我要特别感谢我的妻子珍妮弗和我的研究员阿哈德，他们的帮助是本书能够高质量地完成并顺利出版的保障。

许多伟大作家的经典思想影响了我。感谢本书提到的所有人，他们把闪光的智慧无私地分享给我们每一个人。

在我的学术之旅中，我得到许多导师的引领，他们为我提供了宝贵的建议和方向，他们是雷吉·伯奇菲尔德（Reg Birchfield）、杰里米·霍普（Jeremy Hope）、哈利·米尔斯（Harry Mills）、内森·唐纳森（Nathan Donaldson）、罗伯特·罗素（Robert Russell）和克里斯托夫·帕彭富斯（Christoph Papenfuss）。

最后，感谢所有在阅读本书之后，热切地想将书中的模式践行于企业绩效管理的读者。我希望这本书和随附的模板可以成为一笔宝贵的资产。我真诚地希望，通过我们的合作可以塑造一个惠及各方的用于监督、管理和改善绩效的新模式。

KEY
PERFORMANCE
INDICATORS

概述

　　所有的绩效评价指标都有阴暗面，也就是负面的结果，它推动非预期行为的发生，导致绩效的低下。我怀疑在一家企业中，很可能有一半以上的绩效评价指标都会导致非预期的负面行为发生。

　　本书的引言部分介绍了绩效管理的重要平台，说明陈旧不堪、官僚气息浓重的绩效管理方法抑制了企业的生命力，提出了一条由现代企业开辟，并被数位"范式转换者"（包括管理大师德鲁克、韦尔奇、柯林斯等）记录下来的通往有效绩效管理的成功之路。

　　本章的学习要点如下：

1. 所有的绩效评价指标都有阴暗面，为什么企业中一半以上的绩效评价指标会导致带有破坏性或不良效能的行为。

2. 确定企业关键成功因素以及与关键成功因素相关的评价指标的三大好处。

3. 在"悬崖顶端"衡量绩效的重要性。

4. 经常与关键绩效指标混淆的其他评价指标和一系列需避免的不当的绩效评价指标。

5. 关键绩效指标应该被视为"比赛的入场券",绝不能以此给予额外的奖励。

6. 为什么关键绩效指标项目必须由企业内部的关键绩效指标项目团队实施。

7. 为了使绩效评价指标更有效地发挥作用,首席执行官需要采取的一些措施。

8. 因为不能预见未来,所以不可盲目地提前设定年度目标。

9. 针对不同读者(包括董事会、首席执行官、关键绩效指标项目团队和团队协调者等)的推荐章节。

10. 为什么以前各版的读者应该购买本书。

11. 协助关键绩效指标项目实施的各种免费或收费的电子资料。

引言

为什么要阅读本书

许多企业因对工作重点缺乏清晰的认识,故而无法充分发挥自身潜力。它们没能将关键成功因素(Critical Success Factors,CSFs)与无数已知的成功因素区分开来。这意味着工作人员往往会根据团队的工作重点而非企业的工作重点安排工作。如图 0-1 所示,即便企业已确定了战略方向,团队的工作方向往往也与预期方向大相径庭。

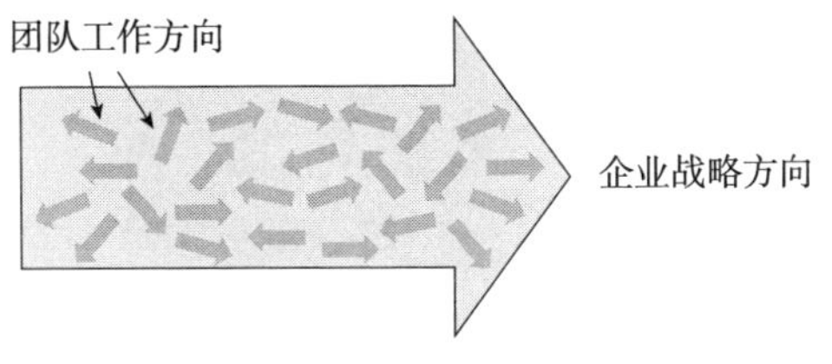

改变这种情况

团队工作方向

企业战略方向

图 0-1 团队工作方向偏离企业战略方向的情况

因此,如只在周末练习的高尔夫球手每十年能侥幸赢得一场高尔夫球赛一般,在许多企业中,绩效也体现出一种随机性。但情况也可不必如此,因为真正优秀的企业会如本书建议的那样，了解企业的关键成功因素，将其传达给员工，并有效地使用它，使之成为企业决策之源。

史蒂夫·乔布斯（Steve Jobs）认为能够深刻思考项目之所以得以完成的动因的管理者寥寥可数，以至于管理者自身成了许多项目的瓶颈。此处我想与读者分享乔布斯曾说过的一句话。我认为这句话应该张贴在每一面墙上、每一个工作区前。

你们的时间很有限，所以不要将它们浪费在重复其他人的生活上。不要被教条束缚，不要按照他人的思路生活，不要让其他人喧嚣的观点掩盖你内心的声音。[1]

根据我的观察，关键绩效指标（Key Performance Indicators，KPIs）和平衡计分卡项目的失败率"超出预期"。对许多企业来说，关键绩效指标就像一件破旧的工具。它往往是一个未经专业准备而随机设立的集合，无法很好地说明问题，会浪费资源、分散精力，最糟糕的是结果还会适得其反。

与之前版本相比，本书做出了重大修改，具体包括：介绍在关键绩效指标方法实施的过程中产生的"经验教训"；提供包含实施指南的简洁版关键绩效指标方法论；提出调整绩效管理其他领域的深刻见解。

非预期行为：绩效评价指标的阴暗面

图片来源：美国国家航空航天局（NASA），https://www.nasa.gov/multimedia/imagegallery/image_feature_1633.html. 图片由费尔南多·埃切瓦里亚（Fernando Echeverria）提供。

绩效评价指标就像月球一样，拥有黑暗的一面，这一面推动非预期行为的发生，导致绩效的低下。我怀疑，在一家企业中很可能有一半以上的评价指标会导致非预期的负面行为发生。

迪恩·斯皮泽（Dean Spitzer）的《绩效考评革命：反思考评方式 驱动团体成功》[2]（*Transforming Performance Measurement: Rethinking the Way We Measure and Drive Organizational Success*）是最早关注绩效评价指标导致的非预期结果的书之一。

🕐 实例

城市列车服务

这是一个关于城市列车服务的典型实例。列车服务设有关于准点的评价指标，同时针对列车驾驶员制定了严厉的处罚机制。晚点的驾驶员为免受惩罚，会选择在每一站入站时，就触动站台另一端的出站绿灯，不等乘客上下车完毕，就继续驾驶列车了。如此这般重复操作几站后，列车就会调整为准点状态，但是列车上和站台上的乘客都不太满意。

管理层需要认识到，就像飞机晚点责任不在飞行员，列车晚点也不是列车驾驶员的错误，除非是因为他们上班迟到或者午餐拖延了时间。

教训：管理层应该重点关注导致列车晚点的可控事件。保障列车准点的评价指标包括：

- 信号故障在被报告后＿＿＿分钟内未得到解决。列车驾驶员应将这些故障及时报告给首席执行官，后者将打电话给相应的经理（如果经理经常接到此类电话，则其职业发展无疑会受到影响）。
- 应每周向高级管理团队汇报未实施的预期检修，高级管理团队需要持续关注检修任务是否完成。

🕐 **实例**

急诊室

英国国民保健服务系统针对所有前来急诊室（A&E）就诊的患者设定了4小时诊疗目标。急诊室的评价指标是患者从挂号到接受诊治的时间，即候诊时间。医院工作人员很快意识到，他们虽无法阻止轻症患者挂号，但是他们可以在救护车上对患者进行细致的护理，进而推迟患者的挂号时间。

因此，医院要求护理人员将患者留在救护车上，直到医生能够接诊，借以缩短平均候诊时间。这种做法造成的结果是，每天停车场都停满了救护车，还有一些救护车不得不在医院绕来绕去。救护车无法提供有效的紧急服务成为不容忽视的大问题。

教训： 管理层应关注危重患者的救治是否及时，他们仅需评估此类患者的候诊时间即可。在救护车上，护理人员应始终以救治病患为第一原则，而非考虑候诊时间。前者也是在该评价指标出台之前护理人员一直坚持的原则。然而，太多时候，人们没能从千头万绪的工作中理出重点。

🕐 **实例**

快餐服务

某快餐连锁店举办了一场旨在减少鸡肉浪费的比赛，胜出的餐厅经理将获得与家人共赴度假胜地旅行的奖励。一位经理生活和工作皆不顺利，感到压力重重，因此，此次比赛成为他解决眼前问题的好机会。他将员工召集在一起，说明了他的计划："我要你们收到订单后再从冰箱中取出鸡肉，不要提早取。"主管提醒他："经理，这样一来，餐厅内和得来速通道都会排起长队。""别担心，我们只在比赛的那一周这样做。"经理说。

该经理最终赢得了比赛，连锁店总部将他奉为英雄，认为他创造了奇迹。直到下一周的收入数据统计出来，人们才幡然醒悟。顾客不愿排长队等待，纷纷选择在其他餐厅就餐。总部对调查结果震惊不已："你怎么能用这样的方法改变流程？""可我实现了你想要的零浪费。"经理并无悔意地说。

教训：把奖励与重要的评价指标挂钩将会导致充满博弈的比赛。减少鸡肉浪费应该被视作"比赛的入场券"而非额外的奖励。

一些需规避的常见绩效评价指标

根据预定的总收入目标评价销售人员。销售人员很可能以牺牲公司的利益为代价来实现个人目标——提供折扣，延长付款期限，将产品售给永远不会付款的客户。他们会千方百计地使用各种方法获取佣金。

将薪酬与低库存水平挂钩。企业会为获利而保持低库存，最终因缺货而停止运营。

计件评价。如果将受理案例的数量作为绩效评价指标，政府机关中有经验的工作人员往往会选择处理最简单的案例，而将困难的案例留给没有经验的人。这样则会造成难以想象的后果。

产能利用率。这是一项反精益的绩效评价指标，将导致工厂主管最大限度地保持长期生产，而事实上，生产并非针对客户的实际需求，仅为增加库存而已。

所有货物均按时交付。若单纯强调这一指标，而不考虑货物的重要性，员工会发生择优挑选的行为。人们会本能地优先配送容易处理的、不重要的货物，更重要、配送更复杂的货物则面临延期交付的风险。

因此，在确定绩效评价指标之前，必须：

- 与相关人员探讨："若以此为绩效评价指标，你将怎样做？"
- 推广之前先试行。
- 如果其阴暗面造成过多不良效能的话，就果断将其放弃。

斯皮泽指出："人们会做管理者检查的事情，但不一定会做管理者期望的事情。"

> "人们会做管理者检查的事情，但不一定会做管理者期望的事情。"

确定企业关键成功因素的三大好处

确定企业关键成功因素和相关绩效评价指标有三大好处：

1. 明确工作目标，使员工的日常行为与企业的关键成功因素保持一致。
2. 通过更简洁、更有意义的绩效评价指标来提高绩效。
3. 在企业各个层面建立更广泛的所有权，使员工获得授权和自主权。

明确工作目标，使员工的日常行为与企业的关键成功因素保持一致

在明确绩效评价指标之前，你需要知道能够保证企业每天正常运行的关键因素是什么。世界上每一家追求卓越绩效的企业都应该知道自己的关键成功因素，并将之传达给员工。

关键成功因素一经确定和传达，团队就可以调整日常行为，使自己的工作方向与企业的战略方向保持一致，如图 0-2 所示。

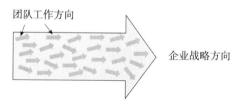

图 0-2　团队工作方向接近企业战略方向的情况

好的企业与卓越企业间的差距就在于前者的员工行为没有与企业关键成功因素保持一致。只有通过关键成功因素与相关的关键绩效指标，才能将员工日常行为与企业战略方向真正地联系起来。过去人们认为，月度预算与年度计划相联系，而年度计划与五年计划相关联，五年计划又与战略计划相关，因此企业战略就与日常行为相联系。这种想法在理论上似乎不错，但在实践中是行不通的，如图 0-3 所示。

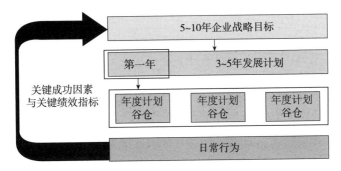

图 0-3 关键成功因素和关键绩效指标与企业战略目标的联系

使员工日常行为与关键成功因素保持一致的评价指标

1. 与向关键客户交付相关的评价指标：

- 向关键客户延迟交付超过两个小时——当日向首席执行官报告。
- 向关键客户交付的货品不全——当日向首席执行官报告。
- 飞机晚点两个小时以上——当日向首席执行官报告。
- 项目逾期——每周向管理团队报告。
- 在____小时内仍未解决关键客户的投诉——当日向管理团队报告。
- 超过 48 小时仍未解决关键客户的服务要求——当日向管理团队报告。

2. 与招聘相关的评价指标：

- 向决定录用的（关键职位）候选人发布录用通知书后，超过 48 小时仍未得到答复——每日向管理团队报告。
- 尚未安排下一轮面试的入围候选人名单——每日向管理团队报告。

3. 与员工满意度相关的评价指标：

- 下周或未来两周计划进行表彰的次数——每周向首席执行官报告。
- 在员工满意度调查后实施的举措数量——实施调查后，每周向管理团队报告。

- 递交辞呈的关键员工名单——当日向首席执行官报告。

通过更简洁、更有意义的绩效评价指标来提高绩效

绩效评价指标可以且理应对绩效产生深远的影响，因为它们：

- 常常推动事情发生，帮助人们看到工作进展并激发相关行为。
- 增加均衡绩效的可见性，使员工将注意力集中在重要的事情上。
- 增加客观性——迪恩·斯皮泽[3]指出，员工喜欢评价甚至喜欢被评价，但他们不愿意接受主观的评价。
- 提高理解力、决策力和执行力——斯皮泽表示，若缺乏有效的评价，就不会有持续的良好绩效。评价有助于提升商业直觉，并显著提高"决策成功率"。
- 提高长期绩效与企业目标的一致性。
- 方便反馈工作进展，及时向管理者提供早期预警信号。
- 采用一系列措施，鼓励及时反馈，评估未来事件（如，首席执行官应每周关注计划在未来两周内举行的庆典及表彰大会），鼓励创新，建立包括表彰、培训及指导在内的成功管理习惯，帮助企业为未来做好充分准备。

在企业各个层面建立更广泛的所有权，使员工获得授权和自主权

绩效评价指标反映了接下来需要完成的工作，帮助员工了解工作的要求。根据企业的绩效评价指标，管理者给出企业运营的总体方向，员工做出日常决策，以此推动工作顺利进行。培训员工并授权员工做出正确决定是一种管理方式上的转变，在很大程度上与丰田管理模式类似。任何不正确的决定都被看作

培训中的错误，而非个人的问题。

授权基层员工是本书关于关键绩效指标的一个基本条件（详见第 3 章"主导性关键绩效指标方法的背景"）。杰里米·霍普（Jeremy Hope）在《领导者的困境：如何建立一个具有自主性和适应性的不失控的企业》[4]（*The Leader's Dilemma:How to Build an Empowered and Adaptive Organization Without Losing Control*）一书中对这个问题进行了详细的讨论。

我认为没有一个人渴望失败或者认为失败是有回报的。只要评价指标得当，员工就会受到激励，努力获取成功。

绩效管理的重要平台

许多企业都有一个极其重要的平台，人们称之为绩效管理。陈旧不堪、官僚气息浓重的绩效管理方法抑制了企业的生命力。管理者常常按照错误的绩效管理方法开展工作，以牺牲企业寿命为代价，创造出短期的虚幻收益。令人感到无奈的是，在"短期游戏"中获胜的管理者，在企业中往往会得到更多晋升机会，其年终奖也会不断增加。

以上做法存在诸多弊端。如果火星人到访地球，在看到上述绩效管理方法后，他们一定会感到不可思议，无法想象我们能够借此成功登上月球，更别提向火星发射探测器了！优秀的管理者对此类错误的绩效管理方法都会嗤之以鼻。

40 年来，我通过对绩效管理的观察和研究，得出如下结论：一些主要的绩效管理问题在大多数企业中已经司空见惯，在大数据及新技术浪潮的推动下，无效的绩效管理案例数量持续增加，绩效管理问题愈加凸显。在这 40 年间，绩效管理问题迟迟不能得到解决，进而成为企业的顽疾。

下列表格中所示的失败的绩效管理实践令人沮丧，有必要弄清问题所在，找到解决问题的起点。在本书中，我将针对绩效管理中存在的主要问题，探索长效的解决办法，为有效地进行绩效管理提供参考。

	失败的绩效管理实践（粗体字部分在绪论中已做深入探讨）	提供可行性解决方案的参考读物
绩效评价指标不明确	缺少关于绩效评价的正式培训	本书
	不清楚什么是关键绩效指标，以及关键绩效指标的作用和应用	
	错误百出的评价指标	
	采用太多不能提供及时信息的绩效评价指标（即悬崖底下的救护车）	
	把所有绩效评价指标都称为关键绩效指标	
	将绩效评价指标与薪酬方案挂钩	
	将关键绩效指标和平衡计分卡项目委托给外部顾问	
	在关键绩效指标项目中，首席执行官和高级管理团队缺乏责任与担当	
目 标 不明确	在未确定关键成功因素的前提下开展企业运营	本书
	相信长远的战略规划会产生预期结果	杰克·韦尔奇的《赢》；钱·金和勒妮·莫博涅的《航向蓝海》
	强调"我为先"，将个人利益置于公众利益之前	杰里米·霍普的《领导者的困境》
	缺乏前瞻性目标，将短程思考凌驾于大局之上	

（续）

	失败的绩效管理实践（粗体字部分在绪论中已做深入探讨）	提供可行性解决方案的参考读物
旨在维持现状的管理方式	**项目的失败率与投资赛马的失败率一样高**	杰克·韦尔奇的《赢》 汤姆·彼得斯的《乱中取胜》 亨利·明茨伯格2009年11月发表于《斯隆管理评论》（*MIT Sloan Management Review*）的"不再有高管奖金"（*No More Executive Bonuses*） 伊丽莎白·哈斯·埃德莎姆的《德鲁克的最后忠告》
	用官僚作风扼杀创新	
	缺乏立即招聘到合适员工的决心	
	高管薪资设定与裁员补偿金标准始终保持不变	
	依赖过时的管理方式	
绩效管理方法陈旧、充满繁文缛节	管理部门机构冗杂，层级过多	杰里米·霍普的《领导者的困境》 汤姆·彼得斯的《乱中取胜》
	强调权力的集中	
	盲目地提前设定年度目标	
	将制订年度计划视为固定的流程而非持续性的动态变化过程	
	汇报制度过于复杂，管理体制越发沉重	
	不相信业务部门会在没有监督的情况下交付成果	
实施信息技术失败	寻找能够克服一切问题的"良方"——由外部顾问团队引入未经检验的信息技术系统	伊丽莎白·哈斯·埃德莎姆的《德鲁克的最后忠告》
误认为精益生产行动只面向制造商	不能理解并建立无间断的操作流程	杰弗瑞·莱克的《丰田模式》
	不懂得放弃	伊丽莎白·哈斯·埃德莎姆的《德鲁克的最后忠告》

提供可行性解决方案的参考读物

下列伟大的书为失败的绩效管理提供了解决方案。值得注意的是，这些书中只有两本为近期出版。这说明，无论技术怎样革新，绩效管理上的问题都是一直存在的。这些书就像老酒，历久弥新。

第一本是杰里米·霍普的著作《领导者的困境：如何建立一个具有自主性和适应性的不失控的企业》[5]（*The Leader's Dilemma:How to Build an Empowered and Adaptive Organization Without Losing Control*）。在这本书里，霍普概述了 21 世纪企业从根本上改变绩效管理的一系列实践，包括全食超市（Whole Foods Market，美国）、美国运通公司（American Express，美国）、挪威国家石油公司（Statoil，挪威）、HCL 科技公司（HCL Technologies，印度）、挪威电信公司（Telenor，挪威）、美国西南航空公司（Southwest Airlines，美国）、瑞典 Ahlsell 公司（Ahlsell，瑞典）、丰田（Toyota，日本）、通用电气公司（General Electric，美国）、戈尔公司（W.L. Gore & Associates，美国）、瑞典商业银行（Swenka Handelsbanken，瑞典）、约翰路易斯合伙公司（John Lewis Partnership，英国）、莱兰卡车（Leyland Trucks，英国）、纽柯钢铁（Nucor Steel，美国）、汤姆金斯公司（Tomkins，英国）。

第二本是汤姆·彼得斯的《乱中取胜：企业经理的 45 个绝妙处方》[6]（*Thriving on Chaos:Handbook for a Management Revolution*）。书中包含许多案例和具体的实施流程。尽管该书出版于 1987 年，但其中提到的方法至今仍然适用。该书每一章首页的左侧都有一个学习要点总结。我在本书的撰写中也采纳了此技巧。

第三本是杰克·韦尔奇的《赢》[7]（*Winning*）。该书可以令你充分地感受到杰克·韦尔奇的强大领导力。作为首席执行官，杰克·韦尔奇将通用电气公司的市值从 100 亿美元提升到了 5000 亿美元。《福布斯》（*Forbes*）杂志将他誉为 20 世纪最优秀的商业领导。我把杰克·韦尔奇称作"思维模式的改变者"。他与苏茜·韦尔奇（Susy Welch）共同撰写的《赢》是管理学领域的一本必读之作。

第四本是钱·金（Chan Kim）和勒妮·莫博涅（Renée Mauborgne）的《航向蓝海：超越竞争》[8]（*Blue Ocean Shift: Beyond Competing*）。这是钱·金和勒妮·莫博涅继《蓝海战略》（*Blue Ocean Strategy*）后的又一部实操指南，是一本关于探索新机遇的经典之作。作者发现，与为不断缩小的市场（红海）奋力拼搏相比，开创新的商业领域（蓝海）要容易得多。太阳马戏团（Cirque du Soleil）是体现蓝海战略的一个范例。舞蹈、歌剧和马戏融合在一起，形成一幅壮丽的景象，没有对手可与之匹敌。如果你想跨越红海，这本书很适合你。

第五本是杰弗瑞·莱克（Jeffrey Liker）的《丰田模式》[9]（*The Toyota Way*），该书解释了丰田如此特别的原因。在丰田，员工每天都要反思"明天我是否做得更好？"，每月至少提出一项创新，哪怕创新性很小。在全球范围内，丰田平均每名员工每年有 10 项创新。如果你想了解更多关于日本企业哲学中的"持续改善"理念，这本书值得一读。

第六本是伊丽莎白·哈斯·埃德莎姆（Elizabeth Haas Edersheim）的《德鲁克的最后忠告：现代管理学之父给全球经理人的箴言》[10]（*The Definitive Drucker: Final Advice from the Father of Modern Management*），该书是对德鲁克管理思想的总结，高度概括了德鲁克的思想和著作，是迄今为止关于德鲁克的最为经典之作。我视德鲁克为管理学界的达·芬奇——相信在今后 400 年，他的管理思想会愈加得到理解和尊重。所有的经理人和领导者都应该仔细研读，反复参阅该书。

缺少关于绩效评价的正式培训

若管理者在尚未接受关于绩效评价的培训的情况下，就直接经营公共部门和私人部门，而不是像会计和信息系统那样，严格地制定、讨论操作流程，并对管理者进行培训，那么绩效评价会因缺乏足够的关注和滋养，只能沦为商业理论和实践的孤儿。

解决办法：本书第 12 章"关键绩效指标项目研讨会案例研究与实施经验"为实施绩效评价提供了参考。

不清楚什么是关键绩效指标，以及关键绩效指标的作用和应用

2018 年《斯隆管理评论》(*MIT Sloan Management Review*) 和谷歌的跨行业调查[11] 要求高级管理人员说明他们及其企业是如何在数字时代使用关键绩效指标的。这可能是有关这一话题的规模最大的一次调查，有 3200 多名高级管理人员提供反馈，研究人员还从中随机抽取了 18 名高管和思想领头人进行深入访谈。

这项研究发现，在所有接受调查的样本中，关键绩效指标项目的领导者是表现最好的群体，他们能够：

- 通过关键绩效指标来指导行动——为他们的企业寻找新的发展机遇，发现激励和鼓舞团队的新方法。
- 不仅将关键绩效指标当作"要达成的数字"，更将其作为实现转变的工具。
- 使用关键绩效指标有效地调整人员和流程，从而服务于客户和品牌目标。

然而，此项研究在定义关键绩效指标时陷入了常见的误区，研究结果偏离了原有的方向。该研究将关键绩效指标定义为：

企业用来确定其运营和战略目标实现程度的可量化指标。

这一定义在以下几个方面存在缺陷：

1. 通过定期报告来衡量企业战略目标的实现程度，该做法并不能保障员工行为及操作流程与企业战略目标保持高度一致性。

2. 所有的绩效评价指标都是关键绩效指标——这一错误理解由来已久。这两者怎么可能等同呢。在研究中，作者承认"大多数企业并没有建立严格的关键绩效指标体系，用以审核绩效情况或推介企业变革。在实践中，关键绩效指标只是在名义上被定义为'关键'，人们对关键绩效指标普遍持有的态度是服从，而非承诺"。"关键"和"绩效"这两个词联系在一起的目的只是通过该评价指标提高客户满意度并改进财务绩效。

3. 汇报业务进展与企业战略目标的完成情况是必要的，汇报频率通常为每月 1 次，但每月汇报并不能如想象的那样驱动绩效大幅改进。我从未看过每月 1 次的评价能给企业绩效带来任何变化的案例。我们需要全天候（24/7）、每天或每周提出警示，根据警示及时采取纠正措施。每月的业务进展汇报只能证实我们已经知道的事情。

解决办法：本书第 1 章 "对于关键绩效指标的巨大误解" 阐明了哪些是关键绩效指标，哪些不是。

错误百出的评价指标

采用平衡计分卡的企业经常会有 200~300 项评价指标。而我认为，一家企业最多只需要 100 项评价指标，包括大约 10 项关键绩效指标和关键成果指标（Key Result Indicators，KRIs），以及 80 项绩效指标（Performance Indicators，PIs）和成果指标（Result Indicators，RIs）。本书第 1 章对上述术语进行了详细的解释。第 3 章和第 6 章介绍了在企业内部建立一个专业团队的必要性，以便在使用评价指标之前对其完成设计和检验。

彼得·拉弗蒂（Peter Rafferty）曾指出，我们不仅有数据湖，我们还有数据沼泽，他的评论非常有启发性：

随着人们掌握了越来越多的数据（我不喜欢大数据这个词），数据沼泽的数量也日益增多。数据"湖"更多是一种企业数据的架构。而人们一味地将数据堆积在一起，很容易陷入数据沼泽，为包含各种活动、重大事件、产品产量等无数非关键绩效指标的事物制定评价指标。糟糕的是，这些评价指标会没完没了地出现在报告中和杂乱的仪表盘上。更糟糕的是，企业以及以此获利的企业顾问以制定上述评价指标为荣。简直难以置信！两周前我甚至看到一张专门用来衡量评价指标数量的柱形图，这真是荒谬至极。

彼得·拉弗蒂，甘尼特·弗莱明公司运输顾问

许多企业都在围绕错误的评价指标开展工作。通常情况下，寻找评价指标的工作并未受到足够的重视，该任务往往会被随意地布置给某一位员工，而他对于如何确定合适的评价指标并使其激发适当的行为几乎一无所知。本书第8章将详细探讨确定评价指标时应遵循的原则。

最近，我看到了一段文字，很好地说明了制定绩效评价指标的重要原则：

在制定关键绩效指标时，应该把稀缺性作为一个重要的考虑因素，想象每一项关键绩效指标的使用都将伴随着高昂的成本。在确立关键绩效指标时不妨先问一问"如果我们只能评价或说明一件事……那会是什么？"，以此确定什么才是最重要的事。如果企业能够关注什么事才是至关重要的，丢掉对太多不重要的事进行评价的想法的话，在这种情况下开发的关键绩效指标才是最有效的。

迈克尔·克拉克（Michael Clark），
埃弗古德马术协会（Evergood Equestrian Association）创始人

解决办法：采用这种方法的企业已成功地将绩效评价指标的数量限制在合理的范围内。

采用太多不能提供及时信息的绩效评价指标（即悬崖底下的救护车）

长久以来，企业过于依赖以每月为基础进行的绩效评价（即悬崖底下的救护车），但是这些信息并不及时，因此即便得到反馈也来不及改变经营决策。显然，及早发现问题比在每月报告中发现不良业绩要好。如果能够在需要改进之处，以全天候、每天或每周为基础进行评价的话，往往更容易纠正错误并解决在实践中出现的问题。

我认为世界上不存在每月汇报 1 次的关键绩效指标。若关键绩效指标对一家企业的福祉至关重要的话，企业一定会尽可能频繁地对其进行评价与汇报。这一问题将在第 1 章展开进一步讨论。

解决办法：许多企业已将绩效评价的汇报频率设定为全天候、每天或每周 1 次。

把所有绩效评价指标都称为关键绩效指标

认为所有的绩效评价指标都是关键绩效指标是一种谬见。本书第 1 章"对于关键绩效指标的巨大误解"中具体解释了如何划分两大类共 4 种指标。以下是一些经常被误认为是关键绩效指标的常见指标。

已动用资本回报率（Return on Capital Employed）。我们从来都不该把"已动用资本回报率"看作关键绩效指标，因为我们无法将它与某位管理人员的行为联系在一起——已动用资本回报率是多位经理采取不同行动的结果。设想某天早晨，首席执行官对总经理说："帕特，我希望你今天提高已动用资本回报率"，总经理一定会对此感到不可思议、荒谬至极。已动用资本回报率属于关键成果指标，适用于向董事会报告进展情况。

净推荐值（Net Promoter Score）。该指标是指在企业与客户多次互动后，客户向他人推荐该企业及其服务的可能性的指数，是一个很好的关键成果指标，适用于向董事会报告。然而，我们要做的不应该是管理指标，而是需要选择某些指标进行每日监控，包括市场营销活动时与客户的最初接触，以及交付产品、提供服务、开具发票、与客户建立不间断的业务关系等。

员工平均业绩收入（Revenue per Employee）。将零售店依据标准分成不同的等级——从黄金地段的大店到客流量较低的小店，在对同等级的零售店进行比较时，员工平均业绩收入可以作为一个有效的排序工具。员工平均业绩收入也是一项成果指标，是客流量、最近的促销活动、竞争者近期行为、季节性销售模式和天气等的综合效果。

经济增加值（Economic Value Added）。这项指标考虑了股权资本的机会成本，是一项很有用的指标。该指标为成果指标，应定期开展评价。在计算经济增加值的过程中，需对传统收入概念进行一系列调整，用以重述税后净利润，包括记录经济折旧和排除某些非现金调整。

客户满意度（Customer Satisfaction Rate/Index）。这是一项通过客户调查得出的指标。客户满意度从来都不是关键绩效指标，它被评价的频率过低，也不会告诉你要解决什么问题。在应该仅针对可获利客户的情况下，它往往囊括了所有的用户。

员工满意度（Employee Satisfaction Rate/Index）。与客户满意度指标一样，员工满意度也不属于关键绩效指标。该指标被评价的频率较低，是一项针对过去众多事件的评价指标。员工满意度报告发布后，企业每周都应评价的一项关键绩效指标就是"有多少调查建议得到了落实？"。该关键绩效指标的评价周期为6~8周，如果延迟的话，就算做出改变往往也于事无补了。最好每年对统计样本展开3~4次调查，并与所有员工分享调查结果。

解决办法：本书第1章"对于关键绩效指标的巨大误解"具体解释了划分为两大类的4种指标。

将绩效评价指标与薪酬方案挂钩

企业错误地将绩效评价指标与薪酬方案挂钩，这是考虑不周、有失公允甚至不正常的。这样的薪酬方案往往使财富落入高级管理者的口袋，而代价是牺牲了企业长期的生存能力。

尽管过去 50 多年的数百项研究表明，外在动机（由财富、名望、成就和赞誉等外部奖励驱动的行为）并没有效果，但大多数领导者仍然坚信经济刺激是提高绩效的关键。

杰里米·霍普[12]

每年绩效奖金的发放高达数十亿美元，但是不可思议的是，奖金发放的依据竟然是未经慎重思考和缜密流程而随意提出的评价指标。制定绩效奖金的专家是谁？他们除了善于制造目前混乱的局面之外，有什么资历在这个重要的领域工作？是哪一位"了不起"的专家建议对冲基金向基金经理支付 10 亿美元奖金，而这位经理却只是创造了账面收益，在股市低迷时根本无法转为现金？这些奖金方案从一开始就是错误的，企业支付了大量金钱，而对资本成本却视而不见。在某些市场中，不需辛苦付出就能赚钱，而且经常如此，通常这样的奖金方案专门为"高层"而设。

美世人力资源咨询公司（William Mercer）的一项研究表明，大多数基于个人业绩或绩效的薪酬方案都有两个特点：它们消耗了大量的管理时间和资源；它们让每个人都感到不快乐。[13]

《哈佛商业评论》最近对近 1300 家私人部门展开了调查[14]，包括进行有针对性的访谈，并发放了 14 000 份完整的问卷，调查发现：

- 当员工薪酬与企业利润分配的相关性处于中低水平时，员工的工作满意度、组织承诺和对管理层的信任水平也会较低。

- 员工持股与工作满意度呈直接负相关，与员工对管理层的承诺和信任无显著关系。

当我们审视大多数与企业利润相关的薪酬方案时，我们发现这些方案严重偏向高管，高额奖金再加上股票期权，无形中给高管团队带来大量的收益。研究发现，美国公司平均将75%的股票期权给了前5位高管。[15] 这种做法会引发很多问题：首先，约70%的股票价格是由行业因素驱动的；[16] 其次，该方案剥夺了大多数员工的权利；最后，该方案使股东的巨额财富落入到高管的口袋中。

亨利·明茨伯格认为激励制度不可修复，只应彻底废除。[17] 詹森（Jensen）和墨菲（Murphy）[18] 的研究表明首席执行官的薪酬和其企业的业绩好坏几乎没有联系。

我听说过许多失败的关键绩效指标项目，它们的一个共同特征就是本末倒置——管理者出自错误的原因，意图寻求能够快速解决问题的办法。他们确立了与绩效奖金挂钩的关键绩效指标。而事实上，认为将绩效评价指标与薪酬方案挂钩能够提高绩效，是最大的误解之一。如果将两者挂钩，只会增加人为操控这些重要指标的可能性，使关键绩效指标变为"关键政治指标"（Key Political Indicators）。

关键绩效指标是一个特殊的绩效评价工具，任何与绩效奖金相关的讨论都不应将关键绩效指标考虑在内。本书第1章指出，关键绩效指标至关重要，切忌将其作为为个人或团队争取最大化利益的工具。关键绩效指标应该被视为"比赛的入场券"，绝不能以此给予额外的奖励。

无论是否与年度绩效奖金挂钩，平衡计分卡都受到了人为控制。正如斯皮泽所言："最终的目标不是客户，而往往是平衡计分卡。"斯皮泽曾听到一些高管坦言："我们不担心战略，只要找到驱动数字变化的方法，拿到奖金就好。"

解决办法： 许多企业都改变了与绩效相关的薪酬方案，如美国运通公司、杜邦公司（Dupont，美国）、美国西南航空公司、通用电气、布尔电脑公司（Groupe Bull，法国）、约翰路易斯合伙公司、莱兰卡车、马歇尔工业公司（Marshall Industries，美国）、瑞典商业银行（Swenka Handelsbanken，瑞典）、全食超市。想要了解更多内容，请登录 www.davidparmenter.com，获取我的工作指南，明晰与绩效相关的薪酬方案的基石。

将关键绩效指标和平衡计分卡项目委托给外部顾问

彼得·德鲁克发现许多创新项目失败的原因在于领导该项目的人并非合适的人选。当我们招聘一名新员工或顾问来承担一个重大项目时，原有的员工和管理人员常会感到不安。员工们会想：我的工作会发生什么变化？我最擅长的任务会不会没有了？这会影响我的工资吗？

员工们顾虑重重，停车场里来访的外部顾问的保时捷卡雷拉跑车让焦躁的心情雪上加霜，这往往会让正在进行的项目陷入僵局、毫无进展。也许还有一些员工和管理人员在工作中拒绝配合外部顾问。在这种情况下，外部顾问获得成功的机会就像登山者独自攀登珠穆朗玛峰一样渺茫。想要成功，只能期盼奇迹发生。

实际上，德鲁克建议在企业内部选择一位项目领导者，他在企业里享有威望、备受尊重，许多人都接受过他的帮助，觉得欠他一份人情。这是本书第 3 章谈及的主导性关键绩效指标方法的 7 个基本条件之一。关键成功因素及相关评价指标必须由企业内部的关键绩效指标项目团队确定，由经验丰富的导师（顾问）进行培训和指导。如果顾问的数量超过项目团队成员的数量，那么失败肯定会随之而来。

解决办法：由企业内部关键绩效指标项目团队负责关键成功因素及相关评价指标的确定与实施。

在关键绩效指标项目中，首席执行官和高级管理团队缺乏责任与担当

迪恩·斯皮泽[19]指出绩效评价的关键在于领导力。"只有首席执行官对绩效管理充满热忱又富有学识，21世纪的绩效评价指标才会更有效地发挥作用。"只有当首席执行官成为关键绩效指标项目的精神领袖时，项目才能顺利进行。

> 只有首席执行官对绩效管理充满热忱又富有学识，21世纪的绩效评价指标才会更有效地发挥作用。

如果你是一位正在阅读本书的首席执行官，你可能会与我的看法相同——传统的绩效管理方法确实出现了严重的问题。

远洋客轮在航行中，需要船员不断地确定距离和方向以保证安全。与此相似，首席执行官需要判断"我们的方向是否正确？""进展如何？""我们该如何改进方能取得进步？"。

由于首席执行官的工作量较大，他们很可能没有时间通读本书。为解决这一问题，我特意写了这封致首席执行官的信，以帮助他们把握本书的重点。

致首席执行官的信

戴维·帕门特，作家、演说家、引导师

帮助企业评价、报告及改进绩效

邮政信箱10686，新西兰惠灵顿

（＋64 4）499 0007

www.davidparmenter.com

尊敬的首席执行官：

回复：邀请贵公司实施主导性关键绩效指标方法

我想借此机会向您介绍一个将会对贵公司产生重大影响的流程。它将把您

和您的员工同公司中最有影响力的关键活动联系起来。若能成功实施，那么关键成功因素和关键绩效指标项目将会产生深远的影响，为贵公司带来巨大的收益。

我敢打赌，贵公司一定还未将关键成功因素从您及您的高级管理团队经常谈及的众多成功因素中分离出来。

我还要指出，您收到的大部分报告——无论是财务报告还是绩效评价指标报告——对您的日常决策其实并没有任何意义。这是因为您收到的大部分信息都是月度数据，过去的时间太久，很难根据报告做出任何改变。

我推荐您阅读本书的下列章节：

引言。该部分介绍了确立正确的关键绩效指标为企业带来的重大收益。

第1章 对于关键绩效指标的巨大误解。本章介绍了关于关键绩效指标的新思路及相关背景，许多人将本章视为理解关键绩效指标的突破口。

第2章 绩效评价指标的思维误区。本章说明了绩效评价指标项目失败的原因。

第3章 主导性关键绩效指标方法的背景。

第4章 引领并推介变革。本章将为尝试推介新理念的管理者提供建议和帮助。

第5章 使首席执行官和高级管理团队投身于变革。

第6章 培训企业内部资源来管理关键绩效指标项目。

在阅读上述内容后，我相信您一定会满怀热忱、坚定不移地推动主导性关键绩效指标项目在贵公司的实施。本书是为一本能够为关键绩效指标项目团队提供建议与参考的工作手册。

希望您的助理可以关注我录制的音频"在KPI领域晚点的飞机"（The Late Planes in the Sky KPI）。我的网站上还有许多相关音频。只需抽出20分钟的空闲时间倾听，您就会更加了解关键绩效指标的巨大潜力。

我希望本书能够使您的关键绩效指标项目团队取得显著进步。期待听到您的进展。

致以诚挚的问候。

戴维·帕门特

parmenter@waymark.co.nz

注：欢迎随时拨打我的电话（＋64 4）499 0007。

解决办法：在绩效管理方面具有领导力的首席执行官，在参加了为期2天的关键成功因素研讨会后，其企业的关键绩效指标项目都获得了成功。

在未确定关键成功因素的前提下开展企业运营

到企业参观时我总会环顾四周，如果在墙上看不到体现关键成功因素的海报的话，我就会立即知道该企业并未给予关键成功因素足够的关注。在我看来，企业如果不清楚什么是关键成功因素，这就好比球队在世界杯比赛中没有守门员或者带个业余的守门员一样，必然以失败告终。

关键成功因素可定义为：

能够持续影响企业健康、活力和福祉的一系列关乎企业绩效的事件或者方面。[20]

解决办法：本书第7章阐述了如何确定企业内部的关键成功因素，其中提到的许多方法都在企业中得到了验证，为企业积累了宝贵的经验和财富。

缺乏前瞻性目标，将短程思考凌驾于大局之上

汤姆·约翰逊（Tom Johnson）教授指出："以财务为导向的增长策略是

指，通过采取增加收入及削减成本的方式来提高企业的盈利能力。虽然该方法体现了无可挑剔的数学逻辑，但它却忽视了企业的长期盈利应来自客户满意度和企业运营模式的事实。"[21]

阿里·德赫斯（Arie de Geus）[22]发现长寿公司并不把自己视作为企业家和股东创造利润和价值的主要经济单位，而是一个由不同生命系统组成的有机体。

在实现短期销售目标和获取丰厚奖金的驱动下，一些问题也应运而生。通用汽车和福特加大打折力度，虽增加了汽车的销量，却大幅削减了品牌价值。这种缺乏前瞻性目标的做法变得非常盛行，成了消费者的福音。

一些大型跨国企业每个季度都会全力追赶业绩以完成预定目标，而忽略了自己在市场上的表现，这样的行为无异于跳崖自杀的旅鼠。

事实上，超过一定规模的企业往往都会陷入上述问题的泥淖，虽历经风光，最终却只得黯然收场。

解决办法：丰田公司将长远发展置于眼前的需求之上，为其他企业树立了光辉的榜样。

项目的失败率与投资赛马的失败率一样高

企业中有太多的项目始于人们对新事物的沉迷及因旧项目停滞不前、陷入僵局而产生的厌倦。经理们宁可让项目夭折，也不愿接受冒险一搏却以失败告终的结果。

要是在不知晓如何引领并推介变革的情况下就贸然启动项目，面对既缺乏挑战性又无法带来任何变革的"默认的未来"，管理人员和员工往往只能失望地终止项目。

解决办法：本书探讨了企业要怎样走出困境并推介变革。

盲目地提前设定年度目标

各种形式的年度目标都注定以失败告终。管理层经常花费数月的时间为如何设定现实的目标而争论不休，然而唯一能够确定的就是，最终确立的目标一定不是恰当的目标，要么太容易实现，要么根本难以达到。我们不能预见未来，又怎么能盲目地提前设定年度目标呢？

我们常常看到有些企业为了实现季度、年度目标而不择手段，哪怕承担极大的风险也在所不惜。冲动之下，一些繁荣数十载的企业纷纷跌下神坛，消失在人们的视野里，如英国北岩银行（Northern Rock）、雷曼兄弟公司（Lehman Brothers）、美林证券（Merrill Lynch），还有贝尔斯登公司（Bear Stearns）等。如果当初高管们能够以不同的角度看待工作绩效，上述企业的命运将会截然不同。

在很多情况下，企业在实际上失去市场份额的时候向管理者支付了奖励。也就是说，销售额的增速并未跟上市场的增速。杰里米·霍普[23]指出只要定期向员工公示相对于其他同事和业界同行的工作的完成情况，那么不提前设定年度目标就没有任何问题。杰里米·霍普指出，如果一个人不知道拿到最高奖金需要努力的程度，他就会尽最大可能地努力工作。

通用电气前首席执行官杰克·韦尔奇[24]曾奖励那些在生意不景气时虽然销售业绩低于往年，却设法增加市场份额的子公司。

解决办法：世界各地的优秀企业都已经从年度目标转向季度滚动计划，包括全食超市、美国运通、挪威国家石油公司、瑞典 Ahlsell 公司、通用电气、戈尔公司、瑞典商业银行以及汤姆金斯公司等。

解决办法：杰里米·霍普的著作清楚地阐明了另一种解决方案。

如何充分利用本书

本书提供的内容与资源适合参与关键绩效指标开发和实施工作的所有工作人员。建议关键绩效指标项目团队的所有成员、项目的外部引导师、团队协调者和本企业的引导师（如果需要）能够人手一本，以便相关人员可以遵循相同的计划和流程开展工作。关键绩效指标项目团队成员在同企业员工和管理者会面时应随身携带本书，这样他们就可以摘取书中提供的示例来阐明问题。针对不同读者推荐阅读的章节见表 0-1。

表0-1　推荐阅读章节

章节标题		董　事　会	首席执行官和高级管理团队	关键绩效指标项目团队、外部引导师	团队协调者
	引言	√	√	√	√
第 1 阶段：使企业投入到变革中，培训企业内部资源来管理关键绩效指标项目					
第 1 章	对于关键绩效指标的巨大误解	√	√	√	√
第 2 章	绩效评价指标的思维误区	√	√	√	√
第 3 章	主导性关键绩效指标方法的背景		√	√	√
第 4 章	引领并推介变革		√	√	
第 5 章	使首席执行官和高级管理团队投身于变革		√	√	
第 6 章	培训企业内部资源来管理关键绩效指标项目		√	√	

（续）

章 节 标 题		董 事 会	首席执行官和高级管理团队	关键绩效指标项目团队、外部引导师	团队协调者
第2阶段：确定企业内部的关键成功因素（员工每日需完成的能够影响企业绩效的事务或方面）					
第7章	确定企业内部的关键成功因素			√	√
第3阶段：确定评价指标，用评价指标驱动绩效					
第8章	有意义的绩效评价指标的特点			√	√
第9章	绩效评价指标的开发与完善			√	√
第10章	汇报绩效评价指标			√	√
第11章	持续支持并改进关键绩效指标和关键成功因素			√	√
第12章	关键绩效指标项目研讨会案例研究与实施经验			√	
附录	绩效评价指标数据库			√	

为什么购买本书

在撰写《关键绩效指标》第1版时，我着力将内容基于个人经验和关键绩效指标手册[25]，有意忽视了其他外部因素影响。自2007年以来，我阅读了大量绩效管理和绩效评价指标的文献，同时通过我在主题演讲和研讨会上结识的数千名观众，了解到了形形色色的想法。这些经历加在一起，于是有了本书。

现在我已步入暮年,我相信岁月馈赠给我的不仅仅是年纪,还有宝贵的智慧。在撰写本书的过程中,我经历了无数次拨云见日、醍醐灌顶,我的思路也越清晰。在此基础上,我对本书的章节结构和布局做了大量的改善和提升。

本书在以下方面进行了完善:

- 将关键绩效指标项目的实施简化和精炼为三个阶段。
- 重新组织章节,使本书更加方便阅读,同时删掉了重复的内容。
- 分析阻碍变革的心理因素,完善"引领并推介变革"的过程。
- 列出需避免的一系列不当的绩效评价指标。
- 增加新章节"有意义的绩效评价指标的特点"。
- 增加了我近年在关键绩效指标项目实施中使用的新方法。
- 开发了新的图表、模板和练习,协助关键绩效指标项目团队投入项目实施。
- 改进绩效评价指标数据库。

自第3版出版以来,我投入大量的时间展开研究,在关键绩效指标方法论方面取得了显著的进展。你只需用少量的费用即可购得本书,然后慢慢地仔细阅读就可以了解这些新的进展。简化的新方法详见表 0-2。

表0-2　简化的关键绩效指标新方法总结

任　　务	描　　述
1.1　向首席执行官、高级管理团队和企业权威人士推介关键绩效指标项目(详见第 4、5 章)	精心设计一场电梯演讲,然后准备具有信服力的陈述报告,接下来召开焦点小组会议,以获得企业权威人士的全力支持
1.2　选择一位外部引导师来指导关键绩效指标项目团队(详见第 5 章)	外部引导师将指导企业把握时机、确定关键绩效指标项目团队成员和规模,以及为了给关键绩效指标项目留出空间,选择放弃哪些内容

（续）

任　　务	描　　述
1.3　建立一支小规模的关键绩效指标项目团队并开展培训（详见第6章）	外部引导师可以帮助企业对关键绩效指标项目团队成员开展培训，确保关键绩效指标项目团队的领导者拥有若干导师，在不同领域为他们提供信息与支持。关键绩效指标项目团队同企业的权威人士共同制定一份项目的蓝图，涵盖关键绩效指标项目的试点等工作内容
1.4　向所有员工推介关键绩效指标项目，鼓励他们参加为期2天的绩效评价指标研讨会（详见第4章）	需要让出席绩效评价指标研讨会的员工相信，这是一项值得他们参加的重要活动
2.1　从企业的文件和访谈中查找现有的关键成功因素和期待的外部结果（详见第7章）	确定什么是企业内部的关键成功因素与期待的外部结果
2.2　召开为期2天的关键成功因素研讨会，确定企业内部的关键成功因素（详见第7章）	绘制每个成功因素的影响范围，了解哪些因素的影响最大，以此方法确定并向全体员工传达企业内部的关键成功因素
3.1　召开为期2天的绩效评价指标研讨会，对所有其他相关员工进行培训，以开发出有意义的评价指标（详见第8、9章）	从企业各部门中选择代表参加绩效评价指标研讨会，在研讨会上对关键绩效指标方法论、为什么确定及怎样确定企业内部的关键成功因素进行培训。参会人员将会了解如何根据企业内部的关键成功因素确定绩效评价指标，如何建立一个包含过去、当前和未来评价指标的有效组合
3.2　在绩效评价指标研讨会后，进一步完善绩效评价指标（详见第9章）	关键绩效指标项目团队将删除重复和不合适的指标，去除数据提取成本大于衍生收益的指标，对所有绩效评价指标进行重新措辞，使表述变得通俗易懂
3.3　举办一次"绩效评价指标展览"，淘汰不当的、无效的绩效评价指标（详见第9章）	举办"绩效评价指标展览"，要求员工针对挂在项目团队办公室墙上展示的评价指标发表他们的看法

（续）

任　　务	描　　述
3.4　各团队从最终的绩效评价指标数据库中提炼团队的绩效评价指标（详见第 9 章）	团队选择相关的评价指标，并在数据库记录他们选择的所有评价指标
3.5　确定关键成果指标和关键绩效指标（详见第 9 章）	确定 8~12 项关键成果指标，用以向董事会汇报企业的运营状况。确定主导性关键绩效指标，确保其具备第 1 章阐释的关键绩效指标的 7 个特征。对关键绩效指标进行 3 次试点检验
3.6　设计绩效评价指标的汇报框架（详见第 10 章）	使用经实践检验最适合的数字可视化技术进行全天候或每天、每周、每月、每季度的汇报。利用现有的技术，提交给首席执行官可以每天在智能手机和笔记本电脑上更新的汇报
3.7　帮助所有团队合理应用其所选择的绩效评价指标（详见第 11 章）	在接下来的几个月，关键绩效指标项目团队需确保绩效评价指标的汇报及时、准确，并在必要时采取措施进行纠正。制订培训方案，针对现有员工和新员工开展关键绩效指标培训
3.8　每年修订一次企业内部的关键成功因素和相关评价指标（详见第 11 章）	对当前企业内部的关键成功因素和相关评价指标进行审查，以确定需要进行哪些修改

PDF 工具箱

　　我的所有作品都重点关注项目的实施环节，本书可以为关键绩效指标项目团队指明前进的方向，帮助企业预测财务团队需解决的问题，并列出他们应承担的主要职责。当然，每项工作的实施都会反映出企业的文化、企业为未来发展所做的准备，以及首席执行官、内部关键绩效指标项目团队和员工对此项工作的投入。

读者可以结合本书使用 PDF 工具箱。PDF 模板在相关章节中将用以下图标表示：

为了更好地运用书中介绍的方法实施企业战略，读者可参阅下列电子资源：

- 网络广播和录制的展示报告（请登录 www.davidparmenter.com/webcasts 查阅）。一些资源可免费下载，另一些则需向第三方支付费用。
- 书中提到的清单、议程草案、调查问卷和工作表的电子版可从网站 kpi.davidparmenter.com/fourthedition 下载。登录网站时，需根据提示输入本书指定页面的单词作为密码，随后即可免费下载。
- 本书中介绍的所有表格、说明、模板，以及大多数报告的电子版，读者可登录网站 www.davidparmenter.com 购买。
- 我为中小型企业开发了两个特殊的工具箱，其中包括所有表格、说明、模板，以及大多数报告的电子版。一个适用于拥有 100~200 名全职员工的中小型企业，另一个专门为全职员工人数少于 100 人的企业而设。这两个工具箱可登录网站 kpi.davidparmenter.com/fourthedition 获取。

为了更好地帮助读者理解引言的内容，本书提供了下列 PDF 格式的文件：

- 丰田公司的 14 条管理原则概述（Overview of Toyota's 14 management principles）。
- 管理学大师彼得·德鲁克、吉姆·柯林斯、杰克·韦尔奇、汤姆·彼得斯、加里·哈默尔、杰里米·霍普等关于关键绩效指标项目的理论概述（Overview of the advice from paradigm shifters such as Peter Drucker, Jim Collins, Jack Welch, Tom Peters, Gary Hamel, Jeremy Hope relevant to

a KPI project)。

- 英格兰及威尔士特许会计师协会金融管理部戴维·帕门特发表于2013年12月的《如何找到合适的顾问》（ "Getting the Right Consultants on the Bus" by David Parmenter, Finance Management Faculty, ICAEW, December 2013 ）。

注释

1. Steve Jobs's 2005 Stanford Commencement Address, "Your Time Is Limited, So Don't Waste It Living Someone Else's Life," (www.huffingtonpost.com).

2. Dean R.Spitzer,*Transforming Performance Measurement:Rethinking the Way We Measure and Drive Organizational Success* (NewYork: AMACOM, 2007).

3. 同 2。

4. Jeremy Hope,*The Leader's Dilemma: How to Build an Empowered and Adaptive Organization without Losing Control* (San Francisco: Jossey-Bass, 2011).

5. 同 4。

6. Tom Peters, *Thriving on Chaos: Handbook for a Management Revolution* (New York: Harper Perennial, 1988).

7. Jack Welch and Suzy Welch, *Winning* (New York: Harper Business, 2005).

8. Chan Kim and Renée Mauborgne, *Blue Ocean Shift:Beyond Competing—Proven Steps to Inspire Confidence and Seize New Growth* (NewYork: Hachette Books, 2017).

9. Jeffrey K. Liker, *The Toyota Way* (New York: McGraw-Hill, 2003).

10. Elizabeth Haas Edersheim,*The Definitive Drucker: Challenger for Tomorrow's Executives—Final Advice from the Father of Modern Management* (NewYork: McGraw-Hill, 2006).

11. Michael Schrage and David Kiron, "Leading with Next-Generation Key Performance Indicators." The 2018 *MIT Sloan Management Review* and Google's cross-industry survey, Research Report.

12. Jeremy Hope and Robin Fraser, *Beyond Budgeting: How Managers Can Break Free from the Annual Performance Trap* (Boston: Harvard Business Review Press, 2003).

13. Jeffrey Pfeffer, "Six Dangerous Myths About Pay," *Harvard Business Review* (May–June 1998): 109–119.

14. Chidiebere Ogbonnaya, Kevin Daniels, and Karina Nielsen, "How Incentive Pay Affects Employee Engagement, Satisfaction, and Trust," *Harvard Business Review*, Digital Article (March 2017).

15. Fast Company Staff, "I No Longer Want to Work for Money" (www.fastcompany.com, February 2007).

16. J. C. De Swann and Neil W. C. Harper, "Getting What You Pay for with Stock Options," *McKinsey Quarterly*, no. 1(2003).

17. Henry Mintzberg, "No More Executive Bonuses," *Sloan Management Review* (November 2009).

18. Michael C. Jensen and Kevin J. Murphy, "CEO Incentives—It's Not How Much You Pay, But How," *Harvard Business Review*, no. 3 (May–June 1990): 138–153.

19. 同 2。

20. AusIndustries, *Key Performance Indicators Manual: A Practical Guide for the Best Practice Development, Implementation and Use of KPIs* (Business & Professional Publishing, 1999). Now out of print.

21. H. Thomas Johnson, "Financial Results Are a By-Product of Well-Run Human-Faced Organizations," *The Leading Edge*, February18, 2010, p.462.

22. Randall Rothenberg, "Arie de Gerus: The Thought Leader Interview," *Strategy and Business*, Issue 23 (2001).

23. 同 4。

24. 同 7。

25. AusIndustries, *Key Performance Indicators Manual: A Practical Guide for the Best Practice Development, Implementation and Use of KPIs* (Aus-Industries, 1996). Now out of print.

概述

许多企业正在采用错误的绩效评价指标开展工作，其中许多评价指标都被误称为关键绩效指标。事实上，把所有绩效评价指标都视为关键绩效指标是一个思维的误区。本章结合案例说明了两类共 4 种绩效评价指标间的差异，定义了关键绩效指标的 7 个特征，厘清了人们对于评价指标属于超前指标还是滞后指标的困惑，回答了下述问题：企业应有几项评价指标为宜？每一种评价指标应包含几项具体的指标？此外，本章还论述了对指标进行及时评价的重要性。

本章的学习要点如下：

1. 明确两类不同的指标——成果指标和绩效指标。

2. 关键绩效指标的定义。

3. 关于英国航空公司"飞机晚点"的关键绩效指标案例。

4. 关键绩效指标的 7 个特征。

5.10/80/10 原则。

6. 关于超前指标和滞后指标的争论归于沉寂。

7. 需要更多的当前评价指标和未来评价指标，它们能够像"悬崖顶端的栅栏"一样起到未雨绸缪的作用。

8. 减少评价指标的数量，及时地对指标进行评价。

第1章

对于关键绩效指标的巨大误解

长期以来，企业往往因评价指标过多，导致绩效评价的成本远超出其收益。企业过于依赖财务指标，并以每月为基础进行评价指标的汇报工作（即悬崖底下的救护车），而对企业来说这些指标无法及时提供信息，因此企业来不及改变经营决策。除此以外，还有一种评价绩效的方法，即使用平衡计分卡。平衡计分卡在外部顾问的指导下建立起来，花费不菲，由管理者亲自设计评价指标，不过，完成这项任务的意义只在于让老板满意。在这样的境况下，绩效管理最终陷入令人震惊的混乱中。

4 种绩效评价指标

根据我过去 30 年的研究结果，我将绩效评价指标分为 4 种，将所有指标都视为关键绩效指标是一个思维的误区。这 4 种指标又可以归为两大类：成果指标和绩效指标。

一方面，我采用**成果指标**一词来表达这样一个事实，即许多评价指标是多个团队的成果总和。这些评价指标在评价各团队共同的工作效果时很有帮助，但非常遗憾的是，它们并不能帮助管理者解决实际问题，因为很难通过该指标确定究竟哪个团队绩效最佳，哪个团队绩效不佳。

> 绩效评价指标分为 4 种，将所有指标都视为关键绩效指标是一个思维的误区。

另一方面，**绩效指标**可以与一个团队相关，也可能与数个为共同目标而密切合作的团队相关。依据绩效指标，好的绩效和不良绩效都可以直接追溯到某个具体的团队。因此，这些指标反映的情况更加明确，权责也更为清晰。

在这两类指标中，有些指标相比其他指标更为重要，因此我们又额外增加了"关键"一词。于是，现在我们可以将每类评价指标再进一步划分为两种不同的指标：

1. 关键成果指标向董事会全面汇报企业的运营情况。

2. 成果指标向管理层报告各团队如何协作以产出成果。

3. 绩效指标向管理层报告各团队正在交付的成果。

4. 关键绩效指标向管理层展示企业全天候、每天或每周在关键成功因素方面的表现，管理层可以根据对指标的监控情况，采取行动大幅提升企业绩效。

企业使用的许多绩效评价指标都是成果指标，因此，毫无疑问，报告这些指标并无助于提升企业绩效。接下来，我将分别介绍上述指标。

关键成果指标

何为关键成果指标？关键成果指标常常被误认作关键绩效指标。关键成果指标具有以下共同属性：它们是由多个团队在一段时间内执行众多活动的结果，故而选择"成果"一词；同时它们又是重要的总结性评价指标，因此在原来的基础之上添加了"关键"一词。通常，关键成果指标会以每两个月一次或者每季度一次的频率向董事会汇报，使其了解企业战略的进展情况。关键成果指标属于"过去评价指标"。

关键成果指标报告的时间过晚，因此管理层无法根据这些指标来调整未来行动的方向，此外它们也不会向管理层传递信息，告知其应采取怎样的行动来改进这些成果。由此可见，关键成果指标对管理层来说几乎毫无用处。对关键成果指标最终负责的是企业的首席执行官。对私人部门而言，关键成果指标应包含以下内容：

- 税前净利润。
- 关键产品线的净利润。
- 客户满意度（按客户群体划分，显示18个月内的趋势）。
- 已动用资本回报率。
- 员工满意度（按员工群体划分，显示18个月内的趋势）。

对政府和非营利机构而言，关键成果指标还应包括以下内容：

- 提供的主要服务的有效性，例如，获得服务的平均等待时长。
- 基础设施项目的准时实施。
- 会员数量（针对专业机构）。

将关键成果指标从其他评价指标中分离出来对于指标的汇报有着重要的影响。这项工作将绩效评价指标划分为影响企业治理的指标和影响企业管理的指标。因此，每一家企业都应该准备一个最多包含10项关键成果指标的董事会仪表盘用以汇报企业的治理信息，此外，还应准备一系列管理报告，用以根据评价指标的重要程度在不同时段报告企业的进展情况。本书第10章将会重点介绍绩效评价指标的汇报。

成果指标

成果指标是对多个团队活动的总结。它们可以用于评价各团队共同协作的总体状况。关键成果指标与成果指标的区别仅在于，关键成果指标是对已开展的活动的一个更全面、更重要的总结。

财务指标对已发生的各项活动均赋予了值。换言之，财务指标是反映各种活动开展情况的一项成果。因此，我认为所有财务绩效评价指标都应被视为成果指标。每日或每周的销售分析是非常必要的，但它是多个团队共同努力的成果，涵盖了销售团队、生产团队、质检团队、配送团队等。财务指标虽有用，但我们无法从中窥探到绩效的真正驱动因素。要想充分了解绩效提升或下降的具体情况，我们还需查看那些生成财务指标的活动。

成果指标着眼于在更宽泛的时间范围内的活动。它们不仅可以以每季度、每月为周期进行评价，还可以对每周或每天开展的活动，甚至对未来计划发生的事件进行评价。对私人部门而言，隐藏在关键成果指标下的成果指标包含以下内容：

- 前一天的销售情况。
- 根据最近一次客户满意度调查结果，已经实施的举措数量。
- 为提高_____的及时性，计划下个月实施的举措数量。
- 根据员工调查结果，已经实施的举措数量。
- 过去 30 天中实施的员工建议数量。
- 在按计划开展的 3 周内的内部培训课程中，上课人数低于预定目标的课程。
- 未参加领导力培训课程的管理者数量（按管理者层级，每季度汇报一次）。
- 接受指定系统培训的员工数量（仅限关键系统）。

对政府和非营利机构（以医疗系统为例）而言，成果指标还应包含以下内容：

- 一周内医院病床的使用情况。
- [企业名称]提供的支持服务的覆盖率。
- 接受[疾病名称1][疾病名称2]和[疾病名称3]治疗或检验的患者数量。
- 根据每笔拨款协议，实现公共卫生目标的拨款。
- 对收入低、疾病负担重的国家进行投资的百分比。

关键绩效指标

关键绩效指标是关注企业某方面绩效的指标，这些方面对企业来说至关重要，决定了其当前发展和未来成就。

关键绩效指标对企业来说并不陌生。遗憾的是，要么企业尚未认识到它们的重要性，对其不甚了解，要么这些指标在企业中备受冷落、被束之高阁，以上种种导致关键绩效指标无法真正有效地参与并指导企业的运营活动。接下来我们将结合两个实例具体说明关键绩效指标的重要性。

> 关键绩效指标是关注企业某方面绩效的指标，这些方面对企业来说至关重要，决定了其当前发展和未来成就。

实例：一家航空公司的关键绩效指标

我最喜欢的一则关键绩效指标的案例是关于英国航空公司（British Airways，BA，简称英航）一位高级官员的故事。20世纪80年代，该官员成功地通过一项关键绩效指标扭转了英航的局面，最终使公司走出了困境。

这位高级官员聘请了一些顾问展开调查，然后让他们向自己汇报要想让公司走出困境，应关注哪些关键绩效指标。经调研，顾问建议高级官员专注于一项关键成功因素，即飞机准时到达和起飞。相信这些顾问一定是经过一番慎重的选择，才将此项关键成功因素从那些不太重要的成功因素中挑选出来的。而对关键绩效指标的设计工作而言，先确立 5~8 个关键成功因素是最重要的也是许多人忽视的一个环节。在图 1-1 中，我们用较大的圆圈代表关键成功因素。

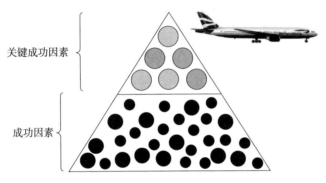

图 1-1 了解关键成功因素的重要性

不过我敢肯定，最初高级官员对此结果并不以为意，毕竟业内所有人都知晓航班准点的重要性。

于是，顾问团随后指出，飞机的准时起落正是关键绩效指标所在，建议他将工作重点放在航班延误这项关键绩效指标上。这样，一旦航班延误超过某个时间范围，无论这位高级官员身处何处，他都会立刻得到通知。英航机场相关的管理者都会知道，如航班延误超过某个"门槛"，他们就会接到高级官员（我们暂且称其为萨姆）亲自打来的电话。他们的对话也许将以下面的方式进行：

"帕特，我是萨姆。我打电话与你谈一下 BA135 航班的事情，它在肯尼迪机场起飞时延误了 2 小时 15 分钟，你可以解释一下吗？"帕特回答说："航班延误的原因很简单，您可以查一下航班信息系统，该航班从夏威夷起飞时就已经延误。事实上，那时就已延误了 1 小时 45 分钟，我们这边一切正常，除了一位年老的乘客在免税店迷了路。我们不得不将他的行李卸下来，如您所见，我们仅用半个小时就解决了问题，这已经破纪录了！我正打算下周和我的团队一起庆祝这件事情！"

"帕特，你在英航工作多久了？"

帕特马上意识到这场谈话的气氛有些不同寻常，他回答说："大约有 30 年了，萨姆。"

"准确地说是 32 年，帕特。那么，以你在英航 32 年的工作经验，在提前 6 小时接到航班延误通知的情况下，你和你的团队非但没有采取任何行动缩减航班延误的时间，反而使延误时间又额外增加了半个小时。说真的，帕特，你让我很失望。你和你的团队应该做得更好！"

帕特和航空公司许多其他员工一样，都存在一种推卸责任的心理，认为由另一个团队导致的航班延误是对方的问题，与自己无关。而在接到萨姆电话后的第二天，帕特立即召集整个团队进行讨论，之后采取许多积极有效的措施，确保无论是哪一方导致了航班延误，他们都将竭尽全力缩减延误的时间。以下为他们采取的一些措施：

- 将清洁人员数量增加一倍，虽然这样意味着额外增加成本。
- 与燃料补给团队沟通，确定为延误航班优先补给燃料。
- 向外部餐饮公司提供延误航班的最新信息，以便它们可以更妥善地为延误航班装配餐饮。
- 要求值机处的工作人员留意受危乘客，及时将他们护送至安检处。
- 不再给迟到的商务舱乘客办理登机手续。发生这种情况时，向乘客解释："对不起，卡拉瑟斯先生，我们需要为您重新安排其他航班，因为您迟到得太久，行李很可能来不及装载到这一航班。我们航班的时间很紧凑，相信您也了解，登机时间已经过去 30 分钟了。"

这样一来，英航机场的管理人员就都知道了，一旦航班延误超过一定时间，萨姆就会亲自打来电话。为避免这种情况发生，机场管理人员积极调整策略，英航很快就以航班准点而远近闻名了。

在英航这一案例中，航班延误这一关键绩效指标之所以发挥积极的作用，是因为它与航空公司的多个关键成功因素密切相关。比如案例中所涉及的指标，即"飞机准时起落"就与"向关键客户准时、足额交付"这个关键成功因素紧密联系。同时，它也与"及时养护飞机"这一关键成功因素相关联。

无独有偶，爱尔兰廉价航空公司——瑞安航空（Ryanair）主要关注的也是飞机准时起落这一因素，因为它们知道航班准点是公司盈利的重要条件。由于瑞安航空转机快捷，同时对迟到的乘客态度坚决，所以它们通常每天可以额外安排一架飞往欧洲的航班。由此可见，它们盈利的要诀就在于绝不允许乘客打乱航班紧凑的时间表。

航班延误这一关键绩效指标能够对公司业务的许多方面产生影响。一旦航班延误，造成的负面影响：

1. 在很多方面增加了成本，包括额外的机场附加费、因夜间噪声限制导致飞机延迟起飞而不得不为乘客支付的住宿费等。

2. 加剧了乘客的不满情绪，乘客会尝试乘坐其他航空公司的航班，对本航空公司的忠诚度下降。

3. 疏远了潜在的未来客户，延迟抵达的乘客的亲戚、朋友及同事会对航班延误感到担心，以至于在未来避免搭乘本航空公司的航班。

4. 员工对导致航班延误的习惯熟视无睹，这一点将对员工的未来发展产生不良影响。

5. 对航空公司与供应商之间的关系产生不利影响，打乱了飞机常规养护计划。

6.加剧员工的不满情绪，因为他们要始终保持紧张的状态，处理各种突发状况并安抚乘客低落的情绪。

实例：一家经销公司的关键绩效指标

一家经销公司的首席执行官意识到，公司的一个关键成功因素就是让货车每次发车时的载重量都尽可能地接近最大值。如果货车发车时载重量未达到标准，公司的首席执行官就会亲自打来电话。

"帕特，我是萨姆。我听说昨天发往艾利斯斯普林斯的货车只载重10吨，这是怎么回事？"帕特回答："情况是这样的，我们已事先确定了交货日期，但由于目前没有其他货车开往艾利斯斯普林斯，所以，为了确保货物能够按时交付，货车没有装满就发走了。"

"帕特，你已在公司工作12年了，是公司最有经验的调度员之一。要知道给顾客打电话询问是否可以改变送货日期，以调整货车发货安排是你工作最重要的部分。帕特，我很失望，我认为你可以做得更好！"

在这两个实例中，员工根据关键绩效指标调整自己的日常行为，对公司的盈利产生了重大的影响。他们会竭尽全力采取新举措，避免首席执行官亲自打来电话，因为这样的电话显然会影响其未来职业发展。想要获取关于这两个实例的更详细信息，请登录网站 www.davidparmenter.com，聆听我的网络广播"主导性关键绩效指标概论"（Introduction to Winning KPIs）。

关键绩效指标的 7 个特征

经过对案例的广泛分析，并通过在我组织召开的关键绩效指标研讨会上与3000 多名与会者（来自公共部门和私人部门的各类企业）展开激烈讨论，我发现关键绩效指标具有以下 7 个特征，如表 1-1 所示。

> 关键绩效指标有 7 个特征。

表1-1　关键绩效指标的7个特征

非财务性	非财务评价指标（例如，不以美元、日元、英镑、欧元等货币单位表示）
及时性	频繁地开展评价（例如，全天候、每天或每周评价）
首席执行官关注	由首席执行官和高级管理团队实施
简单易懂	员工能够理解评价指标，知道该采取哪些正确的行动
团队职责明确	责任可追溯至具体团队，之后，团队会承担责任、采取改进行动
影响重大	对企业的关键成功因素产生重要的影响
阴暗面有限	经过检验以确保对绩效产生积极的影响，使评价指标造成的阴暗面最小化

非财务性。当你用美元、日元、英镑、欧元等货币单位来表达一种评价指标时，你就已经将它转换为成果指标了（例如，日销售量是旨在创造销售额而进行的活动的成果）。这时关键绩效指标隐藏得较深，很难被发觉。它可能与企业和关键客户接触的次数有关，而这些关键客户是企业的主要利润来源。

及时性。应该对关键绩效指标给予全天候的关注，或者按每天、每周一次（对于部分指标）的频率进行评价。以每月、每季或每年一次为频率进行评价的指标都不能作为关键绩效指标，因为它们无法对企业的业务起到关键作用。就好像马已脱缰，却还试图对其进行控制一样，即便补救，也为时已晚。我从未见过一个每月评价一次的指标能够改进绩效。

首席执行官关注。首席执行官会持续关注所有的关键绩效指标，每天都会致电相关员工，询问异常情况或表扬其出色的表现。员工会认为因业绩不佳而定期被首席执行官约谈会限制自身职业发展，为避免这种情况再次发生，他们将采取创新举措，以免重蹈覆辙。

简单易懂。关键绩效指标能够明确地告诉你应采取怎样的行动。英航有关航班延误的关键绩效指标可以立即向公司所有员工传达一个信息，即他们需要将工作重点放在缩减航班延误的时间上。在保证服务水平不变的前提下，清洁人员、外部餐饮公司、行李搬运员、空中乘务员和前台工作人员都将采取积极的举措，力争在每一个环节上节约时间。

团队职责明确。关键绩效指标对于企业的发展至关重要，它隐藏在企业深处，能够与某个团队关联。也就是说，当首席执行官致电一位经理，询问他"对于这一情况，你可以解释一下吗？"的时候，该经理需要马上承担起责任，立即解决这一问题。"已动用资本回报率"从来都不是一个关键绩效指标，因为我们无法将它与某位管理人员的行为联系在一起。设想，当首席执行官对总经理说"帕特，我希望你今天提高已动用资本回报率"时，总经理一定会对此感到不可思议、荒谬至极。

影响重大。一个关键绩效指标会影响企业的多个关键成功因素。也就是说，当首席执行官、管理人员及员工都关注于关键绩效指标时，该企业会在诸多方面取得进展。

阴暗面有限。所有的评价指标都有其阴暗面，即负面结果。如果因无意的行动导致绩效不佳的情况发生，员工则需倾力补救，即便采取的补救措施与企业原有意图背道而驰。所以，在制定关键绩效指标前，应对绩效评价指标进行检验，以保证该指标能够帮助团队调整他们的行为，使他们协调一致为企业创造利益。必须了解评价指标的阴暗面，并据此认真选择合适的评价指标，保障无意的负面行为虽偶有发生，但影响甚微。

对私人部门而言，符合上述特征的关键绩效指标可以包括以下内容：

- 获得首席执行官认可的下周或未来两周计划实施的项目数——每周向首席执行官汇报。
- 关键职位员工在1小时前递交辞呈——在1小时内向首席执行官汇报。

- 向关键客户延迟交付——每天向首席执行官汇报。
- 向决定录用的关键职位候选人发布录用通知后，超过 3 天仍未得到答复——每天向首席执行官汇报。
- 管理人员列出的需每周向高级管理团队汇报的逾期项目清单——每周向首席执行官汇报。
- 重要内部培训课程的空缺名额——课程开始前 3 周，每天向首席执行官汇报。
- 在员工满意度调查后实施的举措数量——调查后每周向首席执行官汇报，连续汇报 2 个月。
- 计划于未来 30 天、60 天、90 天内实施的创新活动的数量——每周向首席执行官汇报。
- 计划于未来 30 天、60 天、90 天内放弃的活动数量——每周向首席执行官汇报。
- 关键客户的投诉在 2 小时内仍未解决——全天候向首席执行官和总经理汇报。
- 对关键客户提出的问题，销售团队超过 24 小时仍未回应——每天向总经理汇报。
- 下次拜访关键客户的日期（提供按客户姓名排序的清单）——每周向首席执行官和总经理汇报。

对政府和非营利机构而言，关键绩效指标还应包含以下内容：

- 在指定时间内，对紧急情况的反应时间——立即向首席执行官汇报。
- 确定参与年度街头呼吁活动的志愿者人数——在年度街头呼吁开始前 4~6 周，每天向首席执行官汇报。
- 下一次实施新服务项目的日期——每周向首席执行官汇报。

绩效指标

绩效指标是可以追溯至某个具体团队的非财务指标（否则就属于成果指标）。绩效指标与关键绩效指标之间的区别在于，后者被视为企业能够取得稳步发展的基础。绩效指标虽然重要，但并不会对企业运营起到关键作用。绩效指标可以帮助团队协调行为，使之与企业战略方向保持一致，是对关键绩效指标的有益补充。这两种指标同时呈现于企业、分公司部门和团队的计分卡上。

对私人部门而言，绩效指标可以包含以下内容：

- 客服中心的电话放弃率——呼叫者放弃等待。
- 向其他客户延迟交付的情况（不包括关键客户）。
- 计划放弃的失效的报表、会议和流程。
- 每个团队或部门实施的创新项目的数量。
- 计划下周、未来两周或更远时间内进行的客户拜访。
- 预定下个月、未来 2~3 个月、4~6 个月开展培训的小时数，包括内部培训课程和外部培训课程。

对政府和非营利机构而言，绩效指标还可以包含以下内容：

- 计划下个月、未来 2~3 个月、4~6 个月进行的媒体报道活动的数量。
- 下次开展客户服务焦点小组会议的日期。
- 下次开展针对客户需求和想法的调查项目的日期。

需要的评价指标数量：10/80/10 原则

一家企业应有几项评价指标为宜？每一种评价指标应包含几项具体的指标？它们应以怎样的频率进行评价？为回答上述问题，10 多年前我提出了

10/80/10 原则，如图 1-2 所示。在我看来，一家拥有超过 500 名全职员工的企

业大概需要 10 项关键成果指标，最
多 80 项成果指标和绩效指标，以
及 10 项关键绩效指标。在此处，
"10/80/10"为上限，多数情况下，指
标的实际数量要比这组数字少得多。

> 一家拥有超过 500 名全职员
> 工的企业大概需要 10 项关键成果
> 指标，最多 80 项成果指标和绩效
> 指标，以及 10 项关键绩效指标。

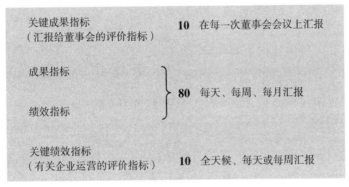

图 1-2　评价指标数量的 10/80/10 原则

对规模更小的企业而言，在指标数量方面的主要变化就是对成果指标和绩
效指标的数量进行了大幅削减。向董事会或者管理机构至多汇报 10 项关键成
果指标是比较合理的。关于更多的细节，我们在此暂不赘述。如本书第 10 章
所示，各团队可以轻松地将这些关键绩效指标及财务总结以董事会仪表盘的形
式呈现在一张 A3 纸上。

对很多企业来说，80 项成果指标和绩效指标在一开始看起来完全不够用。
然而，经过调查，我们会发现实际上不同团队所使用的许多指标都是相似的，所
以最好将评价指标进行标准化处理，使其更为规范统一（例如，为便于比较，关
于"上个月的培训天数"的评价指标应该表达相同的含义并使用同一张图表）。

当我们根据关键绩效指标的特点去寻找相关的评价指标时，就会发现符合
条件的指标其实数量很少，许多企业只需要不到 10 项关键绩效指标就能成功

运营。根据卡普兰（Kaplan）和诺顿（Norton）[1]的建议，关键绩效指标不应超过 20 项，而霍普（Hope）和弗雷泽（Fraser）[2]则提议关键绩效指标少于 10 项。最初，许多关键绩效指标项目团队认为仅有 10 项关键绩效指标数量太少，无法满足企业运营的要求，因此将指标增加至 30 项左右。然而，经过慎重分析，这一数量很快又被削减为约 10 项，除非该企业包含若干完全独立的、毫无关联的业务部门。在这种情况下，10/80/10 原则可以应用到不同的业务部门。前提是每一个业务部门的规模足够大，足以制定出符合部门自身实际情况的关键绩效指标。

如本书第 2 章所述，认为评价指标越多，绩效评价效果就会越好的想法其实是一个思维误区。事实上，如许多读者亲眼所见，情况恰好相反。我认为 10/80/10 原则是一个经过时间检验、十分有效的行动指南。

关键成果指标和关键绩效指标的差异，以及成果指标和绩效指标的差异

在研讨会中，有一个问题不断被提起：关键成果指标和关键绩效指标的区别是什么，成果指标和绩效指标的区别又是什么？表 1-2 和表 1-3 说明了它们的不同之处。

表1-2　关键成果指标和关键绩效指标的差异

关键成果指标	关键绩效指标
可以是财务评价指标或非财务评价指标（如已动用资本回报率和客户满意度）	非财务评价指标（不以美元、日元、英镑、欧元等货币单位表示）
每月、每两个月或每季度进行评价	频繁地进行评价（例如，全天候、每天或每周进行评价）
总结企业迄今为止的进展情况，向董事会汇报（例如，此类评价指标可以视为一种对成果的评价）	向所有员工汇报，以便员工采取相应的行动改进绩效

（续）

关键成果指标	关键绩效指标
对员工或管理层来说用处不大，因为它无法告诉他们如何进行调整	所有员工都应理解关键绩效指标，并知道需要采取哪些正确的行动
通常只有首席执行官对关键成果指标负责	一个团队或几个密切合作的团队对关键绩效指标负责
关键成果指标旨在总结某特定领域的工作进程，倾向于关注董事会成员眼中的外部关键成功因素	影响重大（例如，影响至少一个企业内部的关键成功因素）
关键成果指标是运用多项评价指标对企业多项活动评价后的结果	关注某一特定活动
通常以趋势图的方式汇报过去至少 15 个月的活动	通常以企业内联网的方式汇报相关的活动、负责人员、历史记录，这样就可以致电详谈

表1-3 成果指标和绩效指标的差异

成 果 指 标	绩 效 指 标
可以是财务评价指标，也可以是非财务评价指标	主要是非财务评价指标（不以美元、日元、英镑、欧元等货币单位表示）
每月，有时每个季度进行评价	每天、每周、每两周或者每月进行评价
旨在总结不同团队的整体绩效	与独立活动相关，因而与一个具体的团队或几个密切合作的团队相关
多个活动的结果	关注某一特定活动
不能指导员工如何采取行动	所有员工都知道想要提高绩效应采取哪些行动
通常在总结各团队绩效的部门计分卡中汇报	通常在团队计分卡中汇报

在对绩效评价指标进行归类时，我会遵循一套简单的原则：

1. 如果绩效评价指标为财务指标，那么该指标不可能是关键绩效指标。

2. 如果评价频率低于每周一次，那么该指标不可能是关键绩效指标。

3. 如果没有指定一名管理者对企业业绩负责并随时接受首席执行官的问询，那么该指标不可能是关键绩效指标。

超前指标和滞后指标

许多论及关键绩效指标的管理学著作都会提到超前指标和滞后指标，而这种区分只会为关键绩效指标蒙上一层迷雾，让人愈加辨识不清。以本书提供的新视角来看待绩效评价指标，我们就可以摒弃超前指标（绩效驱动因素）和滞后指标（产出）这两个概念。在我组织的研讨会上，每当与会者被问到"航空公司航班延误这个关键绩效指标属于超前指标还是滞后指标？"时，对该问题的答案总会势均力敌。显然，"航班延误"既是超前指标又是滞后指标。延误谈论的是过去发生的事情，而当飞机降落后涉及的又是未来的问题。当然，这足以证明用超前指标和滞后指标区分关键绩效指标是具有误导性的，这种分类方式属于人们对于绩效评价指标的认知误区。

> 将绩效评价指标分为超前指标和滞后指标属于人们对于绩效评价指标的认知误区。

建立包含 60% 的过去评价指标、20% 的当前评价指标和 20% 的未来评价指标的绩效评价指标体系

关键成果指标取代了典型的以月或季度为单位对过去的商业活动结果进行评价的指标。而绩效指标和关键绩效指标则被定义为关注过去、当前或未来活动的评价指标，如表 1-4 所示。

表1-4　过去、当前、未来评价指标分析

过去评价指标 （上周/两周前/上个月 /上个季度）	当前评价指标 （实时/今天/昨天）	未来评价指标 （下周/下个月/下个季度）
上周/上个月航班延误次数	延误超过 2 小时的航班（实时更新）	针对航班延误的因素，未来 1 个月、2 个月、3 个月计划实施的举措数量
准时交付的百分比（展示过去 18 个月的进展情况）	向关键客户延迟或未完全交付的情况；关键客户取消订单的情况	在未来 3 个月内计划实施的**提高准时交付率**的举措数量
针对关键客户的月销售额；上个月新产品的销量；业务部门交叉销售产生的**销售额**百分比	前一天的**销售业绩**；销售团队在_____小时内未做出回应的关键客户**咨询**；2 个小时内仍未解决的需要向首席执行官汇报的关键客户投诉	下次拜访关键客户的日期（提供按客户姓名排序的清单，向首席执行官汇报）；未来 3 个月内计划采取的**增加销售人员与客户接触时间**的举措数量；下次为吸引目标**新客户**而实施的项目的日期；下个月、未来 2 个月、未来 3 个月计划实施的改善新产品的举措数量
接受过**招聘**实践培训的管理者的人数；在职员工推荐的**候选人**人数；一年内新员工的**流动率**	向决定录用的关键职位候选人发布录用通知后，超过 48 小时仍未得到答复的情况；收到潜在**候选人**的求职申请，3 天后仍没有回复的情况	尚未安排下一轮面试的入围**候选人**名单

过去评价指标是关注历史事件，即上周、上个月、上个季度发生的活动的指标。绩效指标和关键绩效指标则被描述为关注过去、当前和未来活动的评价指标。通常情况下，大多数绩效评价指标都属于过去评价指标这一类别。尽管过去评价指标较为重要，但在绩效评价指标体系中不宜占比过高，理想状态

下，过去评价指标不应超过绩效评价指标总数的 60%。

当前评价指标是指那些按照全天候（实时）或者每天一次的频率进行监控的指标（如昨天向关键客户延迟或未完全交付的情况）。尽管大多数企业都拥有当前评价指标，但它们需要将当前评价指标的占比扩大到绩效评价指标总数的 20% 左右。

未来评价指标则记录了对即将发生的事件的承诺（例如，下次和关键客户会面的日期、下次产品发布会的日期、下次和关键客户进行社交活动的日期等）。未来评价指标不用于评价过去事件。我建议未来评价指标最多占绩效评价指标总数的 20%。

通过观察你的企业，你会发现关键绩效指标要么评价过去事件（当关键绩效指标与上周的活动相关时），要么评价当前经营活动（当关键绩效指标关注昨天或今天的活动时），要么是适应未来发展要求的指标（例如，计划下次出于销售目的拜访关键客户的日期）。

大多数企业的评价指标都被用来评价上个月、上个季度的活动。如前所述，所有关注发生于上周的活动的评价指标，都不可能是也从来不是关键绩效指标。

在研讨会上，我让与会者写下一组他们认为重要的过去评价指标，然后将这些评价指标按照本书提到的方法划分为当前评价指标和未来评价指标。建议你在企业中也采用这一方法，用 5 分钟的时间将企业使用的 3 种评价指标重新分类。

超前指标和滞后指标的划分并没有充分关注当前评价指标或未来评价指标。企业想要使员工行为与企业内部的关键成功因素保持一致，就应该更加关注当前评价指标和未来评价指标。

用未来的企业行动计划来监控当前的日常活动，有助于使员工关注企业对其未来发展的期望。当前评价指标和未来评价指标仿若修筑在悬崖顶端的栅栏，时刻给人们以警示。有了它们的存在，我们可以时时自省，而不必在月末追悔莫及，只得懊恼地报告糟糕的绩效表现（即悬崖底下的尸体）。换句话说，当前评价指标和未来评价指标有助于激发正确的未来行为。表1-5 为常见于许多企业中的有效的未来评价指标。

表1-5 常见的未来评价指标范例

未来创新活动	为鼓励创新，可评价下个月、未来 2 个月、未来 3 个月部门将全面实施的创新举措的数量
未来关键客户活动	为了与关键客户保持密切的关系，应准备一份清单，列出与客户约定好进行下一次社交活动的日期（例如，约定一起看体育赛事、用餐或看歌剧等活动的日期）
未来公关活动	为保持首席执行官的公众形象，可关注未来 1~3 个月、4~6 个月、7~9 个月组织的公关活动
未来表彰活动	为保持员工的认同感，首席执行官需要关注计划在下周和未来两周由他自己和直接下级举办的正式表彰大会
新产品	首席执行官需要密切关注下一次新产品发布的日期，以避免不必要的延误
防患计划	首席执行官需要关注下一次环境灾难清理演习的日期，确保企业充分做好应对灾难或事故的准备
员工满意度	要确保企业每年至少进行 3 次员工满意度调查。根据需要，首席执行官可以将下一次员工满意度调查的日期提前
企业内部培训	为强化管理者对于企业内部培训的责任感，首席执行官需要每周了解未派遣员工参加未来几周的企业内部培训的管理者名单
健康与安全	首席执行官需要持续关注健康与安全问题，聚焦下一次健康与安全审计的日期

未来评价指标应保持每周更新并及时向首席执行官汇报。尽管首席执行官可能几周内都没有留意到这些更新导致的变化，但他们很快就会对此进行询问。管理人员需在下一次与首席执行官会面之前采取行动，弥补差距，以避免被首席执行官询问时无言以对、窘迫不堪。

图 1-3 进一步说明了 4 种评价指标的差异，以及不同指标所对应的过去、

当前和未来的时间段差异。关键成果指标是对过去绩效的概括，主要是对过去18个月的绩效情况进行每月的趋势分析。关键绩效指标重点关注上周、昨天、今天的活动，以及计划在下周和未来两周开展的活动。大多数的绩效指标和成果指标都与过去活动相关。此外，应注意至少20%的指标需聚焦于当前活动或者未来活动。

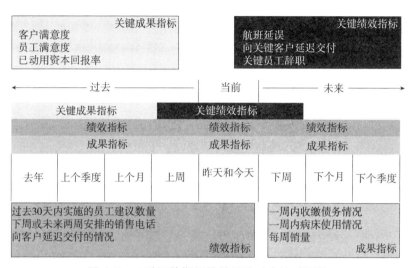

图 1-3　4 种评价指标的差异及对应的时间段

及时评价的重要性

在展开进一步的探讨之前，我们要了解及时评价的重要性。切记，对指标进行及时汇报至关重要。当下，如果向管理层汇报的对于关键绩效指标的评价为几天前的"过期"信息，那么此项评价就变得毫无意义。应及早做好关键绩效指标汇报的准备，得以在下个工作日就可以对上周的绩效指标进行汇报。在汇报绩效指标时，可采用如图1-4所示的汇报框架。

> 如果向管理层汇报的对于关键绩效指标的评价为几天前的"过期"信息，那么此项评价就变得毫无意义。

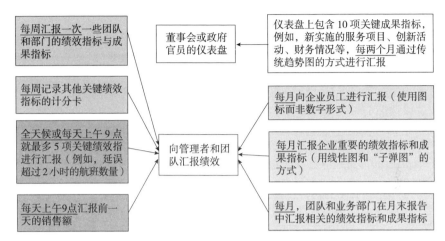

图 1-4 建议的汇报框架

一些在政府和非营利机构工作的员工经常对我说，他们没有需要经常汇报的评价指标。对此，我难以苟同。关于评价指标更多的信息，读者可查阅本书附录中提供的适用于各类部门的评价指标范例。

一些关键绩效指标的数据应该每天进行更新，甚至需要对其保持全天候的关注（如前文关于英航的案例），而其余的关键绩效指标则应该以每周一次的频率进行汇报。关键绩效指标需要包括那些关注工作完成情况的评价指标。在企业中，如果某个项目无法如期完成，那么最常见的需要每周向高级管理团队汇报的关键绩效指标就是所有重要项目和发生延误的项目的实际运行情况。这样的汇报将使项目产生突破性进展，确保各项工作任务如期完成。

成果指标和绩效指标汇报的频次不一，从每天、每周、每两周到每月各不相同。关键成果指标适用于向董事会汇报绩效，因此，关键成果指标汇报的时间将取决于董事会会议的时间。

关于绩效评价指标，你学会了吗

表 1-6 旨在检查你对绩效评价指标内容的掌握情况。每一条回答"是"的

得 1 分，回答"否"不得分。

表1-6　关于绩效评价指标掌握情况的检查表

了解关键成功因素	是否实现
1.高级管理团队就企业的成功因素已达成共识	□是　□否
2.企业已确定了关键成功因素	□是　□否
3.关键成功因素已传达给全体员工，对其明确每日的工作重点起到积极作用	□是　□否
关键绩效指标项目的实施情况	
1.团队已接受关于制定绩效评价指标的培训	□是　□否
2.在确定关键绩效指标之前，项目团队对所有指标进行了审核	□是　□否
3.关键绩效指标的实施基于例如平衡计分卡、绩效评价过程（PuMP）或主导性关键绩效指标的方法	□是　□否
4.团队已从选出的绩效评价指标中确定关键绩效指标	□是　□否
5.绩效评价指标均来源于已确定的关键成功因素	□是　□否
6.意识到不是所有的绩效评价指标都是关键绩效指标	□是　□否
7.企业中评价指标的数量不超过 100 项	□是　□否
正确使用关键绩效指标	
1.认真监控所有指标，确保它们激发预期行为的发生；剔除无益于企业绩效的指标	□是　□否
2.建立包含过去评价指标、当前评价指标和未来评价指标的绩效评价指标体系	□是　□否
3.绩效评价指标的汇报遵循最佳实践图表演示规则	□是　□否
4.企业的关键绩效指标不超过 10 项，对这些指标给予全天候的关注，或以每天、每周一次的频率进行监控	□是　□否
5.关键绩效指标与薪酬无关；它们对于企业绩效意义重大，可将其视为"比赛的入场券"	□是　□否

你的分数：

5 分以下：有必要全面了解绩效评价指标的相关知识。本书及配套的可下载资源会帮助你改变思路、正确地开展关键绩效指标项目。

5~10 分：已有良好进展，本书将帮助你取得持续进步。

10 分以上：你应该写一篇案例研究，我会记录下来并向其他企业推介。

注释

1. Robert S. Kaplan and David P. Norton, *The Balanced Scorecard: Translating Strategy into Action* (Cambridge: Harvard Business Press, 1996).

2. Jeremy Hope and Robin Fraser, *Beyond Budgeting: How Managers Can Break Free from the Annual Performance Trap* (Cambridge, MA: Harvard Business Press, 2003).

**KEY
PERFORMANCE
INDICATORS**

概述

人类为生存穿越辽阔的平原，在对食物的寻觅中，神话成了人们的核心信念。这些神话往往来源于道听途说，毫无科学依据。然而21世纪的今天，仍有许多管理实践被毫无依据的信念侵蚀。本章将探讨人们关于绩效评价指标的一些思维误区，正是这些误区导致关键绩效指标难以在企业中发挥其预期的作用。

通过阅读，读者将能够更好地理解这些思维误区是如何限制绩效评价指标，特别是关键绩效指标的有效性的。

本章的学习要点如下：

1. 关于绩效评价指标的一些思维误区。

2. 将关键绩效指标与薪酬挂钩会导致一些人操纵这个指标，以提高获得高额薪酬的可能性。

3. 提前确立相关的年度目标会阻碍绩效的提高。

4. 将关键绩效指标项目委托给咨询公司往往会使项目走向失败。

5. 一些使平衡计分卡无法发挥有效性的思维误区。

6. 平衡计分卡战略映射的缺陷。

7. 自上而下制定评价指标是平衡计分卡方法中破坏力最大的一个流程。

8. 绩效评价指标的主要用途是保证员工将工作时间用在企业内部的关键成功因素上，而非帮助企业实施战略计划。

第2章

绩效评价指标的思维误区

当下，我越来越清晰地意识到，对许多企业来说，关键绩效指标就像一件破旧的工具。它往往是一个未经专业准备而随机设立的集合，无法很好地说明问题，也不能提供任何有益的信息，可以说毫无意义。事实上，关键绩效指标应该是那些将企业的日常活动与关键成功因素关联起来的评价指标。根据此项指标，员工可以积极、努力协调自身的行为，使之与企业预期的发展方向一致。我认为，这种协调力就是绩效管理的黄金定律。

关于绩效评价指标的思维误区

未经合理定义的关键绩效指标往往会让企业付出高昂的代价。例如：一些评价指标被高层管理人员草率地确定下来，目的仅是给他们自己设法增加奖金，结果严重损害了企业的利益；还有一些评价指标无法提供有效信息，使团队行动与企业的战略方向背道而驰；有些企业的"评价与汇报"制度占用了员工和管理人员大量宝贵的时间，付出与收益难成正比；而在另一些企业中，最新聘任的咨询师手持 6 位数的薪酬，却拿不出一份有效的报告或表现优异的平衡计分卡。以上种种乱象的根本原因在于，人们对绩效评价指标普遍存在一些思维误区。

误区 1：大多数评价指标都会改进绩效

每一项绩效评价指标都可能产生负面影响，或因非预期行为而导致绩效下降。事实上，在一家企业中，有可能一半以上的评价指标都会激发一些非预期的负面行为。为了使评价指标有效发挥其作用，我们需要预测采纳该指标后可能激发的员工行为，并尽可能地使潜在的负面影响最小化。

这一思维误区已经在引言"非预期行为：绩效评价指标的阴暗面"部分有所阐述。

误区 2：所有评价指标在任何企业、任何时间都有效

人们常常认为，所有评价指标在任何企业、任何时间都有效。但是这其实是一个思维误区。事实上，根据斯皮泽所言，企业需要建立一个积极的"评价环境"，以使评价指标发挥其潜在作用。为此，我提出了 7 个基本条件，希望借此营造一个能够成功制定和运用绩效评价指标的有利环境。本书第 3 章将详细介绍这 7 个基本条件，它们分别是：

1. 同员工、工会和第三方建立合作关系。

2. 向基层授权。

3. 仅评价和汇报重要的事情。

4. 所有的关键绩效指标均来源于关键成功因素。

5. 放弃无法交付成果的流程。

6. 在企业内部任命一位关键绩效指标项目团队领导者。

7. 企业全体员工都能够理解主导性关键绩效指标的内涵。

误区 3：所有的绩效评价指标都是关键绩效指标

从伊朗到美国再回到亚洲，世界各地的企业都在使用关键绩效指标这个术语来指代所有的绩效评价指标。似乎没有人担心，对于关键绩效指标我们还未曾有一个准确的定义。因此，那些对企业真正"关键"的指标与有着严重瑕疵的指标混杂在一起，阻碍了企业的运营和长远的发展。我们不妨把这个术语分解来看："关键"意指该指标对企业至关重要，"绩效"意味着该指标将有助于提高绩效。事实上，一共存在 4 种不同的绩效评价指标，本书第 1 章已对此做了详细的介绍。

误区 4：把关键绩效指标与薪酬挂钩将有助于提高绩效

有人认为，金钱是促使员工努力工作的主要驱动因素，因此，企业必须实施一些物质刺激措施才能确保员工取得优秀的业绩。这种想法其实是一个思维误区。实际上，对员工而言，来自企业的认可、尊重以及员工自我价值的实现才是激励员工不断前行的更为重要的驱动因素。而各类企业和机构都有一种认知倾向，即把关键绩效指标与薪酬挂钩将有助于关键绩效指标更有效地发挥作用。事实上，当关键绩效指标与员工薪酬相关联时，关键绩效指标就会变成"关键政治指标"，容易被人为操纵，用来提高获得更高额的奖金的可能性。

> 当关键绩效指标与员工薪酬相关联时，关键绩效指标就会变成"关键政治指标"。

关键绩效指标的作用应当是协调员工的行为，使之与企业关键成功因素保持一致。关键绩效指标还应该显示团队全天候、每天或每周的工作情况。对企业而言，关键绩效指标十分重要，绝不能被个人或团队操控，成为他们争取自身利益最大化的工具。关键绩效指标对企业未来发展的意义不言而喻，如杰克·韦尔奇所言，关键绩效指标应该被视为"比赛的入场券"[1]，绝不能以此给予额外的奖励。

绩效奖金方案常常会产生许多问题。如果你想了解更多问题的解决方法，请登录网址 www.davidparmenter.com 查阅工作指南。

误区 5：我们可以设定相关的年度目标

我们不可能在每年年初就预见到对当年而言怎样才算好的绩效，因此，认为我们可以设定相关的年度目标也是一个思维误区。实际上，正如通用电气公司前首席执行官杰克·韦尔奇所言："（年度目标）会限制员工的主动性，遏制创造性思维，导致平庸，因此无法促成绩效的大幅提高。"[2] 各种形式的年度目标都注定以失败告终。管理层经常花费数月的时间为如何设定现实的目标而争论不休，然而唯一能够确定的就是，最终确立的目标一定不是恰当的目标，要么太容易实现，要么根本难以达到。

我是杰里米·霍普著作的忠实读者。他在与罗宾·弗雷泽合著的作品中首次明确地指出，固定的年度绩效合约注定不会成功。在很多情况下，企业在实际上失去市场份额的时候向管理者支付了奖励。也就是说，销售额的增速并未跟上市场的增速。霍普和弗雷泽指出，只要定期向员工公示他们相对于其他同事和业界同行工作的完成情况，那么不提前设定年度目标也没有任何问题。霍普认为，如果一个人不知道拿到最高奖金需要努力的程度，他就会尽最大可能地努力工作。

误区 6：绩效评价工作较为简单，合适的评价指标显而易见

有时企业会指定员工进行评价指标的设计工作，其间几乎没有或完全没有

指导——这样的经历对本书的许多读者来说也许并不陌生。无论在公共部门还是在私人部门中，企业的管理者大多都未曾接受过任何关于绩效评价的相关培训。他们参加了大量关于金融、人力资源和信息系统的课程，也得到了来自上述领域的许多专业人才的支持，但绩效评价黯然蜷缩在企业的角落，无论是在商务学位课程，还是在金融、人力资源和信息系统领域专业人才的资格证书中都鲜有提及。

一直以来，人们始终对绩效评价缺乏足够的关注，使绩效评价成为商务理论和实践中缺失的一个重要环节。虽然一些管理学大师，如戴明（Deming）、惠特利（Whetley）、凯尔纳 - 罗杰斯（Kellner-Rogers）、哈默尔（Hamel）、霍普、斯皮泽等曾一度指出绩效评价已失去其应有的功能，但是他们的警示并未改变绩效管理的现实，绩效评价始终没能真正地走入商业实践。事实上，每一家企业在从平庸走向卓越的过程中，都应该给予绩效评价更为慎重的思考。

绩效评价领域的专家迪恩·斯皮泽[3]率先提出，企业应任命一位首席评价官。首席评价官应同时兼具心理学家、教练、销售人员、关键绩效指标项目经理等多重角色。他需要负责召开为期 2 天的研讨会，以确定企业的关键成功因素，制定并完善企业的绩效评价指标，设计评价指标汇报格式，并为关键绩效指标项目提供持续的支持。通常情况下，首席评价官应该直接向首席执行官汇报工作，而且，首席评价官要才华横溢，具备职位所需的多种技能。

误区 7：关键绩效指标既是财务指标又是非财务指标

我坚信，无论在加拿大、美国、英国还是罗马尼亚，所有的关键绩效指标都是非财务指标。事实上，我认为世界上绝不存在财务性的关键绩效指标。

财务指标是对已发生活动的量化，我们对于有待评价的活动进行了简单的赋值，借此每个财务指标都体现出一项活动开展的结果。许多财务指标都属于成果指标、总结性指标。财务指标以美元、英镑、日元等货币单位为工具，对人们关注的活动做全面、整体的总结。由此可见，财务指标不可能是关键绩效指标。

将英镑、美元等货币单位烙印在一项评价指标上，意味着你还没有窥探到绩效的真正驱动因素，因为该指标反映了各团队共同协作的总体状况。例如，前一个工作日的销售额为财务指标，它是多个团队共同努力的成果，包括之前对现有客户及潜在客户的销售访问、广告营销、产品可靠性研究、与关键客户的沟通，等等。我将所有用货币形式表达的销售指标都归为成果指标。

误区 8：可以将关键绩效指标项目委托给一家咨询公司

过去 15 年间，许多企业纷纷开始了绩效评价工作，这些工作通常是在外部顾问的领导下开展的。其中，大多数企业采用的是卡普兰和诺顿提出的平衡计分卡方法。然而，在我看来，该方法太过复杂，只能交由那些知识渊博的外部

> 关键绩效指标项目是企业内部的项目，应该由一些对企业情况及成功因素了如指掌、有丰富经验的员工来实施。

顾问来全程负责，而企业员工参与得并不多。尽管该方法在某些情况下取得了一定的成效，但失败的例子也屡见不鲜。

所有会对大部分员工产生影响的项目都必须由经验丰富的企业内部团队来领导，他们值得信赖、善于沟通，企业里许多人都接受过他们的帮助，因此在他们需要的时候也愿意提供鼎力支持；他们还知道如何正确地开展企业运营。因此，建立一支企业内部团队对关键绩效指标项目的顺利实施尤为重要，是成功制定和运用关键绩效指标 7 个毋庸置疑的基本条件之一，这一点将会在第 3 章重点谈及。企业应使团队成员从日常琐碎的工作中解脱出来，集中所有精力推进这个重要的项目。也就是说，他们可以将家庭照片、喜爱的小马或者爱犬的照片从原来的办公室拿到关键绩效指标项目团队的办公室。他们的副手则会搬进他们原来的办公室，暂时接替他们履行职责。

关于平衡计分卡的思维误区

卡普兰和诺顿[4]的著作极具开创意义，它使管理者意识到，企业需要一个平衡的策略，要以一种更为全面的方式对企业的绩效进行评价，即使用平衡计分卡。卡普兰和诺顿建议从平衡计分卡的 4 个维度出发对企业的绩效展开评价，这 4 个维度分别是：财务成果、客户至上、内部流程、学习和成长。这个方法一经提出，就立即得到企业管理者的热烈响应，人们认为用平衡计分卡汇报绩效非常有意义，便纷纷将平衡计分卡引入企业的绩效管理，于是一种全新的咨询服务应运而生。遗憾的是，虽然用平衡计分卡汇报绩效的方法得到广泛的肯定和认同，但是采用该方法帮助实施战略计划的举措却因陷入以下误区而屡屡以失败告终。

平衡计分卡误区 1：平衡计分卡是史无前例的

日本企业的方针管理（Hoshin Kanri）是一种全面、平衡的绩效管理和绩效评价方法，早在平衡计分卡出现之前，该管理方法就已经存在。有人认为平衡计分卡方法源自方针管理，是方针管理在西方的本土化发展。

依据我的理解，方针管理是一种旨在为企业发展提供方向，关注于调校核准的管理方法。它源自一家复杂的日本跨国企业的质量管理实践，要求在企业的关键领域实现全体员工的协同合作。

方针管理的一个原则就是发挥员工的主动精神，把完成个人活动与实现企业主要目标所做的贡献结合起来。也就是说，员工需要明确企业的关键成功因素，然后据此确定工作的轻重缓急，以便最大限度地发挥员工个人在此领域的积极贡献。

传统方针管理包含 4 个方面，如表 2-1 所示，平衡计分卡的维度无疑是方针管理的翻版。威彻（Witcher）和周（Chau）[5]撰写了一篇信息丰富、内容翔实的论文，将方针管理与平衡计分卡加以比较，该文创意十足，充满了真知灼见，颇值得一读。

表2-1　方针管理与平衡计分卡的相似点

方 针 管 理	平衡计分卡
质量目标与评价指标	客户至上
成本目标与评价指标	财务成果
交付目标与评价指标	内部流程
教育目标与评价指标	学习和成长

平衡计分卡误区 2：平衡计分卡只有 4 个维度

近20年来，卡普兰和诺顿作品中提出的4个维度（财务成果、客户至上、内部流程、学习和成长）被两位作者及其他学者反复提及。我建议可以再增加2个维度（员工满意度、环境和社区），而"学习和成长"可恢复至原来的命名"创新和学习"，详见表 2-2。

表2-2　建议平衡计分卡设定6个维度

财 务 成 果	客 户 至 上	环境和社区
资产利用率、销售增长、风险管理、营运资金优化、成本降低	提高客户满意度，瞄准最有价值的客户，接近潜在客户	首选雇主、与未来员工联系、社区领导力、协作
内 部 流 程	员工满意度	创新和学习
准时、足额交付，优化技术，与关键利益相关者建立良好的合作关系	合适的人选、授权、留住关键员工、坦诚、领导力、认可	创新、放弃、增加专业知识和适应能力、学习环境

平衡计分卡误区 3：平衡计分卡可以同时向管理层和董事会汇报工作进展情况

人们当然需要向部长或者董事会汇报工作的进展情况。但是切记，向董事会汇报的应该是治理信息而非管理信息，向其汇报的评价指标则应该是关键成果指标。

我们需要确保"以管理为中心"的绩效评价指标（关键绩效指标、成果指标和绩效指标）仅汇报给管理层和企业员工。

平衡计分卡误区 4：评价指标完全符合平衡计分卡的一个维度

一家企业将平衡计分卡应用于绩效管理，这种做法无疑是朝着正确的方向迈进了一步。然而在此过程中，有些评价指标似乎可以影响平衡计分卡的多个维度，究竟应该将指标归入哪一个维度，员工们常常感到进退两难。大家对此争论不休，始终找不到统一的解决方案。

其实，评价指标并非只能符合平衡计分卡的一个维度。当你找到一个跨越多个维度的评价指标时，你应该感到兴奋不已，因为很可能你已瞄准了一项关键绩效指标。让我们以航班延误为例来说明这一问题。试想：航班延误应对应哪一维度？该指标应该符合客户至上、财务成果，还是内部流程？事实上，这项指标影响了平衡计分卡的全部 6 个维度，如表 2-3 所示。

表2-3　航班延误几乎影响全部6个维度

评价指标	维　度					
	财务成果	客户至上	员工满意度	创新和学习	内部流程	环境和社区
延误超过2小时的航班	√	√	√	√	√	可能

平衡计分卡误区 5：评价指标或者为超前指标（绩效驱动因素）或者为滞后指标（产出）

我不知道关于超前指标和滞后指标的分类具体来自何处，但是我知道这种划分在绩效评价过程中引发了许多问题，具有根本上的缺陷。这种分类方法假定一个评价指标或者关注过去，或者关注未来。然而它忽略了一个重要的事实：一些评价指标，特别是关键绩效指标，往往既关注过去，又关注未来。

不知多少次我潜心于卡普兰和诺顿[6]的经典著作，试图读懂超前指标和滞后指标背后的意义，却屡屡以失败告终。后来我才意识到，我之所以无法理解超前和滞后这两种评价指标，是因为实际上它们产生于一种错误的逻辑。

在我组织的关键绩效指标研讨会上，每当与会者被问到"航空公司航班延误这个关键绩效指标属于超前指标还是滞后指标？"时，他们对该问题的答案总会势均力敌。显然，"航班延误"既是超前指标又是滞后指标。它起源于过去发生的事情，又会对未来的事件产生重大的影响——航班延误抵达将会继续导致该航班延迟起飞。因此，我建议摒弃超前指标（绩效驱动因素）和滞后指标（产出）这两个概念。正如我们在第 1 章讨论过的，我们应该将评价指标视为过去评价指标、当前评价指标（关注昨天或今天的活动——专注于此时此地的情况）或者未来评价指标（监控对未来可能发生的事件或行动的当前计划和准备）。

平衡计分卡误区 6："因果关系"战略映射是一个有效的流程

许多人认为，既然战略映射有助于管理层理解企业战略，那么它一定是一种行之有效的工作方法。然而，战略映射主要通过"简化"指标间的因果关系来实现并完成（见图 2-1），我对此深表担心，因为战略映射的不恰当使用已导致许多绩效评价指标项目的失败。企业根据评价指标间的简化关系，制订出企业的战略计划和相应的评价指标。战略映射的过程稍有不慎就会导致无法挽回的后果。

> 战略映射的过程稍有不慎就会导致无法挽回的后果。

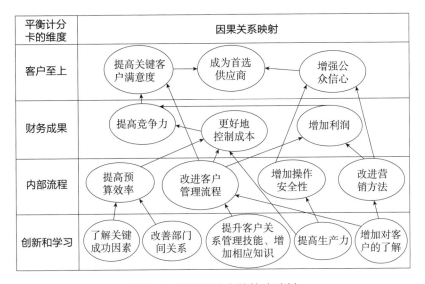

图 2-1 平衡计分卡的战略映射

在战略映射的因果关系中，创新举措或成功因素完全符合平衡计分卡的某个维度，由此创建了一种或者两种因果关系。但是，这一方法往往充满了理论设想，在许多情况下也许并没有实际意义。它似乎想证明：每一个行动或者决定都会对企业的某个方面产生影响，因此，你可以将"因果"关系归结为一两个关系。杰里米·霍普认为，战略映射方法能够帮助人们勾勒出企业运作的模式，具有独特的魅力；但是，若操作不当，则会成为危险的武器。在白皮书《隐性成本》中，霍普对此进行了精彩的总结：

如果将企业看作一台带有杠杆和按钮的机器，每当拉动杠杆、按下按钮时，就会引发预期的反应，或者是意料之外的反作用（如在启用汽车发动机时，汽车可能会如预期般平稳起步，也可能事与愿违，因发动机故障而影响行车体验，甚至危及驾驶人安全），这就是因果关系在发挥作用。

杰里米·霍普，白皮书《隐性成本》，2004

战略映射并非一个完美的流程，具体原因如下：

- 成功因素并不是只能符合平衡计分卡的一个维度。成功因素越重要，其影响的维度就越多。因此，在战略映射的过程中，某些关键成功因素需要占据整页的篇幅，这样就会为战略映射设计师的工作增加额外的困难。
- 对聪明的设计师而言，他也许会在映射流程中发现更多的因果关系。企业采取的任何一项行动都可能产生许多影响，因而，在战略映射中单纯地将因果关系限制在2个之内，这样的想法过于简单，甚至可以称为天真。
- 在研讨会上，当我要求与会者列出航班延误对航空公司成功因素的影响时，他们提出了至少20种影响。然而战略映射无法处理多重关系，因此难以应对企业日常业务的现实情况。
- 员工每天采取的行动受许多因素影响，这些因素无法简化为一两个因果关系。解决这一问题的秘诀在于通过日常观察或访谈，了解那些导致成功或者失败的员工行动。如果只是简单向员工提出诸如"如果我们评价_____的话，你会怎样做？"这样的问题，平衡计分卡项目的顾问将永远无法准确地辨别导致成功或失败的员工行为。

平衡计分卡误区7：自上而下制定评价指标

自上而下制定评价指标也许是平衡计分卡方法中最具破坏性的一个流程。它认为通过分析一项评价指标，如已动用资本回报率，就可以将其分解为无数个与每个团队或部门相关的评价指标。

它还认为，每个团队的领导者不经慎重思考就可以制定出相关的绩效评价

指标。卡普兰和诺顿忽视了一个关键的
问题：团队领导者和企业高级管理团队
应该了解企业的关键成功因素，他们还
应清楚所有的绩效评价指标都具有阴暗
面，因为它推动了非预期行为的发生。

> 自上而下制定评价指标也
> 许是平衡计分卡方法中最具破
> 坏性的一个流程。

因此，在首先确定了企业的关键成功因素后，最好从企业的第 4 层级——
"团队"开始，自下而上地开展平衡计分卡项目（详见图 2-2）。只有在运营团
队中才能够发现关键绩效指标。切记，会计团队不可能存在主导性关键绩效指
标！与企业其他的支持性部门相同，会计团队只会根据绩效指标和成果指标开
展工作。这传递了一个明确的信息：会计团队应迅速完成月度和年度结算，然
后花费更多的时间协助那些致力于企业关键绩效指标工作的团队开展工作。

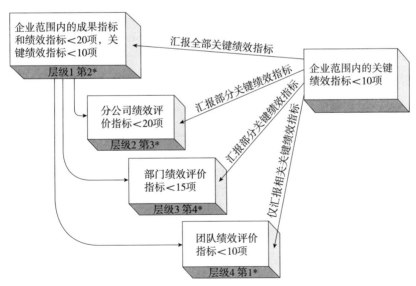

图 2-2　企业不同层级的绩效评价指标情况总览

注：*＝流程顺序。

首席执行官提倡通过自下而上，而非自上而下的方式制定绩效评价指标，

这种方法强调了确定与关键成功因素相关联的评价指标是非常重要的。让所有员工确定工作重点，并使其行为与企业内部的关键成功因素相统一，这是绩效管理的黄金定律。然而，能够实现员工行为与企业战略紧密联系的企业却寥寥可数，不可否认，日本的丰田公司正是该领域一颗熠熠发光的明星。

平衡计分卡误区 8：绩效评价指标的主要目的是帮助企业实施战略计划

平衡计分卡方法认为，绩效评价指标的主要目的是帮助企业实施战略计划。为了实施企业战略，你需要汇报并管理那些最能够体现工作进展的绩效评价指标。

> 在我看来，绩效评价指标的目的并非实施企业战略，而是确保员工将工作时间用于企业内部的关键成功因素。

然而在我看来，绩效评价指标的目的并非实施企业战略，而是确保员工将工作时间用于企业内部的关键成功因素。

注释

1. Jack Welch and Suzy Welch, *Winning* (New York: Harper Business, 2005).

2. Ibid.

3. Dean R. Spitzer, *Transforming Performance Measurement: Rethinking the Way We Measure and Drive Organizational Success* (New York: AMACOM, 2007).

4. Robert S. Kaplan and David P. Norton, *The Balanced Scorecard: Translating Strategy into Action* (Cambridge: Harvard Business Press, 1996).

5. Barry J. Witcher and Vinh Sum Chau, "Balanced Scorecard and Hoshin Kanri:Dynamic Capabilities for Managing Strategic Fit," Management Decision 45, no.3 (2007): 518–538.

6. 同 4。

——
KEY
PERFORMANCE
INDICATORS

概述

在搭建新的关键绩效指标体系时，许多企业往往无视主导性关键绩效指标方法的 3 阶段流程，在毫无准备的前提下就匆忙着手选择关键绩效指标。本章介绍了 3 阶段流程的具体内容，探讨了成功制定和运用关键绩效指标的 7 个基本条件。这 7 个基本条件是：①同员工、工会和第三方建立合作关系；②向基层授权；③仅评价和汇报重要的事情；④所有的关键绩效指标均来源于关键成功因素；⑤放弃无法交付成果的流程；⑥在企业内部任命一位关键绩效指标项目团队领导者；⑦企业全体员工都能够理解主导性关键绩效指标的内涵。

本章的学习要点如下：

1. 主导性关键绩效指标方法的 3 阶段流程。

2. 主导性关键绩效指标方法的 7 个基本条件。

3. 改善绩效的要义在于向企业的员工，尤其是那些工作在"第一线"的员工授予权力。

4. 每一个评价指标都要与成功因素或关键成功因素相联系。

5. 绩效评价指标的主要目的是确保员工在工作时始终关注企业内部的关键成功因素。

6. 彼得·德鲁克关于"放弃"和"永远不要把新的工作布置给新的员工"的重要理念。

7. 中小型企业开发和实施主导性关键绩效指标的方法。

第3章

主导性关键绩效指标方法的背景

　　很多曾经使用过关键绩效指标的企业都会发现，关键绩效指标对企业绩效而言影响甚微，甚至完全没有影响。在绝大多数情况下，造成这一现象的原因大多归结于人们对于关键绩效指标存在着一种根本性的误读。在搭建新的关键绩效指标体系时，许多企业往往无视主导性关键绩效指标方法的3阶段流程，在毫无准备的情况下就匆忙着手选择关键绩效指标。关键绩效指标仓促而就，自然也无法如预期一般发挥出积极的作用，因此失败在所难免。就像粉刷房屋，一半的工作在于筹备，做好充分的准备工作是顺利完成后续工作的基石。由此可见，关键绩效指标的开发与实施关键在于事先营造一个有利的环境。只有企业理解了这一流程，并认识到引入关键绩效指标对企业来说的巨大作用，才可将关键绩效指标体系的搭建工作正式提上日程。

主导性关键绩效指标方法

为支持本国企业的国际贸易实践，澳大利亚政府部门——澳大利亚工业部充分调配资源，编写了关键绩效指标手册。该手册率先提出了关键绩效指标实施的诸多问题，在业内影响颇深，堪称一部经典实用之作。本书提及的一些方法均出自这本于 1996 年首次出版发行的关键绩效指标手册。该手册首次提出了以下内容：

- 项目的实施需要具备一些基本条件。关键绩效指标手册最初提出了 4 个基本条件，本书将其增加至 7 个。

- 关键绩效指标项目包含 12 个重要步骤（见图 3-1）。我在《关键绩效指标》第 1、2 版中详细地介绍了这 12 步流程。不过，鉴于一些读者希望能进一步简化该流程，因此，在确保 12 个步骤完整性的同时，本书将其精简为 3 个阶段（见图 3-2）。

- 需要投入资源，向高级管理层和企业员工推介变革。在此基础上，本书强调了通过调动目标群体的情感因素来引领变革的必要性。

- 关键成功因素是绩效评价指标背后的核心驱动力。本书将关键成功因素进一步精炼，将其称为企业"内部的关键成功因素"。

- 成功制定并使用关键绩效指标将有助于改善企业运营，有利于财务成果、客户至上、内部流程、创新和学习、环境和社区等平衡计分卡维度得到改进。

- 读者需要一些模板来辅助完成工作并提高工作效率。本书延续了之前版本的传统，对关键绩效指标项目团队可能需要的模板进行预测，并提供相关模板以资参考。

最初的 12 步流程

在前两版《关键绩效指标》中，详细介绍了上文提到的 12 步流程。该流程为期 16 周，适用于全职员工人数超过 500 人的企业（见图 3-1）。

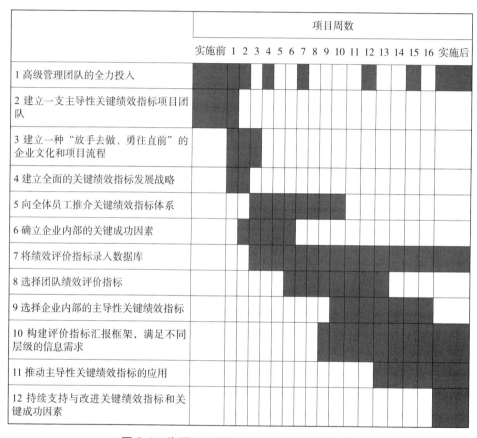

图 3-1　为期 16 周的 12 步流程实施时间表

主导性关键绩效指标方法的 3 阶段流程

一些读者希望我能够进一步简化该流程，借此机会，我对原来的内容进行了修订和整理。在本书中，我重新思考了最初的流程方法，使其更加满足客户的需要、便于使用。在确保 12 个步骤的完整性的同时，将其精简为 3 个阶段（见图 3-2）。

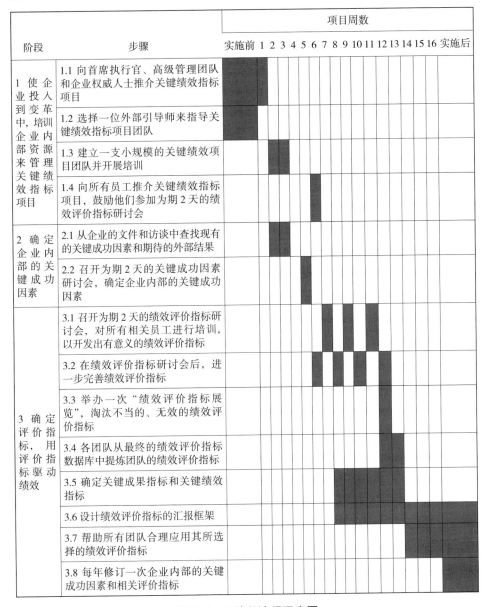

图 3-2　3 阶段流程示意图

3 阶段流程概述

在讨论具体细节之前，我们首先对主导性关键绩效指标方法 3 阶段的任务进行概述。读者将在本书的第 4 章到第 11 章中了解各个阶段的详细内容。

第 1 阶段：使企业投入到变革中，培训企业内部资源来管理关键绩效指标项目	能否成功地引领并推介变革对企业所有重大项目的实施具有深刻的影响。本书第 4 章概述了约翰·科特（John Kotter）关于引领变革的模式，强调通过调动目标群体的情感驱动因素来引领变革的必要性，并提出了本阶段所需的一些步骤流程
	高级管理团队必须全身心地投入到制定关键成功因素及平衡计分卡的工作之中，使评价指标发挥正面作用从而驱动绩效。对项目实施者而言，能够瞄准时机尤为重要。关键绩效指标项目必须选择一个合适的窗口，让高级管理团队能够积极地投身于变革绩效管理的洪流。第 5 章列出了本阶段所需要的各个步骤
	企业内部训练有素、经验丰富的员工是关键绩效指标项目取得成功的最重要保障之一。为促进项目的顺利实施，需将工作进行重新分配以保证企业员工能够全身心地投入到项目中。第 6 章强调了选择企业内部人员领导关键绩效指标项目团队的重要性，阐述了邀请企业外部人士领导项目团队注定会失败的原因
第 2 阶段：确定企业内部的关键成功因素	关键成功因素是员工每日需完成的能够影响企业绩效的事务或方面。第 7 章探讨了关键成功因素和外部结果的区别与联系，强调了关键成功因素对于企业的重要意义，提出因为人们常常对关键成功因素缺少应有的关注，导致其成为管理理论中缺失的一环。强调一个企业通常有 5~8 个关键成功因素，关键成功因素应该是所有绩效评价指标的来源。同时解释了如何确定企业内部的关键成功因素。第 12 章探讨了关键成功因素研讨会中的案例，提出一些常见的关键成功因素，以及来源于这些关键成功因素的绩效评价指标
第 3 阶段：确定评价指标，用评价指标驱动绩效	许多企业在评价指标的确定方面存在诸多问题。第 8 章探讨了企业评价指标出现根本性错误的常见原因，提出设计合适的评价指标的方法。第 9 章概述了确定切实可行的绩效评价指标所需完成的任务，还介绍了创建评价指标数据库的具体过程，并说明如何选择关键绩效指标和关键成果指标
	第 10 章介绍了如何构建评价指标汇报框架，满足不同层级的信息需求，指出怎样精炼关键绩效指标以保持其相关性，同时提供了一些汇报模板以供参考

主导性关键绩效指标方法的7个基本条件

我们首先需要确定7个基本条件，之后才能够在企业成功地开发和实施关键绩效指标。这就好比修建房屋，只有地基稳固，才能坚不可摧。这7个基本

> 这7个基本条件决定了关键绩效指标项目的成败。

条件决定了关键绩效指标项目的成败（见图3-3），其重要性不言而喻。我保证，如果没有这7个条件，即便企业倾其所有，结果也只会收效甚微。我见过许多项目的领导者，他们积极热情、才华横溢，却因忽视了这些基本条件，导致评价指标无法发挥有效的作用，关键绩效指标项目以失败告终。

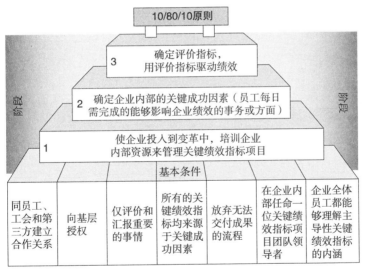

图 3-3　主导性关键绩效指标方法的 7 个基本条件

基本条件1：同员工、工会和第三方建立合作关系

为了能够成功地改善企业绩效，我们应该在管理层、员工代表、工会、关键客户和关键供应商之间建立一种有效的合作伙伴关系。

"同员工、工会和第三方建立合作关系"这一基本条件包括：

认识到变革的必要性	所有的利益相关者应意识到任何重大的企业变革和文化变革均需要彼此之间的互相理解；应接受若想提高绩效水平，企业变革势在必行这一事实；同时还应知晓实施变革的具体方法与流程
协商安排	全力建立并保障员工、工会和第三方之间的有效沟通
使企业的关键客户和关键供应商参与其中	拓展合作理念，使企业的关键客户和关键供应商参与其中

如果想提高关键客户的满意度，不妨坐下来与他们谈一谈，询问他们："我们希望提高对你的交付效率和服务质量，你觉得我们可以评价什么来达到这一点？"同样，如果你想要提高关键供应商的绩效，就应该去拜访他们并与他们讨论你的期望。

🕐 实例

航空公司与供应商的合作

团队成员坐在一起讨论公司的绩效问题，在谈到应采用怎样的措施才能提高即将降落的延误航班的绩效时，他们很快意识到关键供应商在此环节中的重要作用。如果只是每天不断地给负责清洁和燃料补给的供应商打电话，强调"请优先考虑延误航班"，往往会力倍功半。要想切实地改善绩效，可以授权给供应商，使他们以只读的方式进入航空公司系统，读取延误航班的信息。对他们说："一旦航班延误超过一个小时，公司即授权你立即采取措施，以加快流程。"这样，在航班延误的情况下，供应商将派遣两倍的清洁人员负责清理工作，从而减少了一半的清洁时间。而燃料供应商则安排员工提前做好准备等待航班降落，在符合安全规定的前提下，即刻进行燃料补给。航空公司的这一做法取得了斐然的成效。

基本条件2：向基层授权

若想成功地改善绩效，企业需要向员工授权，特别是向基层授权。一些管理学巨擘纷纷就此提出了真知灼见，包括彼得·德鲁克、加里·哈默尔、汤姆·彼得斯以及罗伯特·沃特曼。他们的理论思想拨开了我们关于绩效管理的迷雾，为我们指明了新的方向，建议读者仔细阅读他们的著作，领悟其间的精髓。

> 若想成功地改善绩效，企业需要向员工授权，特别是向基层授权。

"向基层授权"这一基本条件主要包括下列内容：

有效的双向沟通	建立自下而上和自上而下的有效沟通机制。鼓励全体员工坦诚地表达自己的观点，可以对现状提出疑问，也可以毫不犹豫地对管理者提出反对的意见（例如，员工们不再需要屏蔽坏消息，反倒会因勇于直抒己见而得到管理者的认可）
授权	向员工授权，使他们能够立即采取行动，纠正对关键绩效指标产生不良影响的情况（例如，有权将清洁人员的数量加倍，以缩短延误航班的周转时间）
责任下放	将责任下放至各个团队，使其自行确定团队绩效评价指标，给予其更多的决策权
培训	提供多方面的培训，包括说明关键成功因素为何是企业日常活动的驱动力，设计并完善绩效评价指标，讲解如何用图表演示汇报绩效等
采取敏捷灵活的方法	采用敏捷灵活的方法，包括每日站会（Stand-up Scrum meetings）、看板（Kanban Boards）、"持续改善"（Kaizen）理念等
认识到学习上的困难	对于在读写、计算或其他方面存在学习困难的员工提供额外的帮助与支持

⏱ 实例

一家汽车制造厂的授权行动

一些领先的汽车制造商早已意识到授权的重要性。所以，当生产线上的员工发现产品存在质量问题时，他们会在上面贴上标签以示标注。若有时间，他们就会着手进行修复工作。当生产线上的下一位员工看到标签时，马上就会明白该产品具有质量缺陷，在完成指定的工作后，他将接手继续修复故障。

如果员工意识到在产品输送至下一个车间前该故障都无法修复时，他只需拉动一下"绳索"，车间的生产线即会停止。接下来，管理者就会组织人员进行故障的维修工作，之后再重新启动生产线。在此之后，管理者会调查员工就此暂停生产线的决策是否正确。如果不正确，则认为出现该状况是员工培训的失误，而不是员工个人的问题，然后与相关员工进行简单的商讨。员工不经请示直接叫停生产线的方式是一种高度的授权形式。该方法取得成功的关键在于员工不仅被授予权力，做出暂停生产线的决策，而且可以从中感受到认同和信任。

基本条件 3：仅评价和汇报重要的事情

企业的管理者需确保以一种能够激发预期行为的方式对绩效进行评价和汇报，这一点至关重要。根据事务重要性的不同，企业按照每天、每周或者每月一次的频率对其进行汇报，汇报的内容需涵盖关键成功因素。

"仅评价和汇报重要的事情"这一基本条件主要包括下列内容：

每一个评价指标都应有其存在的理由	我们只需评价需要评价的重要事务。每一个评价指标都有其存在的理由，都要与成功因素或关键成功因素相联系
引发行动	汇报绩效旨在引发行动。首席执行官应确保接到汇报后向相关人员致电："帕特，为什么 BA235 号航班延误了 2.5 个小时？"

（续）

精益报告	倡导精益运动，坚持对报告进行持续完善，使其更简洁、更及时、更高效，而且报告的内容应关注决策的指定
数据可视化	根据数据可视化领域专家斯蒂芬·菲尤（Stephen Few）提出的原则和方法来设计汇报格式
自下而上的流程	应该根据团队绩效评价指标来确定企业绩效评价指标，例如，采取自下而上的流程

为了减少无意义的报告，我们不妨这样做：让首席执行官要求全体员工和管理人员提供上个月提交的所有报告的副本。指定专人收集，确保所有管理人员和员工都提交了报告，然后剔除重复报告。在一些企业中，剩余的报告放在一起会有 1.2 米高。将这些报告放在一个透明的盒子中，再找出一个只有其 1/4 高的盒子，宣布后者就是允许提交的报告总量。

> 每一个评价指标都有其存在的理由，都要与成功因素或关键成功因素相联系。

🕐 **实例**

政府部门不必要的工作报告

我曾在一位财务部门领导的办公桌上看到一叠报告。当我询问这是什么的时候，他回答这是预算负责人上交的月末报告。我又问："这些报告用在何处？"他沉默了片刻，然后低声回答说："一般不会用到。如果发现数据存在较大偏差需要解释时，会给相关的预算负责人打电话询问。"由此可见，每个月预算负责人需要花费数百个小时来完成这些报告，而他们本可以按时下班回家！

基本条件4：所有的关键绩效指标均来源于关键成功因素

　　所有重要的绩效评价指标——关键绩效指标——都应来源于关键成功因素。关键成功因素及与之相关的绩效评价指标将企业的日常活动与企业战略紧密地联系在一起。关键成功因素会对企业的运营产生全天候的影响。因此，必须评价员工是如何协调日常活动并使之与企业内部的关键成功因素保持一致的，这一点尤为重要。

> 关键成功因素及与之相关的绩效评价指标将企业的日常活动与企业战略紧密地联系在一起。

　　在我看来，绩效评价指标的主要目的是确保员工在工作中始终关注企业内部的关键成功因素。而传统的平衡计分卡则将绩效评价指标视为监控战略举措实施情况的工具。出发点不同，导致主导性关键绩效指标方法与传统的平衡计分卡方法在制定评价指标方面存在较大差异。这一点将在接下来的章节中进行阐释。

> 绩效评价指标的主要目的是确保员工在工作中始终关注企业内部的关键成功因素。

　　"所有的关键绩效指标均来源于关键成功因素"这一基本条件主要包括下列内容：

关键成功因素的重要性	对企业而言，关键成功因素比战略举措更重要。即便没有精心规划的战略，企业仍可取得成功，许多企业皆如此
评价指标的主要作用	绩效评价指标的主要作用是帮助员工每天关注企业内部的关键成功因素，而其他方法则认为绩效评价指标的主要作用是监控战略举措的实施情况
将关键成功因素放在首位	在确定关键绩效指标之前，应首先依据本书第7章介绍的具体流程，确定关键成功因素。如果绩效评价指标与关键成功因素毫不相关，那么它就绝不是关键绩效指标，因而也不会对企业产生重要的影响。所以，应该将此类指标剔除
与关键成功因素的相关性	企业使用的关键绩效指标、绩效指标、成果指标和关键成果指标都应与关键成功因素或者成功因素密切相关。企业的评价指标数据库应记录这种相关性

基本条件 5： 放弃无法交付成果的流程

管理学大师彼得·德鲁克极富创造性的思想及远见卓识在管理学界产生了巨大的影响，在管理思想领域他的诸多著作均被奉为经典。徜徉在德鲁克的作品之中，我对绩效管理的理解也愈加深刻。在对其作品的认真研读，特别是结合伊丽莎白·哈斯·埃德莎姆对其作品阐释的基础之上[1]，我提出了主导性关键绩效指标方法的第 5 个基本条件——"放弃无法交付成果的流程"。

我认为在德鲁克提出的众多经典理论中，最具影响力的就是关于"放弃"的理念。德鲁克认为，放弃是一股重要的力量，是创新的源泉。"放弃"说明管理层已经意识到一些举措将永远无法实现预期的效果，因此应该尽早面对现实、果断放弃。重要的是企业必须给关键绩效指标项目团队留出充足的时间，并为项目的实施投入足够的时间和精力。

> 我认为在德鲁克提出的众多经典理论中，最具影响力的就是关于"放弃"的理念。

"放弃无法交付成果的流程"这一基本条件主要包括下列内容：

每月设立一个放弃日	每月设立一个放弃日，当日，各个团队向企业汇报计划放弃的内容。其他团队可以在 24 小时内对放弃的内容提出申诉
评价放弃率	赞扬最勇于放弃的团队
放弃所有具有不良效能的绩效评价指标	在一些情况下，有必要放弃目前使用的全部评价指标，然后在关键成功因素的基础之上，重新确立企业的绩效评价指标。一些评价指标无疑将重新恢复使用，而许多与关键成功因素不一致的评价指标仍会被放弃
放弃报告	如果完成绩效汇报的方式与上个月和上上个月一样，而且根本无人阅读，那么就要毅然放弃这样的报告。在每份报告的首页都应配有说明，解释报告与关键成功因素及企业战略的相关性

（续）

放弃会议	一些企业召开会议仅仅为例行公事，会后并不会采取任何可能带来积极效应的后续行动，这样的会议应该放弃。应注意，每一场会议都需明确地说明会议的目的，记录即将采取的行动以及对企业来说每小时需要的成本
放弃无效的平衡计分卡	如果平衡计分卡无法发挥其效应，则要放弃现有的平衡计分卡及相关软件。关键绩效指标项目团队可以重新确定平衡计分卡
放弃项目	检查当前的项目计划，放弃不合适或不需要的项目
放弃与年度目标挂钩的绩效工资	如果你能预见未来，那么制定年度目标无可厚非。然而在现实中，许多年度目标并不符合实际，要么太容易实现，要么根本难以达到。绩效工资制度应该建立在相对评价的基础之上。关于这一点的更多信息请登录 www.davidparmenter.com，参阅工作指南
放弃年度计划	根据目前的情况来看，年度计划不过是一项毫无意义的年度政治活动，理应放弃。建议读者登录网站 www.davidparmenter.com，了解关于季度滚动计划的相关信息
放弃对绩效的述评	放弃每年一次或者每年两次的绩效述评，因为这项工作无人在意：员工不喜欢收到这样的述评，管理人员也不愿费力准备这些与他们的薪酬无关的评价。对企业来说重要的是，管理人员至少应该以每月一次的频率定期给予员工反馈

基本条件 6：在企业内部任命一位关键绩效指标项目团队领导者

企业需要一种新的评价方法，该方法需要整个企业集思广益、群策群力，在管理者和员工的通力合作之下，制定出有效的评价指标，激励员工的行为与企业内部的关键成功因素与战略方向保持一致。多年来，我始终致力于绩效评价指标的理论与实践研究，在我对此领域不断求索的过程中，有一个念头变得越发清晰坚定，那就是企业内部必须拥有绩效评价指标方面的专家。迪恩·斯皮泽[2] 将这类专家称为首席评价官。在第 6 章的 PDF 工具包中我详细描述了关键绩效指标项目团队领导者（首席评价官）的工作职责。

　　"在企业内部任命一位关键绩效指标项目团队领导者"这一基本条件主要
包括下列内容：

全职工作	建议企业任命一位关键绩效指标项目团队领导者，并尽可能使他全职从事项目工作。然而根据我的观察，关键绩效指标项目团队领导者大多因工作量过大，无法以全职的形式投入到关键绩效指标项目中，因此导致了项目的延迟甚至失败。对全职员工超过250人的企业而言，这一职位上的人应该且必须全职投入工作；而在小型企业中，则需将工作进行重新分配，至少要将该职位一半的工作量分配给他人完成，以保证在这一职位上的人能够全身心地投入到项目中
内部任命	彼得·德鲁克曾说过："永远不要把新的工作布置给新的员工。"[3] 我们需要在企业内部任命一位关键绩效指标项目团队领导者：他在企业里享有威望、备受尊重，有成功实施项目的经验，许多人都接受过他的帮助，觉得欠他一份人情。因此，当实施新举措需要支持时，大家都愿意施以援手。只有当关键绩效指标项目团队的领导者是企业内部一位值得信赖的员工的时候，那些担心变革的员工才更有可能支持关键绩效指标项目
	彼得·德鲁克发现许多创新活动失败的原因在于执行该活动的员工并非合适的人选。当我们招聘一名新员工或顾问来承担一个重大项目时，原有的员工和管理人员常常感到不安。员工们会担心他们的工作是否会发生变化，最擅长的任务会不会没有了，工资是否会受到影响
	员工们顾虑重重，停车场里来访的外部顾问的保时捷雷拉跑车让焦躁的心情雪上加霜，这往往会让正在进行的项目常常陷入僵局、毫无进展。也许还有一些员工和管理人员在工作中拒绝配合外部顾问。在这种情况下，外部顾问获得成功的机会就像登山者独自攀登珠穆朗玛峰一样渺茫。想要成功，只能期盼奇迹发生
直接向首席执行官汇报	关键绩效指标项目团队领导者直接向公司首席执行官进行汇报，此外，他还需具备广博的知识和各种必备的技能

　　每家企业在由平凡迈向卓越的进程中，都应始终围绕绩效评价指标并给予
其更多理性的思考和深切的关注。关键绩效指标项目团队领导者需同时兼具心

理学家、教师、销售人员及项目经理等多重角色。只有当关键绩效指标项目团队领导者能够完全胜任上述工作时，企业的评价制度才有望从混乱无序转向明朗清晰。

> 永远不要把新的工作布置给新的员工。
>
> ——彼得·德鲁克

基本条件7：企业全体员工都能够理解主导性关键绩效指标的内涵

关键绩效指标关乎企业命运，对企业而言意义非凡。企业要能深刻理解关键绩效指标的真正内涵，并能准确辨别什么是关键绩效指标，什么不是关键绩效指标，否则企业的发展就会受到极大的限制。然而，在一些企业中，在员工参加了为期2天的关键成功因素研讨会不久后，就再次将所有的绩效评价指标都归为关键绩效指标。为解决这一问题，由首席执行官领导的高级管理团队必须把关键绩效指标的内涵传达给员工，对于不符合关键绩效指标内涵的评价指标，管理者和员工应迅速发现并及时纠正。

"企业全体员工都能够理解主导性关键绩效指标的内涵"这一基本条件主要包括下列内容：

关键绩效指标的内涵	关键绩效指标关注对企业当前和未来成功至关重要的各方面绩效
根据企业的具体情况设立关键绩效指标	团队的关键绩效指标应该为符合企业具体情况且对企业至关重要的指标
关键绩效指标关注企业运营	团队使用的大多数评价指标为绩效指标和成果指标。总公司的某些团队，如财务团队和信息技术团队都不可能拥有关键绩效指标，因为关键绩效指标的主要目的在于监控企业的运营
两类评价指标	在培训课程上需要向全体管理者传达成果指标和绩效指标这两类评价指标的内涵和区别。在关键绩效指标项目团队的帮助下，员工应能区分开关键成果指标、成果指标、绩效指标和关键绩效指标

中小型企业在关键绩效指标项目实施中的差异以及采取的快捷方法

至目前为止，本书介绍的项目实施方法主要适用于拥有 250 名以上全职员工的企业。在接下来的部分以及后续章节中，我们将探讨全职员工少于 250 人的中小型企业在实施绩效指标项目时应遵循的一些原则。

在中小型企业（100~250 名全职员工）开发和实施主导性关键绩效指标

对拥有 100~250 名全职员工的中小型企业来说，可以将上文提到的 3 阶段流程缩至更短的时间。这样做的原因在于：

1. 高级管理团队大多从始至终推动着项目进展。如果首席执行官从一开始就参与到项目中，关键成功因素研讨会的组织就会高效得多。

2. 企业的高级管理团队通常会选择在关键成功因素研讨会中表现突出、善于使用关键绩效指标的员工，建立一支关键绩效指标项目团队。

3. 本书提出了许多开发和实施关键绩效指标项目的方法，中小型企业可以从中选取适合的方法，搭配使用。读者可以登录 www.davidparmenter.com，下载相关工具包。

4. 企业员工人数不多，意味着需要召开的研讨会数量也相应减少。

本章阐述的 7 个基本条件对中小型企业来说至关重要，决定了企业关键绩效指标项目的成败。需要特别注意的是，企业需要将关键绩效指标项目的领导者从繁重的工作中解放出来，减轻其工作负荷，否则，就会导致项目的贻误甚至失败。建议拥有 100~250 名全职员工的中小型企业登录 www.davidparmenter.com，购买 3 阶段流程的相关电子模板。

本书将原来的 12 步流程合并为 3 阶段流程。流程的精简对中小型企业（100~250 名全职员工）产生的影响详见图 3-4。

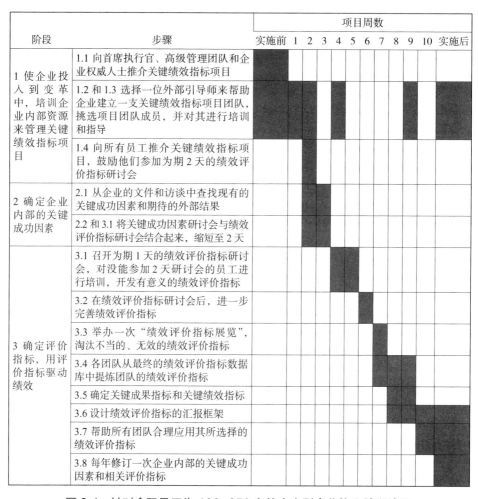

图 3-4　针对全职员工为 100~250 名的中小型企业的 3 阶段流程

在全职员工少于 100 人的小型企业开发和实施主导性关键绩效指标

对拥有全职员工不足 100 人的小型企业来说，还可以将 3 阶段流程的时间进一步缩短，原因在于：

1.企业的所有者通常负责业务运营，因此可以对关键成功因素研讨会的组织召开做出迅速决定。

2. 企业中通常仅有一人负责关键绩效指标项目的推进工作，如果不减轻他的工作负荷，项目就会被延迟。

3. 本书提出了许多开发和实施关键绩效指标项目的方法，小型企业可以从中选取适合的方法，搭配使用。具体的方法在后续的章节中会加以说明。

4. 将关键成功因素研讨会与绩效评价指标研讨会合二为一。

7 个基本条件对小型企业来说同样非常重要。如果关键绩效指标项目的领导者不能够减轻工作量、以专职的形式投入到关键绩效指标项目中，项目就可能有所延迟，甚至以失败告终。建议全职员工不超过 100 人的小型企业登录 www.davidparmenter.com，购买 3 阶段流程的相关电子模板。

流程的精简对小型企业（不超过 100 名全职员工）产生的影响详见图 3-5。

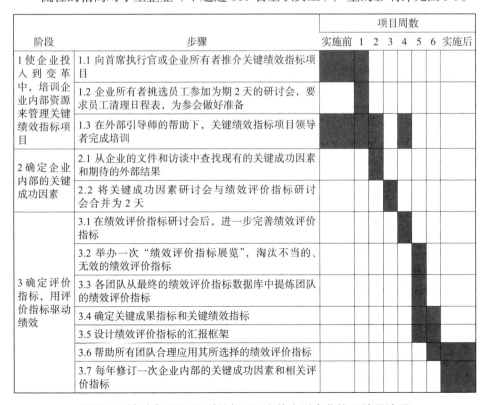

阶段	步骤	项目周数							
		实施前	1	2	3	4	5	6	实施后
1 使企业投入到变革中，培训企业内部资源来管理关键绩效指标项目	1.1 向首席执行官或企业所有者推介关键绩效指标项目	■	■						
	1.2 企业所有者挑选员工参加为期 2 天的研讨会，要求员工清理日程表，为参会做好准备		■						
	1.3 在外部引导师的帮助下，关键绩效指标项目领导者完成培训			■	■				
2 确定企业内部的关键成功因素	2.1 从企业的文件和访谈中查找现有的关键成功因素和期待的外部结果				■				
	2.2 将关键成功因素研讨会与绩效评价指标研讨会合并为 2 天					■			
3 确定评价指标，用评价指标驱动绩效	3.1 在绩效评价指标研讨会后，进一步完善绩效评价指标					■			
	3.2 举办一次"绩效评价指标展览"，淘汰不当的、无效的绩效评价指标						■		
	3.3 各团队从最终的绩效评价指标数据库中提炼团队的绩效评价指标						■		
	3.4 确定关键成果指标和关键绩效指标						■		
	3.5 设计绩效评价指标的汇报框架							■	
	3.6 帮助所有团队合理应用其所选择的绩效评价指标								■
	3.7 每年修订一次企业内部的关键成功因素和相关评价指标								■

图 3-5　针对全职员工不超过 100 人的小型企业的 3 阶段流程

注释

1. Elizabeth Haas Edersheim,*The Definitive Drucker:Challengers for Tomorrow's Executives—Final Advice from the Father of Modern Management* (New York: McGraw-Hill, 2006).

2. Dean R. Spitzer, *Transforming Performance Measurement: Rethinking the Way We Measure and Drive Organizational Success* (New York: AMACOM, 2007).

3. Peter Drucker, *Managing the Non-Profit Organization* (New York: Harper Collins, 1992).

概述

　　能否成功地引领并推介变革对重大项目的实施有着极其深刻的影响。人们往往不理解实施变革背后的心理，所以有太多的举措虽出于一片善意，却常常事与愿违，终以失败告终。本章介绍了史蒂夫·扎福（Steve Zaffron）和戴夫·洛根（Dave Logan）撰写的《效能突破三法则》（*Three Laws of Performance*）以及约翰·科特（John Kotter）的《领导变革》（*Leading Change*）。此外，本章还指出哈利·米尔斯（Harry Mills）的"自我说服"的重要性，强调通过调动情感驱动因素向目标对象推介变革的要义，并提出了本阶段所需的一些步骤和流程。

　　本章还介绍了关键绩效指标项目团队免费获取 PDF 格式的建议工作表和检查表的方法。

　　本章的学习要点如下：

1. 如果缺乏有效的激发措施，许多引发企业变革的举措会因员工潜意识中固有的"默认的未来"而走向失败。正如扎福和洛根所说"人们采取的行动与他们所处的环境相适应"。

2. 变革的关键在于在员工的头脑中重新创建一个未来愿景——让我们称之为"重塑的未来"。

3. 引领企业员工，让他们主动创造"骤然顿悟"的时刻。在面对工作中的问题时，他们会坚持说："哦，不！ 我们不想要默认的未来。"如果员工能够做到这一点的话，变革不可避免。

4. 将企业的权威人士加入关键绩效指标项目的重要性。

5. 约翰·科特提出引领并推介变革的 8 阶段流程。如果企业能够遵循该流程，引发变革的成功率将会大大增加。

6. 通过调动买方的情感驱动因素进行推介。

7. 关于 Ballance Nutrients 公司的案例研究——设计推介变革的企业蓝图。

8. 在陈述报告之前，预先将项目推介给企业的权威人士。

9. 关于向企业管理层及员工发表无懈可击的演示报告的建议。

第4章

引领并推介变革

在开启项目流程之前，我们首先需要思考如何在企业内部推介变革。依据过去的经验可知，这一环节并不轻松，稍有不慎，就会遭遇失败，铩羽而归的例子屡见不鲜。在我看来，在绝大多数情况下，当董事会和高级管理者否决某项提议或举措时，多是因为前期的推介未尽全力。也就是说，若方法得当、全力推进，则提议很可能会得到董事会及高级管理者的认同，继而顺利提上日程。

然而，若你尚未准备好学习一些技能与方法来弥补项目宣传中的不力，不妨去打打高尔夫球或者索性专注于当下的工作，因为眼前并非开启关键绩效指标项目的好时机。推介变革需要具有一套特殊的技能，这是我们每一个人都可以并且也应该具备的能力。

史蒂夫·扎福和戴夫·洛根：为什么引发变革的举措大多会失败

史蒂夫·扎福和戴夫·洛根在其著作《效能突破三法则》[1]中揭示了为何

许多创新举措都会遭遇失败。该书一经出版，即引发了广泛的关注。根据书中所述，效能突破的第一条法则是"人们采取的行动与他们所处的环境相适应"。作者指出，每家企业都有一个"默认的未来"，这是每名员工潜意识中认为终将发生的事件，也是员工尽力使之成为现实的未来。因此，在一家存在系统性问题的企业中，员工会产生注定失败的幻觉并采取引发失败的举措，从而使"默认的未来"成为现实。

> 人们采取的行动与他们所处的环境相适应。
> ——史蒂夫·扎福和戴夫·洛根

扎福和洛根接着分析说"这就是为什么你越是改变，就越是保持不变"。变革的关键在于在员工的头脑中重新创建一个未来愿景——让我们称之为"重塑的未来"。

扎福和洛根表示突破效能的第二条法则是"认识到语言的重要性"。没有语言就没有过去与未来。正是因为具备了语言的应用能力，人类才能够将思想归类为现在或未来。如果没有语言，我们就仿佛卧在席子上的猫，不知怎样进行复杂的思考，日复一日，只能边晒太阳边担心下一顿的饭在哪里。

扎福和洛根进一步补充，如果想要引发变革，我们还需要借助第三条法则——"基于未来的语言"。这一点很有趣，如果你聆听过一些杰出的演说家如温斯顿·丘吉尔的演讲的话，你就会感受到基于未来的语言所发挥的神奇效应。这些了不起的演说家凭直觉就知道如何发挥此种语言的强大力量。

我们将在海滩上战斗，我们将在陆地上战斗，我们将在田野和街头战斗，我们将在山区战斗。我们永不投降。⊖

⊖ 出自第二次世界大战时期，英国首相温斯顿·丘吉尔在1940年6月4日发表于英国下议院的演讲"我们将战斗到底"。——译者注

哈利·米尔斯：自我说服的重要性

撰写过多部商业图书的学者哈利·米尔斯发表了大量关于说服的文章[2]。在他近期的新作 *The Aha! Advantage*[3] 一书中，他谈及了自我说服的重要意义。

从根本上说，自我说服可以有助于减少阻力，因此比直接说服更有力量。

米尔斯谈到在"骤然顿悟"的时刻——即当听众接收到信息并说服自己接受并内化该信息时——人们常有的四种表情（见图 4-1）。米尔斯的研究结果与扎福和洛根的发现近乎相同。我们需要引领企业员工，让他们主动创造"骤然顿悟"的时刻：在面对工作中的问题时，他们会坚持说"哦，不！我们不想要默认的未来"。如果员工能够做到这一点的话，创新举措势在必行，变革更是不可避免的。

这意味着企业需要适时组织研讨会，以便员工可以更多地参与到企业的活动之中，创造更多自我说服的"骤然顿悟"时刻，单纯地依赖教条式的劝说从来都不会带来预期的效果。

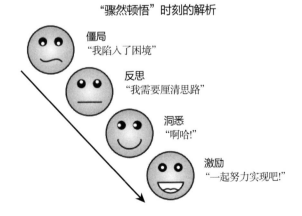

"骤然顿悟"时刻的解析

僵局
"我陷入了困境"

反思
"我需要厘清思路"

洞悉
"啊哈！"

激励
"一起努力实现吧！"

图 4-1　人们在"骤然顿悟"时刻的 4 种表情

资料来源：米尔斯集团。

约翰·科特：如何成功引领变革

1996 年，约翰·科特的《领导变革》[4]一书面世，该书浓墨重彩地探讨了引领变革的步骤和方法，是一部变革管理领域的开创性著作。科特强调，引领变革——真正的、颠覆性的变革——是异常艰难的。随之，他提出了引领并推介变革的 8 阶段流程，为企业规划与实施变革项目提供了清晰的"路线图"。在接下来的内容中，我将结合扎福、洛根和米尔斯的思想，详细分析科特提出的 8 阶段流程。如果项目的实施者能够遵循这个 8 阶段流程，则变革的成功概率将会大大增加。

树立只争朝夕的紧迫感。我们需要从理性与感性两个方面去说服管理团队。具体包含两个阶段：首先，准备一段富有感染力的"电梯演讲"，吸引首席执行官的注意；其次，准备一段 15~20 分钟的陈述报告，报告需要熟练且有说服力，旨在获得管理团队的认可，召开焦点小组研讨会评估、验证和审视拟议的创新举措。

建立一支卓越的变革领导团队。每家企业都有一些经验丰富、人脉广阔的权威人士。每当你陷入困惑的时候，所有人都会向你推荐他们（例如，"你需要和帕特谈一谈"）。这些权威人士分布在企业的各个部门中，也许正担任着看似并不重要的职务。因此，注意千万不要被表面现象迷惑；切记，勿以职位论高低。

在引领变革的流程之中，这一阶段是非常重要的。根据一项案例研究，某家企业组织了 3 次为期 2 周的研讨会，旨在大力推进项目规划的实施。是的，你没有看错，研讨会一共持续 6 周！每一场研讨会，首席执行官均出席并参加了部分活动，企业聘请了有经验的外部引导师，协助企业将权威人士的智慧转化为全面的关键绩效指标项目蓝图。

如果没有一支包含企业权威人士的变革领导团队，那么任何项目都不会取得成功。扎福和洛根在《效能突破三法则》中指出，当身处"燃烧的平台"[○]之上时，你希望员工在面对"你想要默认的未来吗？"这一问题时，能够不约而同地给出否定的回答。毋庸置疑，在相同的情境中，对权威人士而言，他们势必会选择打破注定失败的幻觉，重塑未来。除此之外，米尔斯建议企业的管理者要有耐心，给予员工足够的时间讨论、思考和推敲。基于此，建议召开为期 2 天的研讨会，从而给员工更多的时间完成自我说服。

> 如果没有一支包含企业权威人士的变革领导团队，那么任何项目都不会取得成功。

制定变革的愿景和战略。 为了让员工清楚变革的流程并获得必要的资源，管理者需要掌握基于未来的语言，用以激励员工。如前所述，扎福和洛根指出，在突破效能的过程中语言起到了重要的作用（突破效能的第二条法则），能够熟练运用基于未来的语言尤为关键（第三条法则）。

传达变革的愿景。 科特指出，沟通不足的情况非常普遍，现实的沟通与理想的差距不是一点点，甚至要付出十倍乃至百倍的努力才能改善。无论计划多完备，只要沟通不力就无法顺利实施。在关键绩效指标项目中，项目的领导者需要获得首席执行官的首肯，在公司会议中获许用 10 分钟的时间介绍项目的愿景及目前的进展情况。有人认为员工仅通过阅读关于项目的内部通讯及电子邮件就可以解决问题，事实证明，这种臆想终会落空。

授权广泛的行动。 从一开始，变革的需求和权力就必须授权给企业内部的团队。扎福和洛根对此也深表赞同。一旦员工在头脑中塑造了新的企业未来，就会朝着此目标前进。许多伟大的作家都强调，混乱和不确定性往往也是一种契机，如果能妥善处理，则大有可为。项目团队要善于以自己的方式正面迎接混乱，在混乱中求得项目的进展。

○ 诺基亚前首席执行官斯蒂芬·埃洛普（Stephen Elop）在致员工的内部备忘录中称：诺基亚在竞争对手面前不断失利，市场份额不断遭到蚕食，已经身处"燃烧的平台"，为扭转逆境，必须改变自身行为、引入变革。——译者注

快速制胜。快速制胜的好处显而易见，然而人们却常常忽视其重要作用。要知道高级管理团队时常会被怀疑患有注意力缺陷障碍。因此，有条不紊、默默无闻地推动工作常常会将你置于被忽视和遗忘的风险之中。我们需要一些可以轻松获取的阶段性胜利，以便首席执行官能够公开举办庆祝活动，通过快速制胜强化企业上下和企业合作伙伴的信心，以便鼓舞士气。

巩固成果并创造更多变革。这就是吉姆·柯林斯在著作《基业长青》[5] 和《从优秀到卓越》[6] 中谈及的飞轮效应。当员工能够齐心协力为企业变革做出贡献时，变革的飞轮就会转得越来越快。

将新方法注入企业文化。让变革的引领者成为企业的楷模，确保他们的理念融入企业文化；放弃不接受变革的管理者，以及那些只热衷于在无人在意之处"灭火"，却不懂得"防火"（即引领变革）的管理者。

通过调动买方的情感驱动因素进行推介

要记住，如果使用理性的方式推销一个产品、一项服务或者一个项目，则几乎不可能推销出去！只有调动买方的情感驱动因素才可以吸引对方，最终完成交易（例如，仔细回想最近一次的购车经历，汽车的经销商是怎样将汽车成功地推销给你的）。也就是说，我们应该从根本上改变向高级管理团队、首席执行官和董事会推介关键绩效指标项目的方式。务必聚焦于他们的情感驱动因素，厘清因素之间的内在联系。首先，我们可以请高级管理团队回答下列问题：

高级管理团队的痛点 / 情感驱动因素
1. 你知道哪些成功因素是关键成功因素吗
2. 你是否会担心企业的日常活动与企业战略缺乏一致性
3. 当面对太多的绩效评价指标时，你是否感到应接不暇、疲惫不堪

（续）

4. 你愿意占用宝贵的家庭休闲时间来筛选那些庞杂的信息吗

5. 你是否担心员工根据他们自己的想法，而不是根据企业的关键成功因素来确定优先从事的活动

6. 现有的绩效评价指标是否为企业发展带来积极的变化，并与企业目标保持一致

7. 当"马已经脱离缰绳"时，仍保持每月 1 次的评价是否合适

8. 在当前的绩效评价体系中投入的时间和金钱是否产生了足够的价值

在面对董事会成员时，可以请他们回答下列问题：

董事会的痛点 / 情感驱动因素

1. 我们报送给你的评价指标能否让你清楚地了解了企业的整体绩效

2. 企业在从优秀到卓越的发展过程中是否取得了足够大的进步

3. 一页纸的企业绩效报告是否令你受益

4. 你是否接收了太多的信息，因而陷于只见树木不见森林的危险

人们经常会忽视情感因素的巨大作用，并试图通过理性推介、撰写报告、借助电子邮箱发布指令等方法来推进项目，而这种做法往往收效甚微，以至于许多项目都折戟于这一环节。此外，企业还需认识到，关键绩效指标项目团队也许并不具备足够的公关技巧，所以来自专业公关团队的支持必不可少。未经公共关系专家审核认可，任何报告、电子邮件、备忘录以及文件都不应贸然发出，以免产生无法挽回的后果。所有的陈述报告也应经公共关系专家审查通过后才可公之于众。企业的公共关系战略还应该包括面向员工、预算控制者、高级管理团队和董事会的项目推介战略。

如果妥善安排、操作得法，只需 4~7 天的公关咨询就可达到预期的效果。受聘的公共关系专家需到访企业，了解足够的企业信息。之后，他们就应该退

居幕后。不要让公共关系专家陷入冗长的会议或文字撰写的工作中。公共关系专家的作用应该是审核关键绩效指标项目团队提交的成果、为项目团队献计献策以及对电子邮件等文件进行修改等。他们的支持可以为项目的顺利推介保驾护航，因此该环节的重要性不应被低估。

🕐 **实例**

通过调动情感驱动因素进行推销：
如何促成一桩汽车交易

看到当地报纸刊登的一则汽车广告之后，三位顾客在同一天来到店内。第一位顾客是一个从事IT行业的年轻人，属于新生代，穿着最新款的名牌服装。销售人员慢慢地走上前，考虑应怎样调动情感驱动因素，才能够打动这位潜在的买家。当确定这个年轻人为在一家大型搜索引擎公司工作的IT精英后，销售人员如是说："这款车会带给您一种赛车般的体验。它动力十足，达320马力，双涡轮增压，转弯时就好像列车在铁轨上飞驰一般。只有顶级的车手才能够驾驭这款赛道利器。这是一辆真正的驾驶者之车。"交易成功。

第二位顾客已然皓首之年、两鬓斑白。在这样的情况下，销售人员可能会说："这一款汽车的安全性可达最高级别——五星级，配有8个安全气囊。它的动力十足，起步和加速都平稳省时，一定会带给您很大的惊喜。这辆车的轮胎安全耐用，刹车系统表现更是亮眼，即便突遇违章的行人，也能一踩即停、安全省心。"交易成功。

第三位顾客穿着时尚考究，浑身上下整洁得无可挑剔。销售人员以下面的方式开场："这款车体现了非常优雅的美学设计，多次获得汽车设计奖项。坐在驾驶座位上欣赏车内完美的装饰布局，会给予您一种极致的体验。您的着装搭配这款汽车，将您衬托得越发高贵优雅、气度非凡，每一次驾驶这款汽车，都会感受到如百万豪车般的宏大设计和澎湃力量！"交易成功。

在这个案例中，推销人员会针对不同顾客的需求选择不同的推销方案。而在企业的实际运营中，许多新流程的推介仅仅是借助仓促而就的 PPT 演示文稿和若干详细的陈述报告完成的，这种情况屡见不鲜。然而此种方法因其细节有余而针对性不足，很难调动听众的积极性，无疑难以获得成功。

推介关键绩效指标项目

为了成功地推介关键绩效指标项目，项目团队需要进行大量的宣传促进工作，其工作具体应包含下述任务。读者可登录网站 www. davidparmenter. com 聆听我的网络广播，我将就项目推介展开更深入的讨论，并提供有助于项目顺利实施的相关材料。

任务 1：为项目争取公共关系专家的支持

如前所述，关键绩效指标项目的实施离不开公共关系专家的强大支撑。如果可能，尽量聘请一位了解企业具体情况的公共关系专家。如果找不到这样的人选，也可以挑选一位曾经成功地向员工进行项目营销的专业人士。在聘用他之前，一定要事先听取推荐人的意见，然后按照杰克·韦尔奇的方式致电他们先前的客户并询问："如果有机会，你愿意再次聘用他吗？"

任务 2：准备一段"电梯演讲"

我们现在了解到之前创新举措失败的原因在于宣传方式有误，那么怎样才能够赢得高级管理团队的青睐，使他们关注并积极推动项目落地呢？关键在于设计一段 30 秒的"电梯演讲"以吸引他们的注意力。一定要提前对这场演讲进行充分的演练，以便在面对决策者时，可以做到泰然自若、万无一失（见图 4-2）。

图 4-2　不要低估一场雄辩有力、精心准备的"电梯演讲"的力量

"电梯演讲"一词出自管理学领域，意指如何在乘坐电梯时利用 40~60 秒的时间言简意赅地表述自己的观点，因为很可能这是你同决策者邂逅的唯一机会。电梯演讲的目的在于，你将通过这场演讲脱颖而出，在决策者离开电梯后的几天内，他们会邀请你到办公室进一步讨论这个问题。

请牢记，你应该在电梯演讲中充分地发挥主动性，时间一分一秒都不容浪费。你必须立即吸引首席执行官的注意，同时确保电梯演讲的表达得体、重点突出。

作为关键绩效指标项目团队的领导者，你对首席执行官的电梯演讲可以以下面的方式进行：

你好，简。我必须告诉您，我们当前的关键绩效指标出现了严重的问题。不仅指标的数量过多，而且汇报的成本过高。依据这样的绩效评价指标，企业将无法获得任何期待的变化。这就像_____（双方熟知的类比）。

我始终致力于研究《关键绩效指标》这本书所概述的经尝试与实验的关键绩效指标方法论。我只需要占用您 15 分钟的时间，向您介绍新的关键绩效指标方法论。使用该方法不仅能够扭转上述不利局面，而且可以调整企业的运营，使之与关键成功因素保持方向一致。

关键是要对"电梯演讲"的内容进行微调，必须做到简明扼要、雄辩有力。建议你至少提前演练 20 遍，这样方可确保演讲言辞得体、纲举目张并将时间严格地控制在 40~60 秒。如果时间允许，你还可以引用英国航空公司的案例，说明该公司是如何围绕"航班延误"制定评价指标，进而走出失败的泥淖的。正如科特所说，我们需要营造一种紧迫感，然后再从逻辑和情感出发，说服高级管理者接受并全力投入到项目的实施工作中。电梯演讲要点检查表详见表 4-1。

表4-1 电梯演讲要点检查表

准 备 技 巧	是 否 涵 盖
使用便利贴来开展头脑风暴，明确电梯演讲的内容，确定目标痛点。请参阅本章提供的指南	□是 □否
避免空洞的表达（如使用无意义的术语，或诸如"优化""最大化""最佳实践"之类的措辞）	□是 □否
训练演讲所需的良好的人际交往技巧（包括眼神交流、微笑、专注等）	□是 □否
让表达衔接、流畅	□是 □否
在电梯、停车场等可能邂逅决策者的场所练习 20 遍	□是 □否
让你的演讲充满个性和激情	□是 □否
时间控制在 40~60 秒	□是 □否
准备 3 个可能被问到的关键问题	□是 □否
演 讲 技 巧	是 否 涵 盖
在演讲开始的 8 秒内，提出 3 个主要问题，以吸引决策者的注意力	□是 □否
为了生动、形象起见，使用类比的方法概括痛点	□是 □否
重点阐释解决主要痛点后产生的关键效益	□是 □否
在可能的情况下，引用典型案例说明	□是 □否
恳请决策者给予机会，展开 20 分钟的演讲，演讲应遵循本章后面所列出的规则	□是 □否

任务 3：推动召开为期一天的焦点小组研讨会

如果企业的高级管理团队对项目表现出一定的兴趣，我们就还需再准备一个汇报，说服他们同意召开一场"转折点"研讨会。研讨会中，与会者可以畅

> 阅读卡迈恩·加洛的《乔布斯的魔力演讲》一书。

所欲言，专家会就项目是否落地给出中肯的意见。这个汇报是项目能否继续推进的关键，务必认真准备、不容有失，因为在此之后，绝无第二次机会。

我建议关键绩效指标项目团队阅读卡迈恩·加洛（Carmine Gallo）的《乔布斯的魔力演讲》（*The Presentation Secrets of Steve Jobs: How to Be Insanely Great in Front of Any Audience*）[7] 一书。这真是一部让人醍醐灌顶的佳作。在该书所提供的理论方法的基础上，我编制了一份清单，具体说明如何成功地准备并发表一场有说服力的演讲，这将在本章接下来的内容中进一步讨论。

为了使演讲产生预期的效应，我推荐你参加一个"培训培训师"（Train the Trainer，TTT）的训练课程，这将是比你之前参加过的演讲技巧课程更高阶的课程。

任务 4：召开焦点小组研讨会

焦点小组研讨会为期一天，意义非凡。依据科特的提议，我们可以借助焦点小组研讨会组建一支有力的变革领导团队。与会人数不宜过多，以 15~30 名为宜，他们来自企业的各个部门，涵盖了不同业务单元、团队、地方办公室及总部的资深员工，这些员工各司其职，既有普通的行政人员，又有高级管理团队成员。

在焦点小组研讨会上，我们需要探讨现有绩效评价指标所存在的问题，集思广益，初步拟订解决方案，同时征询与会者的意见，以判断关键成功因素及关键绩效指标项目是否具备可行性。若切实可行，则应继续探讨从之前的项目

中能够汲取的经验和教训。

在焦点小组研讨会之后，我们应进一步调整项目实施方案，以解决当前存在的主要制度障碍和焦点问题。高级管理团队需确定关键绩效指标项目团队成员并全身心地投入到项目中。

此次研讨会的目的是成为一个"转折点"，获得企业内部权威人士的认可并得到他们的大力支持，这一点至关重要。接下来，就需要向高级管理团队介绍关键绩效指标项目，从而为重振绩效谋篇布局。

任务 5：擘画一幅全面的关键成功因素和关键绩效指标项目蓝图

在接下来的这个案例中，我们可以清楚地认识到，为了确定企业的需求和未来的发展方向，我们必须要投入足够的时间与精力去擘画一幅关键成功因素和关键绩效指标项目的宏伟蓝图。在主导性关键绩效指标方法论领域，一位经过专业认证的培训师将其称作"评价指标藏宝图"。为了勾勒出这样一幅宏伟蓝图，我们需要筹备召开一系列研讨会。与会者包括高级管理团队成员以及由首席执行官指定的来自各个部门的权威人士。研讨会气氛严肃紧张，除休息时间外全程禁止使用手机、电脑。会议最终将形成一幅全面的关键成功因素和关键绩效指标项目蓝图。

🕐 实例

Ballance Nutrients 公司案例研究：
制定一幅推动变革的蓝图

在一个重大项目中，Ballance Nutrients 公司遵从约翰·科特在其著作《领导变革》中所提的建议，着手为新的流程制定一幅蓝图——企业未来的愿景及策略，借此从根本上改变该公司预测未来、筹划未来的方式与方法。

作为一个注重管理的组织，Ballance Nutrients 公司聘请了一位专家来协助蓝图的制定工作。该公司的蓝图设计流程参考了丰田公司的管理原则："不急于做决策，以共识为基础，彻底考虑所有可能的选择，并快速执行决策。"

该公司共举办了3场研讨会，每场为期2周——没错，研讨会总共持续了6周的时间。正是这种令人难以置信的前期投入，最终保证了与会者能够从中更清楚地了解到公司的需求以及让宏伟蓝图变为现实的方法与途径，确保了制定者对蓝图中的每一项流程都经过深思熟虑的逻辑推导，同时可以始终从宏观的视角掌控项目的进展情况，做到俯瞰全局。制定蓝图的流程的一个显著特征就是它将所有权从财务转向了组织，这一思路再次与科特在其著作《领导变革》中的建议不谋而合。

Ballance Nutrients 公司制定商定的蓝图的方法同样适用于关键成功因素及主导性关键绩效指标项目，因为对后者而言，公司暂且不需要考虑应用软件的购置问题，所以制定绩效评价指标项目蓝图的时间可以得到大幅的缩短。

任务6：预先推介关键成功因素及主导性关键绩效指标项目

首先应明确，企业召开会议时首席执行官通常会征求哪些权威人士的意见，你又能够接触到其中的哪几位？了解情况之后，立即去拜访他们并寻求他们的帮助。向他们大力地推介绩效评价指标项目：这很可能是企业发展过程中的一个重大的"转折点"。一旦权威人士对项目表示认可并承诺全力支持项目运行，则继续请他们对陈述报告提出意见，尤其在如何使项目得到决策者的肯定方面给予指导。在恰当的时候，请求他们为你的预演练习把关，将他们的反馈意见，特别是措辞纳入你的陈述报告中。如果他们发现你在陈述报告中使用了他们的建议和表达时，相信他们会对你的报告更为青眼相加。

在完成正式的陈述报告后，请权威人士率先发言，为你的项目提供支持，说明关键绩效指标项目为何在当下如此重要。除此之外，我还会巧妙地为权威人士提供一份清单，上面列有希望他们能够在评论中强调的几个要点。

任务 7：向首席执行官提交具有说服力的陈述报告，以争取其对项目的批准

在确定了全面的项目蓝图，并争取到权威人士的支持之后，现在你已做好了充分的准备工作，可以请求高级管理者的许可来全面推进关键绩效指标项目了。因为关键绩效指标项目的意义非比寻常，所以在许多企业中可能还需获得董事会的批准才能往下推进。建议使用本书提供的检查表（见表 4-1），确保不会遗漏任何细节。一定要牢记科特的警告：项目团队沟通不足的情况十分普遍。

你应为陈述报告争取更多的时间：通常 30~40 分钟为宜。陈述报告内容需涵盖对本书所提供材料的总结。

🕐 **实例**

中小型企业在推介关键绩效指标项目时可采取的快捷方法

中小型企业可以省略以下任务：

任务 1：对于全职员工少于 250 人的中小型企业，不需要为项目争取公共关系专家的支持。

任务 3：对于全职员工少于 250 人的中小型企业，不需要召开为期一天的焦点小组研讨会。

向企业员工推介主导性关键绩效指标

员工需要为迎接变革做好充分的准备；我们要向员工表明"默认的未来"并非必然，重塑一个全新的未来愿景才是不二之选。项目团队和高级管理团队需要做好以下几项工作：

- 向员工传达企业内部的关键成功因素，说明为何员工的日常工作应紧密围绕关键成功因素开展。
- 强调本企业与一流企业在绩效方面的差距，让员工意识到实施变革势在必行。
- 详细说明需要实施哪些变革。
- 展示关键绩效指标如何对企业的关键成功因素和企业战略产生积极影响。
- 通过调动员工的情感驱动因素来推介变革，激发员工兴趣，使他们愿意参与到项目之中。
- 消除员工对实施变革和绩效评价的抵触情绪。

制定一份正式的项目简报，概述企业在实施关键绩效指标项目后引发的相关变革。通过项目简报，所有员工至少应该意识到他们必须做出一些改变，焦点小组也应从中了解到项目的实施流程以及绩效评价指标的使用方法。关键绩效指标项目团队应将对该项目表现出浓厚兴趣的员工纳入团队协调者候选人名单，他们将为项目团队开发和实施关键绩效指标提供必要的支持和帮助。

任务 1：展开跨部门员工调查

跨部门员工调查可以帮助企业了解员工对当前绩效信息的认知情况以及对新的关键绩效指标项目的关注程度，同时，企业可以根据调查结果决定员工简报中需涵盖的内容。根据前文所述，在关键绩效指标开发的第 3 阶段，企业需召开为期 2 天的绩效评价指标研讨会，跨部门员工调查应在此之前完成。

调查应在人力资源团队的帮助下，抽取来自不同地区、不同部门、不同级别的资深员工作为研究对象。参与调查的样本数量不可超过 200 人或者多于企业员工总数的 10%；同时，为了使调查具有代表性和典型性，样本数量也不应少于 30 人。在样本回收率达 60% 时，证明该调查研究有效，此时即可结束调查。样本数量过大会导致数据挖掘变得困难，而且很少能从中发现新的问题。为了协助读者开展调查，本书提供了一份 PDF 格式的员工调查问卷，读者可直接下载使用。

任务 2：使用员工调查的反馈信息

在研讨会上设计绩效评价指标时必须认真考虑在员工调查中得到的反馈信息。关键绩效指标项目团队的陈述者需要在开幕词中覆盖调查问卷反映的全部问题。为了帮助读者更好地处理这些问题，本书提供了一份 PDF 格式的工作表，读者可以下载使用。

任务 3：呈现令人瞩目的变革案例

要通过令人瞩目的变革案例让员工明白关键绩效指标是由高级管理团队达成共识的、企业为应对压力而必须采取的一部分举措。用员工能够理解的方式来解释企业遭遇的困境，借助基准测试得出的对比信息来说明本企业与一流企业在绩效方面的差距，使员工深刻感悟到变革势在必行。

如上文所述，在向高级管理团队进行项目推介时，用理性而富有逻辑的方法显然是行不通的，必须通过调动其情感驱动因素来推介项目。与此相同，关键绩效指标项目团队也需要激发员工的兴趣，使他们愿意参与到项目之中。因此，要从根本上改变向员工推介变革的方式，密切关注员工的情感驱动因素：

- 绩效评价指标的合理搭配将使工作变得更加富有意义、令人愉悦（例如，获得更高的员工归属感）。
- 关注正确的评价指标保证了员工工作的有效性（例如，员工的日常工作与企业的战略目标联系得愈加紧密）。
- 在未来的时间里，员工将获得更多的授权和自主权（例如，员工可以参与制定更多的决策）。

- 主导性关键绩效指标将增强企业的盈利能力，为员工提供更多的工作保障，同时提高加薪的可能性（例如，通过利益分配形式实现）。

任务 4：以未来愿景吸引员工

在开始推进关键绩效指标项目和其他的创新举措时，应该为员工描绘一幅企业未来两三年间的美好画卷。随着时间的推移，获得授权的员工也会渐渐形成他们本人对于企业未来的憧憬与展望。而在项目伊始，关键绩效指标项目团队一定要饱含热情地将项目的愿景传达给员工，使员工产生浓厚的兴趣和向往之情。公共关系专家要确保所有项目文件（例如，备忘录、演示报告和关键绩效指标项目团队的内联网网页）都充分地推动了这一愿景的实现。

为协助读者完成这一流程，我准备了一份 PDF 格式的路演日程草案，以供读者下载使用。

任务 5：组织"推介理念"路演

在项目实施的第 3 阶段，在进行一系列绩效评价指标研讨会之前，你可能需要组织一场单独的"推介理念"路演。先要完成路演简报，让全体员工都能了解到路演的相关信息。路演简报需充分考虑语言艺术、员工的文化程度和换班情况。

在路演中应强调实施变革过程中彼此合作的重要性。为此，员工代表或工会代表需要在致辞中向所有参与活动的员工表达他们对主导性关键绩效指标的支持。路演活动的最佳地点为非正式的工作场所，与会者熟知的一些企业管理者都应参与该活动，进而能够关注员工的反馈信息并使其发挥最大效应。如果参加活动的人数较多，可以请他们通过手写问题的方式提问，从而鼓励员工提出更多的问题。

制定一份正式的项目简报，概述企业在实施关键绩效指标项目后引发的相关变革。通过项目简报，所有员工至少应该意识到他们必须做出一些改变，焦点小组也应从中了解到项目的实施流程以及绩效评价指标的使用方法。关键绩效指标项目团队应将对该项目表现出浓厚兴趣的员工纳入团队协调者候选人名单，他们将为项目团队开发和实施关键绩效指标提供必要的支持和帮助。

任务6：保持持续的沟通

不管你过去做了多少沟通工作，都是远远不够的。要遵循科特的建议，尽可能多沟通。

注意要选择能够与观众进行有效沟通的媒介。不应单纯借助 Twitter、电子邮件、Facebook 等电子传媒进行沟通，应该在发挥远程通信工具便捷性的基础上，将其与线下面对面的沟通有效地结合起来，发挥最佳效果。

我们发现，只要部署周密、多方关注，大多数的项目都可以顺利推进并快速制胜。然而在项目具体实施过程中，项目的领导者对项目成果表达认可或为之举行庆祝活动的情况却不多，更糟糕的是，他们甚至会对取得的成绩保持缄默，导致企业的管理者及其他员工对项目的进展情况一无所知。为了改变这一局面，应该认真准备"电梯演讲"，随时汇报关键绩效指标项目的最新进展，这样就可以将关于项目成果的好消息告知身边的每一个人，在所有员工的心中播下成功的种子。

任务7：授权广泛的行动

如果项目蓝图规划成功的话，那么企业的各个部门都将关注关键绩效指标项目。在 Ballance Nutrients 公司的案例中，项目同时在许多部门都取得了显著的进展。

🕐 **实例**

中小型企业在向员工推介关键绩效指标
项目时可采取的快捷方法

中小型企业可以省略以下任务：

任务1：对于全职员工少于250人的中小型企业，不需要展开跨部门员工调查，可以用正式的讨论取代。

任务5：对于全职员工少于250人的中小型企业，不需要组织"推介理念"路演，可以用正式的讨论取代。

发表无懈可击的演示报告

在进行各种展示及召开研讨会之前，关键绩效指标项目团队需要掌握一项技能，即发表无懈可击的演示报告。我想你一定参加过关于演示技巧的课程，这是保证演示报告严谨周密的前提。以下为该环节需遵守的规则：

> 在进行各种展示及召开研讨会之前，关键绩效指标项目团队需要掌握一项技能，即发表无懈可击的演示报告。

准备一份对演示报告内容的补充文件	不必在幻灯片中呈现所有细节，在每一次演示报告中都为观众提供一份包含所有复杂图表及财务报表的文件作为补充。要知道幻灯片不同于文件；若每张幻灯片包含35个字以上，那么它就变成了报告而非展示。幻灯片的要点不必过于详细具体，与会者能够理解即可
制定规划	仓促而就的演示报告会给观众留下不佳的印象，阻碍自身的职业发展。没有人希望将脏衣服暴露于人前，所以为什么不花一些心思，认真地完成演示报告呢？因此，在接受演示报告任务之前，首先要确定自己是否有足够的时间、资源和热情去完成这项工作
	要留出思考的空间（例如，居家办公、去图书馆工作等）

（续）

制定规划	用思维导图画出演示报告的主题框架（见图4-3），然后将你想涵盖的所有要点、图表和图片呈现在贴纸上，每一张贴纸覆盖一个要点。接下来，把所有贴纸粘贴在最合适的位置上。使用贴纸有利于将演示要点重新组合。这种方法有助于你更好地完成演示报告 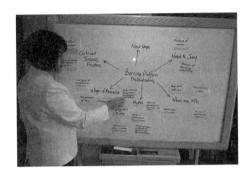 图 4-3　借助贴纸统筹演示报告内容
演示报告的内容	幻灯片中 10%~20% 的内容都应该是高质量的图片，其中一些页面甚至不需要文字说明
	一幅图片可以代替许多文字；为了更好地理解这一点，建议阅读加尔·雷纳德（Garr Reynolds）的《演说之禅：职场必知的幻灯片秘技 》（*Presentation Zen: Simple Ideas on Presentation Design and Delivery*）[8] 和南希·杜瓦蒂（Nancy Duarte）的《演说：用幻灯片说服全世界》（*Slide:ology: The Art and Science of Creating Great Presentations*）[9]
	了解如何有效利用色彩、图片以及"三分构图法"。
	对于幻灯片展示的要点，切勿使用小于 30 磅的字号。南希·杜瓦蒂指出："可以在幻灯片视图中选择以 66% 的比例查看效果。如果通过电脑浏览感觉很清晰，那么对坐在后排的观众来说，也能清楚地看到屏幕上的信息。"
	动画特效的使用需慎重；让观众能够快速阅读幻灯片的所有要点，要比靠动画吸引观众的效果好得多
	运用盖伊·川崎（Guy Kawasaki）的"10/20/30 法则"[10]。也就是说，一个产品宣传的演示报告应包含 10 张幻灯片，演示时长不超过 20 分钟，使用的字号不小于 30 磅

（续）

演示报告的内容	幻灯片无须太过可爱或有较多的设计。在保证图表、文字足够清晰的前提下，大量留白更能突出重点
	如果数字或者金额数字超过 10 000，不应将小数位显示出来。如果销售额为 9 668 943.22 美元，建议用"约 1000 万美元"或者"970 万美元"的方式来表达。如果认为精确的数字十分必要，那么可以在补充的文件中加以说明
	不要使用剪贴画。许多观众对此都会表示反感，可能你还没有开口，他们就已经对报告的内容失去了兴趣
运用技术	如果你需要经常制作演示报告，最好准备一台平板电脑，以便在讲到重点时，可以在幻灯片上画图标注。无论你的绘画水平如何，这都会让你的演示报告更有趣
	配备一个无线鼠标，以便切换幻灯片
练习，练习，再练习	对演示报告进行不断的练习。报告的内容越短，就越需要反复练习。在准备父亲的悼词时，我反复练习了二三十次。那是迄今为止我发表过的最好的演说，也是准备得最为充分的演说
	在向高级管理团队或董事会汇报之前，应预先将你的想法传达给权威人士；在完成汇报之后，请权威人士率先发言，为你的项目提供支持
演示报告本身	可以在报告时表现出一些戏剧的效果。做一名积极主动的演讲者：走上过道，拉近与后排观众的距离；变化声音，让语言更有感染力；借助肢体语言强调重点；记住，适度的幽默是增加观众好感度的利器
	无论是故事还是玩笑都应与观众相关，使其产生共鸣。一名优秀的演讲者应该能够在报告的主题中挖掘出幽默之处，而不必借助与报告无关的笑话来表达幽默。毫无疑问，一些观众很可能已经听过你讲的那些无关的笑话了，要想听笑话，他们宁愿去找专业的喜剧演员
	确保你的开场白能够牢牢地吸引观众的注意力。切勿以"很高兴您能出席"或用自我介绍作为报告的开始，要在成功地引起观众注意之后再论及其他
	如果需要在演示报告中使用图表，确定你已经读过本书第 10 章中关于斯蒂芬·菲尤提出的相关准则的内容

（续）

	要记住，观众并不知道你报告的全部内容，尤其是在幻灯片只呈现出要点的情况下。所以，即便你在展示中遗漏了某个点，也不必担心——观众不会发现也根本不会意识到这个错误
	如果因为交通、技术等因素导致推迟报告开始的时间，尽量不要一开始就道歉。你可以在晚一些的时候再去解释推迟的原因。因为报告最开始的五分钟是整个演讲最重要的时刻，所以这一阶段你讲的必须紧扣主题
演示报告本身	在报告开始前，尽可能同观众打招呼示意，因为这将有助于缓解你的紧张情绪，使你有机会了解观众对于关键绩效指标和关键成功因素的知识和经验。你也可以选择提前进入提问的互动环节，增加观众的热情与参与度。这样做的另一个好处是你可以以此确定观众席中没有人可以代替你，所以，为什么要紧张呢？
	如果在研讨会中你是最后一位演讲者，在观众离开时，你可以站在门口，与观众握手告别，这种方法有助于进一步发展演讲者与观众之间的友好关系
	若研讨会上包含一些练习，应首先带领研讨会团队浏览一个研讨会实践的例子，以确保每一名成员都能正确地了解自己需要做的工作

此外，本书还附有用于准备和发表演讲时使用的检查表，详见下文 PDF 模板。

PDF 模板

为了协助关键绩效指标项目团队开展工作，本书提供了一些模板和检查表。读者可以登录 kpi.davidparmenter.com/fourthedition，免费获取以下 PDF 模板和检查表：

- 草拟的员工调查问卷（Draft Employee Questionnaire）。
- 解决员工关心和学习问题的工作表（Addressing Staff Concerns and Learning Issues Worksheet）。
- 路演日程草案（Draft Agenda for Road Show to Staff）。

- 向全体员工推介关键绩效指标体系的检查表（Checklist for Marketing the KPI System to All Employees）。
- 为期半天的高级管理团队研讨会工作表，旨在帮助关键绩效指标项目团队实施关键绩效指标，力争"第一遍就做对"（Half-a-day Workshop for the SMT on Implementing KPIs—and Getting It Right the First Time）。
- 为期一天的焦点小组研讨会工作表，旨在帮助关键绩效指标项目团队实施关键绩效指标（One-day Focus Group on CSFs and Implementing KPIs）。
- 演示报告检查表（PowerPoint Presentations Checklist）。

注释

1. Steve Zaffron and Dave Logan,*The Three Laws of Performance* (San Francisco: Jossey-Bass, 2011).

2. Harry Mills,*Artful Persuasion:How to Command Attention,Change Minds,and Influence People* (New York: AMACOM, 2000).

3. Harry Mills, *The Aha! Advantage* (The Mills Group, 2015).

4. John Kotter, *Leading Change* (Boston: Harvard Business Review Press，2012).

5. Jim Collins and Jerry Porras, *Built to Last: Successful Habits of Visionary Companies* (New York: Harper Business Essentials, 2004).

6. Jim Collins, *Good to Great: Why Some Companies Make the Leap and Others Don't* (New York: Harper Business, 2001).

7. Carmine Gallo, *The Presentation Secrets of Steve Jobs: How to Be Insanely Great in Front of Any Audience* (New York: McGraw-Hill Education, 2009).

8. Garr Reynolds, *Presentation Zen: Simple Ideas on Presentation Design and Delivery* (Berkeley: New Riders, 2008).

9. Nancy Duarte,*Slide:ology:The Art and Science of Creating Great Presentations* (Sebastopol, CA: O'Riley, 2008).

10. Guy Kawasaki, *The only 10 slides you need in your pitch* (guykawasaki.com/the-only-10-slides-you-need-in-your-pitch/).

概述

　　高级管理团队必须全身心地投入到制定关键成功因素及相关评价指标的工作之中，使评价指标发挥正面的效应从而驱动绩效提高。对关键绩效指标项目实施者而言，能够瞄准时机尤为重要，必须选择一个合适的窗口，让高级管理团队能够积极地投身于变革绩效管理的洪流。而关键绩效指标项目的实施方法需与企业的规模紧密相关。

　　本章还介绍了本阶段需要的各项任务，以及关键绩效指标项目团队免费获取 PDF 格式的工作表和检查表的方法。

　　本章的学习要点如下：

1. 作为核心的驱动者，首席执行官在关键绩效指标项目中的重要作用。

2. 关键绩效指标项目陈述报告将会成为你的职业发展中最为重要的一项报告。

3. 管理人员需要放弃某些项目、流程和报告，从而为关键绩效指标项目的实施留出时间。

> 关键绩效指标项目陈述报告将会成为你的职业发展中最为重要的一项报告。

4. 关键绩效指标项目团队需要每周向高级管理团队汇报其成果。

5. 外部引导师的作用是促进与指导，而不是领导这个项目。

6. 外部引导师的重要作用以及如何选择外部引导师。

第5章

使首席执行官和高级管理团队投身于变革

如果高级管理团队不能积极地投身于变革，那么许多项目都将以失败告终。切记，不要将关键绩效指标项目置于注定失败的环境之中。如果企业的工作重点未定或现有资源不足，那么在此情况下，最好推迟项目的进行。

首席执行官和高级管理团队的积极投入

高级管理团队的积极投入能够创建一个动态的环境，让关键绩效指标项目在这片沃土上发展壮大、盛放繁花。而在此之前，高级管理团队首先要接受关键绩效指标的知识和理念，充分了解为何要将关键绩效指标的监控与汇报作为每天必须完成的要务。

高级管理团队的积极投入意味着团队每周都需要拨出一定的时间处理与项目相关的工作，包括对员工草拟的关键绩效指标提出反馈建议，接受主导性关键绩效指标项目团队的访谈，与其他成功地实施了关键成功因素和关键绩效指标项目的企业进行交流，批准购置新的管理信息系统作为汇报关键绩效指标的主要工具等。

一些高级管理者只是简单地将关键绩效指标的开发视为一个工作目标，认为完成这项任务的意义在于让老板满意，仅此而已。他们没能从战略的角度看待关键绩效指标，因此也无法理解关键成功因素及与之相关的评价指标实际上是帮助他们深刻理解并有效管理企业的一把钥匙。在这样的情况下，当项目实施陷入瓶颈时（例如，决定使用哪些关键绩效指标或者如何对指标进行取舍等），高级管理者很容易对此失去兴趣，与之相关的负面效应愈加凸显。在项目实施过程中，高级管理团队的重要性不言而喻，而首席执行官的作用更是举足轻重。首席执行官必须是项目的核心驱动者，他应该始终关注关键绩效指标项目的完成情况，并向企业员工不厌其烦地强调项目的重要意义。

> 首席执行官必须是项目的核心驱动者，他应该始终关注关键绩效指标项目的完成情况，并向企业员工不厌其烦地强调项目的重要意义。

任务1：精心准备"电梯演讲"，引起高级管理团队的注意

本书第4章"引领并推介变革"中谈到，我们需要准备一场40~60秒的电梯演讲，以便在下次遇见首席执行官或高级管理团队中具有影响力的成员时，能够向其推介并使其对关键绩效指标项目产生兴趣，进而争取到20分钟的时间向其进一步推介关键绩效指标项目。

任务2：使关键绩效指标项目团队意识到获得企业内部及外部导师支持的重要性

关键绩效指标项目团队需要一组导师为其提供信息及策略支持，并在必要

时为其答疑解惑、指点迷津。项目团队的导师可以是企业的外部顾问，他们应在关键绩效指标项目的实施方面积累了丰富的经验，熟知关键绩效指标方法论的应用；也可以是企业的内部员工，他们应在企业中至少工作 5 年，与项目的关键人物熟稔，并且洞悉在企业中推动大型项目顺利进行的具体方法。

任务 3：任命一位外部引导师

首席执行官需任命一位外部引导师，他将与企业的高级管理团队合作，共同监督即将开展的项目，推动高级管理团队投身于项目工作，协助确定企业内部的关键绩效指标项目团队成员，并在项目的学习、探索及成就之旅中为项目团队提供全力的支持。引导师

> 首席执行官需任命一位外部引导师。

必须在绩效评价指标方面颇有建树，知晓如何成功地开发与实施关键绩效指标。随着互联网技术的发展，引导师还可以通过远程线上会议的方式履行其职责。在之前的项目中，本人就曾通过线上会议成功履行了职责。

一定要在对引导师的预选过程中投入尽可能多的时间，然后再与入围的咨询公司展开对话。最开始，你可以根据备选者的知名度，确定 3~5 名候选人。这项工作比你想象的要容易得多。你可以咨询先前与企业有过成功的合作经历的顾问或者曾在工作中接触过的优秀顾问，倾听他们的建议并请他们帮忙推荐人选。很多时候你可能会发现，他们会主动提出承担部分工作，并推荐一位与他们相交数年的优秀顾问一同合作。有才华的人总是相互吸引、意气相投，这就是最佳的商界运作方式。

确定候选人名单之后，你需要联系他们之前的一些客户，询问客户"如果下次有机会，你还会聘请帕特作为顾问吗？"正如杰克·韦尔奇在其著作《赢》[1] 中所说，这些客户的坦诚程度令人惊讶。如果这些客户对候选人赞赏有加，则继续向其请教如何才能使这位顾问发挥最大的潜能（顾问本人可能并不知晓答案）。

🕐 **实例**

金融机构案例研究

一家企业的首席财务官在 10 年前就开始接触主导性关键绩效指标方法。而当前正是企业启动项目、推进流程的最佳时机。这位首席执行官学识渊博、经验丰富，他对关键绩效指标项目很感兴趣，因此，他给我发来电子邮件，希望在高管务虚会上开展有关关键绩效指标相关知识和理论的培训。在若干次电话与邮件沟通之后，我们达成一致意见，将培训改为为期 2 天的关键成功因素研讨会（详见本书第 7 章），高级管理人员将在研讨会期间接受关键绩效指标相关知识和理论的培训，从而推动关键成功因素及关键绩效指标项目顺利进行。

任务 4：获许召开关键成功因素研讨会

引导师要向首席执行官推介为期 2 天的关键成功因素研讨会，并说明该研讨会对于整个项目的积极作用。需指出的是，在确定了企业内部的关键成功因素之后，首席执行官应决定企业接下来是否要运行关键绩效指标项目。

在关键成功因素研讨会后，引导师可以与首席执行官通过电话沟通推介关键绩效指标项目，或者首席执行官在读取相关汇报之后，随之对项目产生了浓厚的兴趣并决定运行关键绩效指标项目。此外，如果希望得到高级管理团队的全力支持，引导师要为高级管理团队组织一个线上 / 线下研讨会用以启动项目。研讨会将讨论以下事项：

- 解释关于绩效评价指标的新想法。
- 解释关键成果指标、成果指标、绩效指标和关键绩效指标之间的差异。
- 强调了解企业内部关键成功因素的重要性。
- 表明企业的日常活动可以与战略目标联系在一起。

- 传达对关键绩效指标进行监控与跟踪的重要性，并将其作为日常工作的要务。
- 解释初步拟订的关键绩效指标项目的实施计划。
- 强调高级管理团队每周需完成的相关工作，包括为提出的评价指标提供反馈、确保有时间接受项目团队的访谈，如果可能，去访问其他实施关键绩效指标项目的企业等。

任务5：就启动时间、资源和方法达成共识

需要确保关键绩效指标项目在恰当的时间启动，不会与企业中同时运行的其他项目产生冲突。另外，还应认真考虑采用何种方法才能够使关键绩效指标项目的实施达到最佳效果。通常，能够对项目实施情况产生影响的因素有很多，包括企业规模的大小、部门的多样性、企业的地理位置、可服务于项目的内部资源等。要知道，项目的实施方法之于企业正如指纹之于人类——独特而神奇，揭示了拨开关键绩效指标项目迷雾的密码。总体来看，所有的实施方法都需充分考虑重要的利益相关者及外部引导师的建议，在先前采用过的一些有效方法的基础之上进行设计及应用。在此过程中，需回答以下问题：

- 现在是开启关键绩效指标项目的最佳时机吗？
- 关键绩效指标项目团队需要多大规模？
- 为了使关键绩效指标项目团队全力投入到项目中，我们需要放弃哪些任务、重新分配哪些资源？
- 为了给关键绩效指标项目留出空间，我们需要放弃什么？现在是不是让高级管理团队做出承诺、投身于关键绩效指标项目的好时机？
- 我们应如何在企业中运用主导性关键绩效指标，并使其实现最佳效果？

- 我们是否在最大程度上为实现一流的绩效水平而推行了必要的变革？

当你能够清楚地回答出上述问题时，就可以在提高绩效的宏伟流程中找出合适的关键绩效指标了。

任务6：确定需放弃的事务，为关键绩效指标项目的顺利开展留出空间

彼得·德鲁克曾说过："不要告诉我你在做什么，告诉我你放弃了什么。"[2] 管理人员需要放弃某些项目、绩效评价指标、流程和报告，从而为关键绩效指标项目的实施留出时间。许多项目失败的原因在于，员工和管理者一方面要完成现有的工作任务，另一方面还需承担关键绩效指标项目带来的新的职责。在巨大的压力之下，人们的热情很快退却，关键绩效指标项目也会严重受挫。

> 管理人员需要放弃某些项目、绩效评价指标、流程和报告，从而为关键绩效指标项目的实施留出时间。

首席执行官需要明确应该放弃什么，只有这样才能为关键绩效指标项目的顺利实施赢得时间。

任务7：明确企业当前绩效评价的文化氛围

应了解当前企业内部对于绩效评价的普遍看法。用新的方法来评价绩效不可一蹴而就，需要流程和时间。因此，在将关键绩效指标项目引进企业之前，务必要了解当前的绩效评价指标与企业的契合度如何、是否有助于驱动良好绩效的形成。

> 应了解当前企业内部对于绩效评价的普遍看法。

任务 8：确定关键绩效指标项目的实施方案

对员工人数不足 3000 的企业而言，可以建立一支由 2 名专职成员组成的关键绩效指标项目团队。若员工人数超过 3000，关键绩效指标项目团队则需扩充至 4 名专职成员，这样就可以同时举办两场绩效评价指标研讨会。关键绩效指标项目团队成员将接受外部引导师的培训，前者将成为企业内部的关键绩效指标项目顾问，为各个主要部门的协调人员提供有效的支持。

关键绩效指标项目团队需要在主要部门 / 国外的子公司挑选关键绩效指标项目团队的协调人员，并对其展开培训。一个很不错的方法就是邀请选定的协调人员参加总公司的绩效评价指标研讨会，使他们了解项目的动态变化和流程，进而在主要部门 / 国外的子公司的研讨会中做好充分准备。

⏱ 实例

金融机构案例研究

经过培训后，企业内部关键绩效指标项目团队在澳大利亚总部举办了为期 2 天的绩效评价指标研讨会。来自亚洲子公司的员工代表参加了培训，并就在子公司如何更好地完成汇报任务提出建议。基于便捷高效的考虑，研讨会聘请了翻译人员提供同声传译。

与此同时，欧洲子公司也召开了为期 2 天的绩效评价指标研讨会，会议的流程及培训计划与总部召开的绩效评价指标研讨会完全相同。

开展关键绩效指标项目还需考虑子公司当前业务的重要性以及子公司的长远未来（例如，如果一家国外的子公司即将出售，那么再开展关键绩效指标项目就毫无意义了）。

成功实施关键绩效指标项目的关键在于企业的推动力和员工的活力。一旦确定要启动项目，则应全力推进。因为基础性工作已经在前期完成了，所以对企业来说，此流程应在 16 周内完成。而在各个部门中，这一流程则可缩短至

10 周之内。但由于需要必要的团队协商，还需组织召开团队绩效指标研讨会，所以这一流程的时间不可能再缩短。

任务 9：向高级管理团队汇报项目成果，使之保持对项目的持续关注

关键绩效指标项目团队需要每周向高级管理团队汇报项目取得的成果。汇报不一定以非常正式的形式进行。在每个星期五，项目领导者的首要任务就是准备好每周的"电梯演讲"。接下来他们

> 关键绩效指标项目团队需要每周向高级管理团队汇报项目取得的成果。

需要创造能够与高级管理团队成员相遇的机会，以便汇报本周的项目成果。约翰·科特[3] 指出，项目团队沟通不足的情况十分普遍。因此，定期向高级管理团队进行汇报的意义不可低估。

在项目进行期间，至少需要召开两次研讨会（每次研讨会持续 2~3 个小时）。高级管理团队可以以此为契机对项目给予建设性的支持、提供新的报告模板，并传达有关项目进展的相关信息。

🕐 **实例**

中小型企业在此阶段可采取的快捷方法

全职员工少于 250 人的中小型企业可以省略以下任务：

任务 2：使关键绩效指标项目团队意识到获得企业内部及外部导师支持的重要性——如果关键绩效指标项目团队的领导者有着丰富的经验，且熟知本书提到的关键绩效指标理念，那么企业外部导师仅需通过远程方式对项目提供支持即可。

任务3：任命一位外部引导师——通过远程方式对项目提供支持即可。

任务8：确定关键绩效指标项目的实施方案——对于拥有100~250名全职员工的中小型企业，关键绩效指标项目团队需有2名成员。对于全职员工不足100人的小型企业，关键绩效指标项目团队有1名成员即可。

关键绩效指标项目外部引导师的指导原则

如果你被选为关键绩效指标项目的引导师来协助企业制定评价指标，你需要完全熟知本书提出的流程与方法。本章随附的工具箱提供了3项不同的内容，帮助你完成此阶段的任务。这3项内容是：

1. 登录网址 www.kpi.davidparmenter.com，查阅关键绩效指标的介绍。在搜索栏中输入"webinars"（网络研讨会），即可在第三方平台观看我录制的一些关键绩效指标网络研讨会。

2. 一些可供下载的 PDF 格式检查表。

3. 一个可供下载的 PDF 格式列表，列示了在项目实施中可能遇到的一些常见问题（及其答案）。

外部引导师对关键绩效指标项目的参与

需要注意的是，关键绩效指标项目外部引导师的作用是促进与指导，而非领导该项目。在完成前期工作之后，接下来的工作几乎不需要引导师亲自参与。本书认为，关键绩效指标项目团队成员、协调人员及各团队应当各尽其责。引导师的职责是指导项目的整体流程，在必

> 关键绩效指标项目外部引导师的作用是促进与指导，而非领导该项目。

要时提供相应的帮助和相关的资源。

在关键绩效指标开发的 3 个阶段中，每一个阶段都包含一些问题和工作表，需要项目团队在项目的实施过程中回答和完成。引导师应根据企业的不同情况对这些问题和工作表加以调整，并将其作为项目实施的重要指导性文件。如果制定与实施绩效评价指标时仓促而就、缺乏沟通，且对关键成果指标、成果指标、绩效指标和关键绩效指标之间的区别存在严重误解的话，那么关键绩效指标项目注定会走向失败。

外部引导师的职责检查表

表 5-1 列出了引导师需要考虑的主要职责。请保证引导师仅履行下列职责，而绝不承担项目领导者的角色。

表5-1　外部引导师职责检查表

外部引导师的职责	是 否 完 成
1. 帮助高级管理团队选择关键绩效指标项目团队成员	□是　□否
2. 说服管理层，使关键绩效指标项目团队以专职的形式工作	□是　□否
3. 为所有业务部门 / 服务团队确定一名联络员	□是　□否
4. 确保经常顺应他人意见、妥协退让的高级管理者不会加入关键绩效指标项目团队	□是　□否
5. 向高级管理团队推介关键绩效指标的相关理念	□是　□否
6. 收集其他企业中已成功使用的绩效评价指标和汇报模板	□是　□否
7. 提供案例研究材料	□是　□否
8. 使高级管理团队全身心投入项目工作	□是　□否
9. 向高级管理团队新成员推介绩效评价指标理念	□是　□否
10. 引导高级管理团队接受本书推荐的平衡计分卡的 6 个维度	□是　□否

（续）

外部引导师的职责	是 否 完 成
11. 确保关键绩效指标项目团队和高级管理团队不断精炼绩效评价指标，使其符合 10/80/10 原则	□是　　□否
12. 向高级管理团队解释关键成果指标、成果指标、绩效指标和关键绩效指标之间的区别	□是　　□否
13. 保证企业不会合并各部门的绩效评价指标并最终将其视为关键绩效指标	□是　　□否
14. 与高级管理团队一起鼓励项目团队成员；定期提供有关项目的反馈；在实现阶段目标时，及时给予成员表彰与认同	□是　　□否
15. 向关键绩效指标项目团队授权，使其拥有更多的自主权，并对项目团队展开培训。在企业内部任命一位首席评价官，首席评价官应为绩效评价领域的专家，可由关键绩效指标项目团队的领导者担任	□是　　□否
16. 利用企业现有的软件许可设计评价指标数据库、制定评价指标汇报规则	□是　　□否
17. 协助关键绩效指标项目团队建立数据库，把由团队设计好并经过测试和认定的评价指标录入数据库	□是　　□否
18. 确保项目团队的工作重点放在确定企业的关键绩效指标而非团队的绩效评价指标之上	□是　　□否
19. 帮助关键绩效指标项目团队充分利用第 10 章提供的绩效评价指标汇报模板	□是　　□否

PDF 模板

为了协助关键绩效指标项目团队开展工作，本书随附了一些模板和检查表。读者可登录 kpi.davidparmenter.com/fourthedition，免费获取以下 PDF 模板和检查表：

- 高级管理团队承担工作检查表（SMT Commitment Checklist）。
- 高级管理团队承担工作问卷（Senior Management Team Commitment Questionnaire）。
- 选择引导师检查表（Checklist for Selecting a Facilitator）。
- 建立全面的关键绩效指标发展策略检查表（Setting Up a Holistic KPI Development Strategy Checklist）。
- 全面的关键绩效指标发展策略工作表（Holistic KPI Development Strategy Worksheet）。
- 外部引导师主要职责检查表（Checklist of the External Facilitator's Main Tasks）。

注释

1. Jack Welch and Suzy Welch, *Winning* (New York: Harper Business, 2005).

2. Peter Drucker, *Management Challenges for the 21st Century* (New York: Harper Collins, 1999).

3. John Kotter, *Leading Change* (Boston: Harvard Business Review Press, 2012).

概述

　　企业内部训练有素、经验丰富的员工是关键绩效指标项目取得成功的最重要保障之一。为促进项目的顺利实施，需将工作进行重新分配以保证企业员工能够全身心地投入到项目中。本章强调了选择企业内部人员来领导关键绩效指标项目的重要性，阐述了邀请企业外部人士来领导项目注定会失败的原因，说明了关键绩效指标项目团队的培训内容与流程，以及打造"放手去做、勇往直前"的团队文化的必要性。

　　具有高度前瞻性的高级管理团队需大力推动组建一支具有良好表达能力的项目团队。该项目团队应得到企业内部和外部导师的支持，并接受全面的培训。此外，有必要建立一种"放手去做、勇往直前"的团队文化和项目流程，使团队能够跳过所有的繁文缛节，及时地制定出有效的绩效评价指标。在评价指标项目确定并实施的6~8个月之后，项目团队应对关键成功因素及关键绩效指标进行进一步的调整和改进以适应新的情况和变化。

　　本章还介绍了本阶段所需完成的任务及准备的资源，此外，章末附有 PDF 格式的工作表和检查清单，可供关键绩效指标项目团队免费使用。

本章的学习要点如下：

1. 关键绩效指标项目团队以专职的形式工作的重要性。

2. 关键绩效指标项目团队最好是经验丰富的老员工与年轻员工的平衡搭配。

3. 任命一位企业内部的关键绩效指标项目团队领导人。

4. 项目团队成员直接向首席执行官汇报工作。

5. 建议研究人事记录，许多天赋高、能力强的员工都是通过这种方式从不起眼的岗位中被发掘出来的。

6. 推荐关键绩效指标项目团队阅读并掌握的经典参考图书。

7. 基于彼得·德鲁克、汤姆·彼得斯、吉姆·柯林斯和杰克·韦尔奇等管理学大师的理论，对关键绩效指标项目团队开展全面的培训。

8. 关键绩效指标项目团队需聘请导师，为其提供支持与建议。

9. 不同规模的企业和项目团队在关键绩效指标项目实施的不同阶段所需的时长。

10. 采取大变革或者分阶段的实施方法。

11. 平衡计分卡的 6 个维度。

12. 永远不要违背 7 个基本条件。

培训企业内部资源来管理
关键绩效指标项目

如果一个关键绩效指标项目失败或者缺乏动力，人们往往会对本阶段进行回顾，以探究问题的根源。企业内部训练有素、经验丰富的员工是关键绩效指标项目取得成功的最重要保障之一。为促进项目的顺利实施，需将工作进行重新分配以保证他们能够全身心地投入到项目

> 企业内部训练有素、经验丰富的员工是关键绩效指标项目取得成功的最重要保障之一。为促进项目的顺利实施，需将工作进行重新分配以保证他们能够全身心地投入到项目中。

中。开发企业内部资源，对其展开培训，使之成为评价指标的专家，这一点对于关键绩效指标项目的实施及企业未来发展至关重要。正如我们在第 2 章讨论的那样，将关键绩效指标项目委托给咨询公司是一个思维误区。

组建一支主导性关键绩效指标项目团队

本书第 3 章指出，企业需要培训内部资源来开发新的绩效评价方法。这种方法需要整个企业集思广益、群策群力，在管理者和员工的通力合作之下，制定出有效的评价指标，激励员工的行为与企业内部的关键成功因素及战略方向保持一致。多年来，我始终致力于绩效评价指标的理论与实践研究，在我对此领域不断求索的过程中，有一个念头变得越发清晰坚定，那就是企业内部必须拥有绩效评价指标方面的专家。

任务 1：挑选企业员工组建关键绩效指标项目团队

一支训练有素的小型团队取得成功的概率最大。根据企业的不同规模，建议项目团队成员数量为 2~4 名不等。

被选中的项目团队成员应该直接向首席执行官汇报工作情况（见图 6-1），以便能够及时获取首席执行官的意见和决策。如果在首席执行官和项目团队之间还存在着其他层级，则说明第一阶段的任务尚未成功完成。

> 被选中的项目团队成员应该直接向首席执行官汇报工作情况。

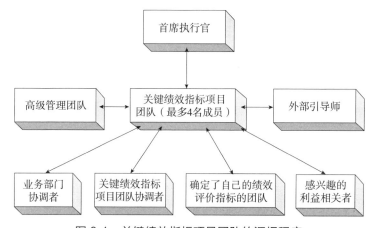

图 6-1　关键绩效指标项目团队的汇报程序

务必确保关键绩效指标项目团队能够直接向首席执行官进行汇报，如果首席执行官不希望以这种方式参与其中，则应中止项目的继续进行。除此之外，项目还需得到企业高级管理者的大力支持。一名高级经理将出任企业内部导师来指导关键绩效指标项目的实施，他将为项目团队的汇报提出建议，协调企业各部门与管理层的沟通，并在必要时为项目团队提供积极的帮助。

关键绩效指标项目团队应保持合理的结构，既要包含德高望重、经验丰富的权威人士，又要包含朝气蓬勃、锐意进取的新员工。每当在项目推进的过程中遇到问题时，权威人士总会提供中肯的意见，而新员工作为企业未来的领导者，则会勇敢无畏、积极地面对未知的挑战。团队成员精诚合作、取长补短，共同寻找问题的解决方案。

> 关键绩效指标项目团队应保持合理的结构，既要包含德高望重、经验丰富的权威人士，又要包括朝气蓬勃、锐意进取的新员工。

所有部门和服务团队都应该指定一名员工作为与关键绩效指标项目团队联系的协调人员，这位员工要熟知各部门的运营模式，能够与关键绩效指标项目团队保持实时的联系，及时提供信息与反馈。感兴趣的利益相关者则包含那些能够为项目团队提供合理化建议的人，例如董事会成员、工会代表、关键供应商及关键客户代表等。

值得注意的是，在关键绩效指标项目团队中不应包含高级管理团队的成员，因为他们日常事务繁多，无法全力全职地投入到项目工作中。外部引导师需帮助高级管理团队组建一支项目团队。他们可以通过查阅企业的人事记录来了解员工的具体信息，许多天赋高、能力强的员工都是通过这种方式从不起眼的岗位中被发掘出来的，而他们中的一些人已在关键绩效指标领域积累了丰富的经验。外部引导师寻找的团队成员应该具备高超的演讲和沟通技能。他们善于思考、勇于创新，工作能够善始善终、善作善成。他们洞悉企业的过去和未来，于重压下无畏困境，始终保持乐观坚强的心态。

> 可以通过查阅企业的人事记录来了解员工的具体信息，许多天赋高、能力强的员工都是通过这种方式从不起眼的岗位中被发掘出来的，而他们中的一些人已在关键绩效指标领域积累了丰富的经验。

引导师可以利用本书随附的 PDF 格式的检查表和调查问卷辅助选拔项目团队成员。在此之前，这些未来的团队成员可能从未在大型项目中有过合作，因此他们彼此会较为陌生、缺乏默契。建议通过一些测试来评估他们的合作意识和团队精神，例如，个人品格和思维倾向等。人力资源部门将负责组织心理测试并解释结果，这些测试结果可以帮助关键绩效指标项目团队了解如何能够更有效地彼此合作。

任务 2：关键绩效指标项目团队全力全职地投入到项目工作中

引导师需说服管理人员，使团队成员全力全职地投入到项目工作中。有必要成立一个专门的关键绩效指标项目办公室，让所有的团队成员均在该地点办公，他们需要将照片等私人物品从原来的办公室拿到新办公室。他们的副手则会搬进他们原来的办公室，接替他们履行职责。本书第 2 章曾指出，认为团队成员可以一边处理原来的工作，一边开展关键绩效指标项目的想法是一个思维误区。如果项目团队成员仍然打算在原来的办公室办公，那么这个项目就会变得毫无意义，应该立即被终止。

任务 3：促进者应协助培训关键绩效指标项目团队

引导师需要找到关键绩效指标项目团队的知识缺口，有针对性地制订培训计划，并开展团队建设活动。如果团队成员彼此不熟悉，引导师可以通过组织周末远足等团建活动来增进成员间的了解。

能够成功地组织召开绩效指标研讨会是一项必不可少的技能，为此项目团队成员应接受此方面的专门培训。书后的 PDF 模板中附有关于举办研讨会的指南，以期为读者提供帮助与建议。

培训的内容应该包括以下几个方面：

- 准备一场陈述报告，通过情感驱动因素对观众施以影响，成功宣传新的思想和理念。
- 运用网络查找最新的 5 篇关于绩效评价问题的报告，或者从关键期刊和权威网站上寻找相关主题的文章和白皮书。
- 全面理解本书内容。
- 如何进行有效的访谈。
- 如何协助召开研讨会。
- 如何撰写内容充实的报告。
- 良好的沟通技巧。
- 在企业的内联网上保持项目团队主页信息的时时更新。

只有实现有效的绩效管理才能够让绩效评价指标发挥作用，真正地振兴绩效。幸运的是，一些管理学大师（德鲁克[1]、哈默尔[2]、韦尔奇[3]、彼得斯和沃特曼[4]以及霍普[5]）为我们指明了绩效管理的新方向。在这一阶段，关键绩效指标项目团队需要进一步提高知识与技能水平。表 6-1 列举了这些管理学大师在此领域的一些真知灼见。

表6-1 管理学大师的智慧对关键绩效指标项目团队的含义与启示

管理学大师的智慧	含义与启示
永远不要把新的工作布置给新的员工。彼得·德鲁克认为这种工作的任职者不可能取得成功	在关键绩效指标项目中，必须确保项目团队由具有丰富经验的员工构成，他们洞悉企业内部的关键成功因素，与高级管理团队成员熟稔。而从企业外部邀请顾问来管理关键绩效指标项目，注定会以失败告终
招聘工作做的是生死攸关的决定。彼得·德鲁克一再强调招聘合适员工的重要意义	招聘关键绩效指标项目团队成员的工作必须相当审慎，应在知识结构、工作经验及可信赖程度等方面对候选人进行综合考量，择优选取最适合的人选，以保障关键绩效指标项目的成功实施
放弃。德鲁克指出："企业发展战略的第一步不是决定在何处发展以及如何去发展，而是决定应该放弃什么。企业为了谋求发展，就必须确定系统的战略，摆脱那些不符合企业需求的、过时的、徒劳无益的因素。"	发扬德鲁克关于放弃的理念。现有的一些评价指标、流程及汇报都应一并放弃。关键绩效指标项目需要足够的空间才能够发挥其效应。为了给关键绩效指标的正常运行留出足够的时间，就需要事先摒弃一些无关紧要的内容
有3个试验地点。德鲁克指出，仅在一处进行新流程的试点工作是远远不够的	在关键绩效指标项目中，我们应该遵循管理学大师的建议，在3个不同部门进行关键绩效指标项目的试点工作
接纳差异。加里·哈默尔始终认为，管理者需要： ▪ 接纳与众不同的员工，他们的那些奇思妙想很可能意义非凡 ▪ 寻找具有积极意义的"独特见解"	关键绩效指标项目团队成员应该从富有经验的员工中选出。要考虑那些对企业有重大意义的员工，他们可能拥有使项目成功的神秘力量
选择主动加入。哈默尔认为，员工应该主动、自觉地投身于企业活动	关键绩效指标项目团队成员的遴选过程应公开透明，以便网罗最优秀的团队成员。对于绩效管理的热忱则是最重要的遴选条件之一

（续）

管理学大师的智慧	含义与启示
培养创造力。哈默尔指出，在某些方面，大多数人都具备着一定的创造力。他认为企业需要激发员工的创造力，而创造力完全可以在指导和实践中得到加强（例如，惠而浦公司对超过 3.5 万名员工开展关于商业创新原则的培训）	在关键绩效指标项目的实施过程中，项目团队须不断更新思想、接受新的观念。项目团队应灵活组织并处理研讨会的相关事宜，为培养员工的创造力提供足够的时间和充分的条件
一组导师。杰克·韦尔奇认为："不存在专门适合某一人的导师，但有众多各有专长的优秀导师。"关于导师的指导问题，韦尔奇进行了高屋建瓴式的思考。他指出导师可以由级别远不及你的员工担任，只要能够为你传道解惑，即可视为导师。在其著作《赢》中，韦尔奇对一位曾耐心教会他收发邮件的年轻的人力资源部顾问表达了真诚的感谢	保证所有关键绩效指标项目团队成员都有适合的导师支持。关键绩效指标项目团队领导人最好有 3 位导师，每一位导师在不同领域为他提供信息与支持，包括： ▪ *如何在组织中完成相关任务* ▪ *如何实施关键绩效指标项目* ▪ *如何建立并维护一个成功的项目团队*
认可与庆祝。韦尔奇指出，杰出的领导者大多都喜欢举办庆祝活动。他表明："工作在我们的生活中占据了太重要的位置，因此怎能缺少对工作中所取得的成就的庆祝呢？"收听他的网络广播，你就会感受到由他举办的庆祝活动一定非常有趣。韦尔奇主张愉快地工作，让工作变得多姿多彩。要知道，工作并不是生死攸关的事，只是一场你想获胜的游戏	关键绩效指标项目团队需要积极地举办对员工成绩的认可与庆祝活动，从而使员工保持高昂的工作热情与动力
通过员工提高生产力。彼得斯和沃特曼指出，卓越的企业常常具有以下显著特征： ▪ 大力宣传 ▪ 内部竞争 ▪ 家庭氛围 ▪ 关键数据公开化 ▪ 信任 ▪ 团队规模小、效率高、灵活性强	关键绩效指标项目团队需要运用这些技术和方法来获取成功

（续）

管理学大师的智慧	含义与启示
杰里米·霍普建议始终使用经过多次试验和测试验证有效的技术	关键绩效指标项目团队应该只使用经过反复试验和测试的关键绩效指标软件
削减评价指标数量。霍普建议削减评价指标数量，每一层级只有6~7个评价指标	遵守10/80/10原则，确保各团队的评价指标不超过7个

任务4：为推进项目顺利进行，关键绩效指标项目团队需参阅以下文献（重要的参考图书和网站）

所有的团队成员都应该阅读下列书目：

- 保罗·尼文（Paul Niven），《政府及非营利组织平衡计分卡》（*Balanced Scorecard: Step-by-Step for Government and Nonprofit Agencies*）（新泽西，霍博肯：Wiley国际出版公司，2008）。这本书多次为我指点迷津，我会在重要之处做上标记，以便随时查阅。

- 罗伯特·卡普兰和大卫·诺顿（Robert Kaplan and David Norton），《平衡计分卡：化战略为行动》（*The Balanced Scorecard: Translating Strategy into Action*）（波士顿：哈佛大学出版社，1996）。这是一本关于平衡计分卡的巨著。本书的出版大大推动了平衡计分卡的研究与应用。尽管我对书中的一些观点尚存异议，但不可否认这是一部经典之作，每一位关键绩效指标项目团队成员都应该认真阅读，进行研判，并得出结论。建议反复阅读本书的第12章及附录"确立平衡计分卡"，这对项目的开展大有裨益。此外，全书还配有许多有用的插图。

- 斯泰西·巴尔（Stacey Barr），《实用绩效评价指标：用PuMP蓝图建立快速、便捷、引人入胜的关键绩效指标》（*Practical Performance Measurement: Using the PuMP Blueprint for Fast, Easy, and Engaging*

KPIs）（Pump 出版公司，2014）。斯泰西是绩效评价指标领域中积极的践行者，她开发了一套绩效评价指标方法论，建议关键绩效指标项目团队深刻理解并掌握其重要思想及理念。

- 斯蒂芬·菲尤，《信息仪表盘的设计：让人一眼就看懂数据的呈现方式》（ *Information Dashboard Design: Displaying Data for At-a-Glance Monitoring*）（加利福尼亚，伯林盖姆：Analytics 出版社，2013）。本书将帮助读者在数据可视化技术，即向管理层和其他员工进行信息汇报方面迈出重要的一步。作为入选项目团队的先决条件，每一位团队成员都应该阅读本书，并在项目实施的过程中经常参阅。

- 伊丽莎白·哈斯·埃德莎姆，《德鲁克的最后忠告》（纽约：McGraw-Hill 图书公司，2006）。对项目领导人及经理来说，本书是必读之作。通过阅读本书，关键绩效指标项目团队将能够更好地理解"放弃"对于项目的重要意义。

- 约翰·科特，《领导变革》（波士顿：哈佛商业评论出版社，2012）。这是一本评价很高的书，在领导并推介变革方面具有重要影响。

- 迪恩·斯皮泽，《绩效考评革命：反思考评方式　驱动团体成功》（纽约：AMACOM 出版公司，2007）。这是最早从行为方面研究绩效评价指标的图书之一。

团队成员还应参阅下列网站：

- 斯蒂芬·菲尤的"感知的边缘"（Perceptual Edge）网站：www.perceptualedge.com。在每一个专业领域，能够站在金字塔顶端的专家寥寥可数。作为数据可视化领域的巨擘，菲尤的贡献可谓一骑绝尘。他的 3 本著作都堪称杰作。他的网站上提供了许多白皮书和优秀的文章，例如，"仪表盘设计的常见问题"（Common Pitfalls of Dashboard Design）、"实时情况感知仪表盘设计"（Dashboard Design for Real-Time

Situation Awareness）和"格式与布局之于仪表盘设计的重要性"（With Dashboards, Formatting and Layout Definitely Matter）。菲尤经常在世界各地举办研讨会。可以浏览他的网站，查看最近的研讨会信息，参加菲尤的研讨会一定会让你感到受益匪浅。

- 读者可以登录我的网站 www.davidparmenter.com，免费下载关于本书的补充电子资源。此外，网站还提供一些收费的电子材料，包括书中涉及的所有 PDF 模板及相关主题的工具包。

任务 5：建立一种"放手去做、勇往直前"的企业文化和项目流程

在现实中，很少有人能够做到"第一遍就做对"，确立企业的主导性关键绩效指标以及撰写相关报告亦是如此。绩效评价的体系及相关报告就像是一座雕塑——作为设计者，你可能因为作品的艺术品位与表达形式而饱受争议，但是你本身并没有错误。

> 外部引导师和关键绩效指标项目团队的领导人需要为项目建立一种"放手去做、勇往直前"的企业文化和项目流程。

外部引导师和关键绩效指标项目团队的领导人需要为项目建立一种"放手去做、勇往直前"的企业文化和项目流程，而不是像在智力游戏中那样，对每一个环节和指标都争论不休。

"放手去做、勇往直前"的企业文化让员工坚信"项目的实施不需要专家，我们自己做得到！"。

确立企业的主导性关键绩效指标的过程并不复杂，项目团队需要在有经验的引导师的帮助之下，自主地完成这一项目流程。引导师的主要作用是作为项目团队的导师为团队提供支持，因此，在关键绩效指标项目团队进行汇报时，引导师应退居幕后，保持低调。

在最开始的 1 年里，项目团队无须购买许多关键绩效指标软件，现有的电子表格、陈述报告、数据库就足以辅助团队完成当前的工作。此外，这一做法还有助于大大减少因选择和普及专业软件使用方法而造成的时间上的浪费。在项目实施的第 2 年，当员工对关键绩效指标有了更加深刻的理解之后，企业可以根据实际情况对应用软件展开有的放矢的投资。

关键绩效指标项目团队可以运用 SharePoint Team Services 及 Microsoft Teams 等应用程序创建企业内联网网站，每个对主导性关键绩效指标感兴趣的人都可以登录网站，查阅以下信息：

- 相关的备忘录和文章（及时更新网站内容、删除过期信息，确保仅当前信息和重要信息可见）。
- 讨论问题的论坛。
- 需要合作输入的关键绩效指标文件。
- 绩效评价指标主数据库。

任务 6：关键绩效指标项目领导者需配备一组导师

关键绩效指标项目的领导者需要一位导师，或者根据杰克·韦尔奇[6]的建议，需要配备一组导师。我的建议是：

- 在企业内部寻找一位顾问，他们信誉颇高、值得信赖，曾为项目的顺利实施提供过帮助。邀请他们进行 2~4 小时的会谈，聘请其作为导师为项目提出意见和建议。
- 寻找一位熟知绩效评价指标相关知识与实践、掌握主导性关键绩效指标方法的外部引导师。与外部引导师的会议可以通过网络视频的方式进行。

- 寻找一位企业的权威人士作为内部导师，他与项目的关键人物有良好的联系，熟知在企业中推动大型项目顺利进行的具体方法。这位导师也许即将退休，在你向他请教某一问题时，他可能会邀请你共进午餐，在悠长的午餐时光中，帮助你解决问题或提出一些中肯的建议。

- 建立一个关键绩效指标专家组，专家们兴趣一致、志向相投，共同推动项目的进展。当知道有人与你一同并肩作战、攻克难关，这无疑是令人备受鼓舞的。

任务7：最终确定关键绩效指标项目的实施战略

如第4章"引领并推介变革"所述，企业需要召开一系列的研讨会，研讨会全程封闭，参会人员涵盖企业的高级管理人员以及企业各部门的权威人士。研讨会后将形成一份企业蓝图——为项目的新流程确立的愿景和战略。这一点与科特著作《领导变革》[7]中所提及的建议不谋而合。

为了推进项目顺利进行，某公司召开了3次项目规划研讨会，每次用时2周。也就是说，研讨会的时间共计6周。因为关键绩效指标项目涉及的信息技术较少，所以我建议首先召开包含企业权威人士的焦点小组研讨会，然后是5~8人构成的小组会议，研讨会整体应缩减至2~3周内完成。

接下来，与企业的管理层、当地员工代表、工会代表、员工、关键客户、关键供应商及董事会协商，确定关键绩效指标项目的实施过程与方案。如果上述利益相关者就项目实施战略达成共识的话，那么在此阶段许多关于项目实施的顾虑就会被消除。

对那些全职员工人数少于500人的企业而言，用16周的时间就可以设计出一整套关键绩效指标体系。而对全职员工超过500人的企业来说，则应采取分阶段的工作方法。通常，企业规模越大，就越需要关注第1阶段。如果一家企业的全职员工超过 20000 名，那么第 1 阶段应该限制在利润最大的 3 个部门进行（根据德鲁克的建议，在 3 个不同的地点对项目流程进行试点工作）。表 6-2 显示了不同规模的企业在关键绩效指标项目实施的不同阶段所需的时间。

> 对那些全职员工人数少于 500 人的企业而言，用 16 周的时间就可以设计出一整套关键绩效指标体系。

表6-2　在关键绩效指标项目实施的不同阶段所需的时间

项目阶段	1 人项目团队	2 人项目团队		4 人项目团队	
	企业规模（全职员工人数）				
	不足 100 人	100~250 人	250~500 人	500~3000 人	3000~10 000 人	10 000 人以上
1. 使企业投入到变革中，培训企业内部资源来管理关键绩效指标项目	1 星期	1 星期		2~3 星期	2~3 星期（针对控股公司[①]）	
2. 确定企业内部的关键成功因素	2 星期	2~3 星期	4~6 星期	4~6 星期	4~6 星期（在涉及不同领域的情况下，需要召开额外的关键成功因素研讨会[②]）	
3.1 召开绩效评价指标研讨会	将关键成功因素研讨会与之合并在一起	2~3 星期	4~6 星期	4~6 星期[③]	4~6 星期（针对包含小型孙公司的大型子公司[④]）	

（续）

项目阶段	1人项目团队	2人项目团队			4人项目团队	
	企业规模（全职员工人数）					
	不足100人	100~250人	250~500人	500~3000人	3000~10 000人	10 000人以上
3.2 完善评价指标	2星期	2星期	2~3星期	4~6星期[5]	2~3星期[6]（针对大型子公司）	
3.3~3.5 举办"绩效评价指标展览"；各团队确定关键成果指标和关键绩效指标	包含在完善指标的流程中	4~6星期（只需对绩效评价指标进行一次检验[7]）				
3.6 设计绩效评价指标的汇报框架	2星期	2~3星期		4~6星期[8]	4~6星期（针对大型子公司）	
3.7 帮助所有团队合理应用其所选择的绩效评价指标	持续进行	持续进行				

① 大型企业中，控股公司的首席执行官必须支持关键绩效指标项目。

② 当企业包含不同产业时，需要分别制定不同的关键成功因素，即便这些研讨会的与会者是同一群人。

③ 为了促进团队合作及节约时间，可以将众多团队同时集中在一起召开研讨会。

④ 小规模子公司应与同领域的大型子公司一同参加研讨会。

⑤ 绩效指标研讨会中会提出一些重复性指标，需要项目团队进一步区分良莠、去芜存菁。提前了解其他团队指标的做法是毫无意义的，因为这样往往会限定思维，漏掉重要的评价指标。

⑥ 随着项目的推进，各团队将关键成功因素与评价指标区分开来。关键绩效指标项目团队就关键成功因素达成一致意见，并在研讨会上对其加以解释。

⑦ 如果一项评价指标在一个子公司通过了检验，则可以直接将其应用于其他子公司，而无须进一步检验。

⑧ 对较大型企业而言，较为复杂和综合的绩效指标汇报软件是尤为重要的。

当所有利益相关者就关键绩效指标开发与实施的流程达成共识后，还应进一步检查核实，确保该流程与开发和实施关键绩效指标的 7 个基本条件保持一致。7 个基本条件如下：

1. 同员工、工会和第三方建立合作关系。

2. 向基层授权。

3. 仅评价和汇报重要的事情。

4. 所有的关键绩效指标均来源于关键成功因素。

5. 放弃无法交付成果的流程。

6. 在企业内部任命一位关键绩效指标项目团队领导者。

7. 企业全体员工都能够理解主导性关键绩效指标的内涵。

任务 8：决定平衡计分卡维度

我们应确定项目中需要使用的平衡计分卡维度，从而监控企业的战略计划是否与战略举措一致。在第一年的时间里，建议使用以下维度：

- 财务成果。
- 客户至上。
- 内部流程。
- 创新和学习。
- 员工满意度。
- 环境和社区。

任务 9：关键绩效指标项目团队应始终遵守主导性关键绩效指标方法的 7 个基本条件

体育教练经常说只有做好基础训练才能确保成功，而对关键绩效指标项目团队领导者和外部引导师而言，情况亦然。因为有时关键绩效指标的实施流程十分复杂，所以在履行职责时，要始终回顾这7个基本条件，以确保员工的努力与项目的发展方向并未偏离这些核心的基本条件，如图6-2所示。

> 要始终回顾7个基本条件，以确保员工的努力与项目的发展方向并未偏离这些核心的基本条件。

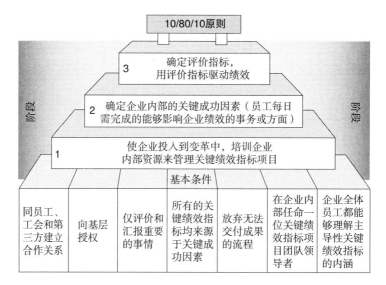

图 6-2　主导性关键绩效指标方法的7个基本条件

将本书分发给项目团队成员

本书提供的内容与资源适合参与关键绩效指标的开发和实施工作的所有工作人员。建议关键绩效指标项目团队的所有成员、项目的外部引导师、团队的协调者和企业内部的引导师（如果需要）能够人手一本，以便相关人员可以遵循同样的计划和流程开展工作。关键绩效指标项目团队成员在同企业员工和管理者会面时应随身携带本书，这样他们就可以摘取书中提供的示例来辅助阐明问题（注意，本书受版权保护，任何以发行为目的的翻印行为均属违法行为）。

中小型企业在此阶段并无捷径。

中小型企业同样需要完成本章提及的全部任务。许多企业认为把开发企业内部资源的工作交给关键绩效指标项目的管理者即可，即便该管理者职务繁杂、分身乏术。然而，这种期望往往都以失望告终。

PDF 模板

为了协助关键绩效指标项目团队开展工作，本书提供了一些模板和检查表。读者可以登录 kpi.davidparmenter.com/fourthedition，免费获取以下 PDF 模板和检查表：

- 组建一支主导性关键绩效指标项目团队的检查表（Establishing a Winning KPI Team Checklist）。
- 关键绩效指标项目团队调查问卷（KPI Team Establishment Questionnaire）。
- 关键绩效指标项目团队360度调查问卷（KPI Team 360-Degree Questionnaire）。
- 建立一种"放手去做、勇往直前"的企业文化和项目流程的检查表（Establish a "Just-Do-It" Culture and Process Checklist）。
- 建立一种"放手去做、勇往直前"的企业文化和项目流程的工作表（Establish a "Just-Do-It" Culture and Process Worksheet）。
- 关键绩效指标项目团队领导者工作职责描述（Job Description for the KPI Team Leader Role）。
- 研讨会准备工作检查表（Workshop Preparation Checklist）。
- 组织召开研讨会工作指南（Guidelines to Running Workshops）。

- 关于关键绩效指标的典型问题和建议方法（Typical KPI Questions and Suggested Answers）。

注释

1. Elizabeth Haas Edersheim, *The Definitive Drucker: Challenges for Tomorrow's Executives—Final Advice from the Father of Modern Management* (New York: McGraw-Hill, 2006)

2. Gary Hamel, *The Future of Management* (Cambridge: Harvard Business School Press, 2007).

3. Jack Welch and Suzy Welch, *Winning* (New York: HarperBusiness, 2005).

4. Thomas J.Peters and Robert H.Waterman, *In Search of Excellence: Lessons from America's Best Run Companies* (New York: Harper &Row, 1982).

5. Jeremy Hope, *Reinventing the CFO* (Boston: Harvard Business School Press, 2006).

6. 同 3。

7. John Kotter, *Leading Change* (Boston: Harvard Business Review Press, 2012).

概述

关键成功因素是员工每日需完成的能够影响企业绩效的事务或方面。

企业员工和管理层必须首先了解什么是关键成功因素，然后才能够在关键成功因素的基础之上确定企业的绩效评价指标，并使其真正发挥作用。

本章探讨了关键成功因素与外部结果的区别与联系，强调了关键成功因素对于企业的重要意义，提出人们常常对关键成功因素缺少应有的关注，因而导致其成为管理理论中缺失的一环。此外，本章还强调一家企业通常有5~8个关键成功因素，关键成功因素应该是所有重要的绩效评价指标——主导性关键绩效指标——的来源。

本章的学习要点如下：

1. 如果不确定企业内部的关键成功因素，那么管理者就只能从主观判断出发，盲目地依据个人的想法来确定工作重点。

2. 所有有意义的绩效评价指标均来源于关键成功因素的原因。

3. 区分企业内部关键成功因素和外部结果的重要性。

4. 关于关键成功因素的常见误解。

5. 为了使企业内各团队协调一致，必须保证企业内部只有一套数量为 5~8 项的关键成功因素。

6. 如何准确表述成功因素。

7. 确定企业内部关键成功因素需完成的主要任务。

8. 有利于推动项目进展的关键成功因素研讨会的相关模板。

9. 只有当员工能够深刻地理解关键成功因素并将之奉为圭臬时，企业内部的关键成功因素才能够真正地发挥作用。

10. 需要在每一个工作场所的墙上展示关键成功因素。

第7章

确定企业内部的关键成功因素

数年前，澳大利亚工业部（澳大利亚的一个政府部门）负责关键绩效指标手册编写工作的人员向我介绍了关键成功因素这一概念，那是我初次接触这个概念。他们将关键成功因素定义为：

能够持续影响企业健康、活力和福祉的一系列关乎企业绩效的事件或方面。[1]

在我看来关键成功因素是员工每日需完成的与企业绩效紧密相关的事务或方面，这是企业内部员工能够做好，也应该做好的工作。

史蒂芬·柯维（Stephen Covey）在其著作《要事第一》[2]（*First Things First*）中提出只有分清主次，才能获得高效的人生。他指出我们应该将人生中的"大石头"（即重要的事情）当作每天的第一要务，而不要让"小石子"或"沙石"占据我们过多的时间与精力。因此，企业内部的关键成功因素就像员工每天要重点处理的"大石头"，是决定企业事务优先顺序的核心驱动力，可以为那些关注当前企业需求、产品生产及交付的员工提供足够的信息与正确的方向。

在过去的30年里，管理界的知名学者均未提及"关键成功因素"一词。一些管理学巨擘如彼得·德鲁克、吉姆·柯林斯、加里·哈默尔、汤姆·彼得斯、罗伯特·卡普兰和大卫·诺顿等似乎都不约而同地忽略了关键成功因素的存在。

"向关键客户准时、足额交付"这一关键成功因素可以传达给员工一个重要的信息，即关键客户的重要订单——多为困难和复杂的订单——应该得到优先处理。

> 史蒂芬·柯维在其著作《要事第一》中提出只有分清主次，才能获得高效的人生。他指出我们应该将人生中的"大石头"当作每天的第一要务，而不要让"小石子"或"沙石"占据我们过多的时间与精力。因此，企业内部的关键成功因素就像员工每天要重点处理的"大石头"，是决定企业事务优先顺序的核心驱动力。

但是如果我们不分主次，将关键客户的订单与普通客户的订单同等对待的话，许多员工就会挑选易于处理的订单。在这种情况下，不可避免地，为我们带来最大收益的关键客户的利益就会受到相应的损害。

为了顺利地完成本阶段工作，读者需要明晰本阶段需要完成的重要任务以及项目的整体流程，如表 7-1 所示（阴影部分为本章涉及的内容）。

表7-1　制定主导性关键绩效指标所需完成的任务概述

任　务	描　述
1.1　向首席执行官、高级管理团队和企业权威人士推介关键绩效指标项目（详见第 4、5 章）	精心设计一场电梯演讲，然后准备具有信服力的陈述报告，接下来召开焦点小组会议，以获得企业权威人士的全力支持
1.2　选择一位外部引导师来指导关键绩效指标项目团队（详见第 5 章）	外部引导师将指导企业把握时机、确定关键绩效指标项目团队成员和规模，以及为了给关键绩效指标项目留出空间，选择放弃哪些内容

（续）

任　　务	描　　述
1.3　建立一支小规模的关键绩效指标项目团队并开展培训（详见第6章）	外部引导师可以帮助企业对关键绩效指标项目团队成员开展培训，确保关键绩效指标项目团队的领导者拥有若干导师，在不同领域为他们提供信息与支持。关键绩效指标项目团队同企业的权威人士共同制定一份项目的蓝图，涵盖关键绩效指标项目的试点等工作内容
1.4　向所有员工推介关键绩效指标项目，鼓励他们参加为期2天的绩效评价指标研讨会（详见第4章）	需要让出席绩效评价指标研讨会的员工相信，这是一项值得他们参加的重要活动
2.1　从企业的文件和访谈中查找现有的关键成功因素和期待的外部结果（详见本章）	确定什么是企业内部的关键成功因素与期待的外部结果
2.2　召开为期2天的关键成功因素研讨会，确定企业内部的关键成功因素（详见本章）	绘制每个成功因素的影响范围，了解哪些因素的影响最大，以此方法确定并向全体员工传达企业内部的关键成功因素
3.1　召开为期2天的绩效评价指标研讨会，对所有其他相关员工进行培训，以开发出有意义的评价指标（详见第8、9章）	从企业各部门中选择代表参加绩效评价指标研讨会，在研讨会上对关键绩效指标方法论、为什么确定及怎样确定企业内部的关键成功因素进行培训。参会人员将会了解如何根据企业内部的关键成功因素确定绩效评价指标，如何建立一个包含过去、当前和未来评价指标的有效组合
3.2　在绩效评价指标研讨会后，进一步完善绩效评价指标（详见第9章）	关键绩效指标项目团队将删除重复和不合适的指标，去除数据提取成本大于衍生收益的指标，对所有绩效评价指标进行重新措辞，使表述变得通俗易懂
3.3　举办一次"绩效评价指标展览"，淘汰不当的、无效的绩效评价指标（详见第9章）	举办"绩效评价指标展览"，要求员工针对挂在项目团队办公室墙上展示的评价指标发表他们的看法

（续）

任　务	描　述
3.4　各团队从最终的绩效评价指标数据库中提炼团队的绩效评价指标（详见第 9 章）	团队选择相关的评价指标，并在数据库记录他们选择的所有评价指标
3.5　确定关键成果指标和关键绩效指标（详见第 9 章）	确定 8~12 项关键成果指标，用以向董事会汇报企业的运营状况。确定主导性关键绩效指标，确保其具备第 1 章阐释的关键绩效指标的 7 个特征。对关键绩效指标进行 3 次试点检验
3.6　设计绩效评价指标的汇报框架（详见第 10 章）	使用经实践检验最适合的数字可视化技术进行全天候或每天、每周、每月、每季度的汇报。利用现有的技术，提交给首席执行官可以每天在智能手机和笔记本电脑上更新的汇报
3.7　帮助所有团队合理应用其所选择的绩效评价指标（详见第 11 章）	在接下来的几个月，关键绩效指标项目团队需确保绩效评价指标的汇报及时、准确，并在必要时采取措施进行纠正。制订培训方案，针对现有员工和新员工开展关键绩效指标培训
3.8　每年修订一次企业内部的关键成功因素和相关评价指标（详见第 11 章）	对当前企业内部的关键成功因素和相关评价指标进行审查，以确定需要进行哪些修改

关键成功因素为何如此重要

在本书第 2 章中，提到了一个常见的思维误区，人们通常认为绩效评价指标的主要目的在于帮助企业管理战略举措的实施。而事实并非如此，绩效评价指标的主要目的是确保员工工作聚焦于企业内部的关键成功因素。也许你将平衡计分卡应用于绩效管理已有 10 年之久，但对企业内部的关键成功因素却一无所知。这就好比球队在世界杯比赛中没有守门员或者带个业余的守门员一样，结果必然是以失败告终。

企业内部的关键成功因素：绩效管理中缺失的一环

如果企业没有事先对关键成功因素进行定义并将其广而告之，那么管理者就只能从主观判断出发，盲目地依据个人的想法来确定工作重点。他们想当然地认为"对我来说重要的事对公司来讲也同样重要"，在这一前提之下，最终的效果大多适得其反。首席执行官若想推

> 如果企业没有事先对关键成功因素进行定义并将其广而告之，那么管理者就只能从主观判断出发，盲目地依据个人的想法来确定工作重点。

动企业这艘客轮驶向更美好的未来，就必须让每一位员工都能够了解航程，知晓如何让客轮顺利航行。这样的话，即便在恶劣的天气里，客轮仍可乘风破浪，平安抵达。然而在当下，对许多企业而言，企业内部的关键成功因素成了平衡计分卡和其他绩效管理方法中缺失的一环。

影响企业内部关键成功因素的因素

了解关键成功因素和企业战略之间的关系是非常重要的。企业关键成功因素的影响因素有很多。我们知道，大多数企业有1~2个通用的关键成功因素（例如，"向关键客户准时、足额交付""永远招聘合适的人"），除此以外，每一家企业还存在一些特殊的、短期的情况（例如，企业利润的突然下降意味着需要引进新的关键成功因素，直至资金危机结束）。一些关键成功因素是由企业战略决定的，而其他的关键成功因素则多与企业的日常运营状况相关，如图 7-1 所示。

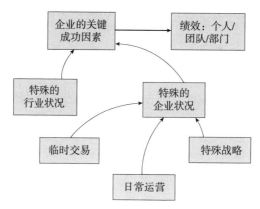

图 7-1 影响关键成功因素的因素

所有有意义的绩效评价指标均来源于企业内部的关键成功因素

传统的平衡计分卡方法利用绩效评价指标来监控企业战略举措的实施情况，通常情况下，评价指标是依据企业顶层的评价指标（如已动用资本回报率），按照自上而下的方式制定出来的。然而这种从顶层评价指标推导出底层评价指标的方法经常会使绩效管理陷入混乱的局面：企业员工需要同时监控数百个评价指标，而这些指标都是以平衡计分卡的形式进行汇报的。

让员工确定自己的工作重点，并使其与企业内部的关键成功因素保持一致，这是绩效管理的黄金定律，也是现代管理理论的精髓。切记，不要将企业的战略当作评价指标的来源。正确的做法是，首先要明确企业内部的关键成功因素是什么，然后在关键成功因素的基础之上寻找能够促使企业行为与关键成功因素保持一致的绩效评价指标。

关键成功因素与企业战略之间的关系

精心设计并实施企业战略固然是十分重要的工作，但关键成功因素能够使员工关注每天需要实现的目标，因此对企业而言更为根本。关键成功因素有助于明确员工的工作重点，促进员工行为与"企业日常运营活动"保持方向一致。

图 7-2 表明，对企业而言，对战略举措完成情况的监控虽必不可少，而对企业日常运营活动是否与关键成功因素密切相关的监控则更为重要。

企业内部的关键成功因素同来源于关键成功因素的绩效评价指标一起，将企业的日常活动与团队及企业的各个部门的绩效情况紧密地联系起来。

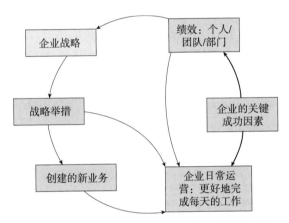

图 7-2　企业战略如何与关键成功因素协调一致

区分关键成功因素与外部结果

最近我越来越深刻地意识到，若想制定出有效的评价指标，务必要将企业内部的关键成功因素与外部结果区分开来。一家慈善机构的董事会成员指出，报送给他们的关键成功因素（企业内部的关键成功因素）过于关注企业的内部情况，而他们更期待看到企业的外部情况，即外部结果。在这里，该董事会跳出了企业的内部环境，自然而然地以一种由外向内的视角来看待企业的绩效问题。董事会希望关键成功因素能够体现他们想要看到的结果和影响。"我们希望企业能够实现这样或那样的目标。这样就能证明企业已成功实施了战略举措。"

外部结果是在一段持续的时间内，企业内部的关键成功因素不断地发挥其效应的结果，同时也是企业战略举措（例如为在新的国家获取运营能力而签署合作协议）成功实施的重要体现。外部结果，例如"研发与推广新产品 X（或市场 Y）"是一系列活动（包含从签署合作协议到企业在国外组织生产运营等）共同作用的结果。一旦合作协议启动，新的工厂投入运营，在企业中业已存在的关键成功因素就会继续影响并指引新工厂的生产活动。

> 外部结果是在一段持续的时间内，企业内部的关键成功因素不断地发挥其效应的结果，同时也是企业战略举措成功实施的重要体现。

为进一步说明，表 7-2 中列出了企业内部关键成功因素和外部结果的特点。

表7-2　企业内部关键成功因素和外部结果的特点

内部关键成功因素的特点	外部结果的特点
需要所有员工全天候的关注	在每 2 个月 / 每季度的董事会会议上，定期关注进展
成功来自员工对于关键成功因素的全天候关注	成功来自企业的战略举措的顺利实施以及现有关键成功因素对新业务的积极指引
措辞要与员工在特定领域应关注的具体活动相关，避免空洞的表述（如"优化""最大化"等）	从更广义的角度描述企业的成功（如"成为首选的雇主"）
描述一种活动	描述一个外部结果，如"新市场的增长"
管理层和董事会 / 政府官员对关键成功因素并不陌生，因为他们在讨论成功因素时已经谈论过这些因素	不同的部门可使用相同的表述
关注企业整体，不能分解为部门的关键成功因素	同样地，关注企业整体
数量较少，限定在 5~8 个	同样为 5~8 个
对其他成功因素有非常积极的影响	不会对关键成功因素及其他成功因素产生影响，因为外部结果是成功因素持续发挥作用的结果

明确企业内部关键成功因素的重要意义

企业需要明确并及时向全体员工传达企业运营的关键成功因素，定期对关键成功因素进行修订与调整，这是管理的黄金定律，是绩效管理的制胜法宝。明确企业关键成功因素的积极作用如下：

有助于确定关键绩效指标	企业内部的关键成功因素是主导性关键绩效指标的来源
有助于减少指标数量	与企业内部的关键成功因素**不相关**的绩效评价指标不是重要的评价指标，通常予以剔除
与员工的日常行为相关联	员工按照企业的关键成功因素协调自己的工作重点，从而使日常行为与企业战略联系起来。比如日本的丰田公司就是这方面的杰出典范
中止不必要的会议、报告及任务	取消不必要的员工会议、报告及任务。所有与关键成功因素没有直接联系的企业活动都是不重要的，因此，那些仅因为上周／上个月开展过就延续下来的模式化会议和报告就会很快地消失不见
精简报告内容	清除许多无关的问题后，报告变得更加简洁
与首席执行官随时保持联系	首席执行官每天直接或通过电话的方式与基层保持联系，了解项目进展情况

第1章中谈到的英国航空公司的故事充分地说明了企业内部的关键成功因素对制定关键绩效指标的重要性。

关键成功因素和关键绩效指标的关系

了解关键成功因素与关键绩效指标之间的关系是至关重要的。如果可以准确地定义企业内部的关键成功因素，就能够很容易地找到企业的主导性关键绩效指标（例如，如果将"飞机准时起落"确定为关键成功因素，就可以比较容易地制定出与之相关的关键绩效指标：航班延误超过一定时间）。

图 7-3 表明，关键成功因素可以影响
若干个平衡计分卡的维度（例如，本书第
1 章提及的关键绩效指标"飞机准时起落"
几乎影响了航空公司平衡计分卡的所有
维度。）

> 关键成功因素可以影响
> 若干个平衡计分卡的维度。

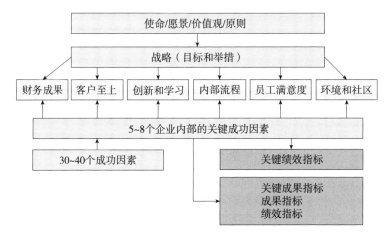

图 7-3　企业内部的关键成功因素如何驱动绩效评价指标

关于关键成功因素的常见误解

让人担忧的是，许多企业在实际运营中并未及时向员工传达企业内
部的关键成功因素，因此员工的日常行为无法与企业战略保持一致。而
出现这种现象的原因是人们对于关键成功因素存在一些常见的误解，具
体见表 7-3。

为了帮助世界各地的企业准确地定义出最为核心的 5~8 个关键成功因素，
我开发了一项包含 4 个任务的流程。

表7-3 关于关键成功因素的常见误解

常 见 误 解	一流企业的经验
认为"我们已经清楚了企业内部的关键成功因素"	**高级管理团队往往认为每一个人都已经知道了企业内部的关键成功因素是什么。**对此，我经常开玩笑说，我可以连续几天向同一位首席执行官提问："贵公司的关键成功因素是什么？"结果我每天得到的答案都大相径庭 **绝大多数的企业都清楚它们的成功因素，但是很少有企业能够做到以下几点：** • 恰当地表达企业的成功因素 • 区分企业的成功因素与外部结果 • 按照重要性将企业的成功因素排序，确定最重要的成功因素，即企业内部的关键成功因素 • 向全体员工传达企业内部的关键成功因素，让全体员工充分理解关键成功因素并积极投入与之相关的工作
将企业内部的关键成功因素与外部结果混为一谈	**企业内部的关键成功因素与外部结果是截然不同的两个概念。**在本章的前半部分，我们介绍了两者的区别
关键成功因素的数量过多	**将企业内部的关键成功因素限制在5~8个。**一流企业的经验表明，无论企业的规模大小，关键成功因素的数量都应该限制在5~8个。然而，对私营企业集团而言，关键成功因素突出地体现了一种行业属性（例如，航空公司的关键成功因素一定不同于零售店的关键成功因素）。因此，在该企业集团中，关键成功因素的数量将超过我们建议的5~8个
一个部门一套关键成功因素	**仅确定一套企业关键成功因素。**为了使企业内部各团队保持协调一致、共同发展，切记在企业中只能够确定一套包含5~8个的关键成功因素。如果允许企业的每个团队、部门或者分公司都确定自己的关键成功因素，那么各部门就会各行其是，绩效管理终将陷入一片混乱的局面

（续）

常 见 误 解	一流企业的经验
将企业内部的关键成功因素称为关键结果领域	企业内部的关键成功因素不是关键结果领域。在职位描述中，人们经常将关键结果领域误认为企业内部的关键成功因素。我认为在职位描述中应增加一部分新的内容，来说明企业内部的关键成功因素都是什么以及任职者应如何协调自己的行为，使之符合企业关键成功因素的需要。这一改变将有助于人们加强对关键结果领域和关键成功因素的区别的理解。关键结果领域是任职者必须履行的职责和任务，而企业内部的关键成功因素作为日常行动的指挥棒，旨在确保全体员工每天将与关键成功因素方向一致的工作视为重点，并优先处理这些工作
即便不清楚企业内部的关键成功因素，也可以拥有最高绩效	如果企业没有清楚地了解它的关键成功因素，那么绩效管理就不可能发挥其最佳作用。如果没有关键成功因素，绩效评价、监控与汇报就会成为一系列随意的流程，产生许多无意义的评价指标和大量不知所云的汇报，而在这些汇报中几乎看不到一项"主导性关键绩效指标"

任务 1：记录已经确定的成功因素和外部结果

关键绩效指标项目团队需要参考企业过去 10 年的战略文件，然后从中提取有益的信息，在此基础上确定企业的成功因素。可能这份文件由一位目前早已离职的高级管理人员在多年前撰写完成，但是只要成功因素仍然相关，该文件就可能依然有助于你的工作。

关键绩效指标项目团队应该尽可能多地咨询企业的权威人士——当其他员

> 为了使企业内部各团队保持协调一致、共同发展，切记在企业中只能够确定一套包含 5~8 个的关键成功因素。

工在工作中遇到难题时，这些权威人士总会鼎力相助、倾囊相授——和高级管理团队的意见。从他们的建议中，你可能会发现一些成功因素。为了帮助读者更好地完成这项工作，本书提供了一份 PDF 格式的检查表，读者可免费下载使用。

从关键成果指标研讨会的参会人员中挑选一些经验丰富的经理，对他们进行培训，使其能够准确表述成功因素。这一项工作十分重要，我们需要遵循彼得·德鲁克[3] 提出的 SMART 原则。德鲁克在论及目标设定时提出了 SMART 原则，而该原则也同样适用于成功因素的表述。根据德鲁克的理论，成功因素需要符合下列要求：

- **明确性**（Specific）。不要使用无意义、空洞的表达，抑或所谓的"含糊其词"。避免使用管理术语中常见的空洞表达并不像想象得那样容易。在我们沿着管理学的阶梯不断攀登的过程中，我们开始越来越多地使用一些空洞的表述，如：

  加速、适应、平衡、障碍、最佳实践、协作、动态、有效、高效、最终用户、授权、整体、改进、包容、创新、完善、优化、结果、产出、质量、认同、可靠性、更新、责任、显著、解决方案、特殊、协同、有针对性、转型、增值、福祉、制胜、世界级

  "在我们的产品范围内获得更多的利润"就是一种空洞的表述。它并没有为员工指明方向，说明如何才能实现这一目标。而显然"全天候确保飞机准时起飞和到达"这一表述更为直截了当、切中要害。

- **可测量性**（Measurable）。成功因素的表述应体现为一种可测量性。如果你不能从某个成功因素推导出一两个可测量的指标，那么该成功因素很可能不符合这个原则。很明显，"全天候确保飞机准时起飞和到达"这个成功因素是可以测量的。

- **可实现性**（Achievable）。成功因素的表述应该清晰简洁，对员工来

说简单易懂、具有可实现性。例如"全天候确保飞机准时起飞和到达"这一评价指标显然是可以通过员工的监控得以实现的。

- **相关性（Relevant）**。成功因素应与企业员工相关。我们可以清楚地看到"全天候确保飞机准时起飞和到达"这一指标与航空公司的许多团队密切相关，包含机组人员、接待人员、行李搬运人员、清洁人员、燃料和食品供应商等。

- **时限性（Time Sensitive）**。应专注于此时此地的情况。"全天候确保飞机准时起飞和到达"这一指标对航空公司来说显然具有时限性，是必须完成的当务之急。

表7-4 中列出了一些含糊其词的空洞表述。在表格中，我将这些表述与满足 SMART 原则的成功因素及其外部结果进行了对比。

表7-4 空洞表述与满足SMART原则的成功因素及其外部结果的对比

无意义的成功因素（空洞表述）	满足 SMART 原则的成功因素	外部结果
利润增加	这 3 个表述都包含了多个成功因素，满足 SMART 原则的表达应该是"始终向关键客户准时、足额交付""能够第一时间妥善地解决问题""在与关键客户全方位的交流中寻求卓越"	通过提高高利润产品的销售率增加利润
留住客户		留住关键客户
与全体员工一起宣传、共同奋斗		最大限度地利用我们最重要的资源——员工
最大限度地促进创新	使创新成为企业的日常活动	新产品销量增加
准时、足额交付	始终向**关键客户**准时、足额交付	通过关键客户不断发展业务

🕐 **实例**

政府部门成功因素案例研究

一组工作人员出席了关键成功因素研讨会，并草拟出一份成功因素及外部结果列表：

- 增加关于_____的数据和信息的可用性和可访问性。
- 与当地政府和其他行业合作，改善国家基础设施建设（外部结果）。
- 帮助人们了解政府部门的工作内容与工作目标（外部结果）。
- 向新客户和合作伙伴积极推广政府部门的产品和服务。
- 提供专业、可靠的知识和建议（外部结果）。
- 快速地适应变革。
- 培养有能力和感召力的领导人（外部结果）。
- 开展工作前首先进行内部培训。
- 开发方便使用的产品。
- 永远招聘合适的人。

为了协助读者完成这项工作，本书随附 PDF 格式的常见的企业内部成功因素列表，可供读者下载使用。切记，请在深入了解了企业的内部情况之后再使用这些资源。

实施建议

就我个人经验而言，人们对这一阶段往往缺少足够的重视。我们总是忙于应付各种必须做的事情，结果，在参加为期 2 天的研讨会时常常毫无准备，不得不在研讨会上花费大量的时间对成功因素进行整理和分类。

其实，在此阶段，参会人员还应该查阅企业当前和过去的战略文件，从中获取有益信息，然后就期待的外部结果达成一致意见。为了协助读者完成这项工作，本书提供了 PDF 格式的用于拟定关键成果指标的指南和常见的外部结果检查表，可供读者下载使用。

任务 2：召开为期 2 天的研讨会，确定企业内部的关键成功因素

根据我在这一领域的经验，大多数企业都需要举办一个为期 2 天的研讨会，参会人员包括企业各部门经验丰富的员工以及尽可能多的高级管理团队成员。通过关键成功因素研讨会，人们能够深刻理解绩效评价指标及关键绩效指标的概念与内涵，明确什么是企业内部的关键成功因素以及如何建立完善有力的绩效指标体系。研讨会的顺利实施将有助于企业依据确定的关键成功因素决定与之协调一致的评价指标。

确定研讨会的组织模式

在与客户多年的合作中，我注意到关键成功因素研讨会可以按照以下 3 种模式举行：

模式 1	召开一个为期 2 天的研讨会，参会人员包括企业各个部门经验丰富的员工、尽可能多的高级管理团队成员，以及首席执行官
模式 2	在决策层务虚会上召开关键成功因素研讨会，研讨会同样为期 2 天，所有决策人员均出席，而部分在模式 1 中参会的经验丰富的员工（权威人士）则不参与研讨会。这种方法的一个好处是，决策人员可以现场就提出的方案达成共识
模式 3	研讨会以一系列 3 小时的线上会议的形式进行。企业员工在所在地参会，经验丰富的演示人员无须前往指定地点，可以通过远程的方式组织会议

🕐 **实例**

林业公司案例研究（模式1）

一家林业公司组织召开为期2天的研讨会，为了不影响企业运营，研讨会时间定为星期五和星期六两天。该公司在当地宾馆订了一个会议场馆，并且邀请公司各部门的权威人士都来参加这个为期2天的研讨会。与会者包括从工头、叉车司机、林业工人，到高级管理团队成员和首席执行官等人，一共近50人参加了这个为期2天的会议。其中一些人特地从澳大利亚分公司赶来，以获得方法论的指导。

🕐 **实例**

金融机构案例研究（模式2）

一家跨国公司将关键成功因素研讨会安排在一年一度的决策层务虚会上进行。研讨会于务虚会的头两天举行，之后与会者对提出的关键成功因素进行进一步修订，在务虚会结束前重新提交申请批准。在全体高管出席会议的情况下，研讨会上提出的问题悉数得到解决。与使用模式1的企业相比，这种模式节约了2~4星期的时间。

🕐 **实例**

食品经销公司案例研究（模式3）

英格兰东北部的一家食品经销公司组织召开关键成功因素研讨会，因该企业在多地建厂，所以决定研讨会以一系列线上会议（每次2.5小时）的形式进行。研讨会在各工厂的会议室进行，每一个工厂挑选5~12名来自各个部门的资深员工参会。召开研讨会时，每两人之间放置一台笔记本电脑，这样我就可以看到与会者的参与情况。我在新西兰的办公室组织会议，通过会易通（GoToMeeting）远程会议软件安排研讨会活动。

确定研讨会的参与人员

因为你希望通过 2 天的研讨会定义企业的成功因素，并确定哪些因素是关键成功因素，那么务必邀请企业中经验丰富的员工（权威人士）参会。权威人士在企业里德高望重，每当人们在工作中遭遇问题时，总会不约而同地向他寻求解决问题的方案（例如，"你可以去和帕特谈谈"）。对新员工来说，因为他们不了解企业的情况，所以并不适合参加该研讨会。

首席执行官需向参会人员发出邀请，并仔细阅读本书随附工具箱中的相关内容，从而为会议做好准备。建议首席执行官至少参加头半天的会议以及第 2 天下午休息后的最后一次会议。在我组织的关键成功因素研讨会上，多位首席执行官均表示他们很后悔没有参加全部的会议。此外，有可能成为关键绩效指标项目团队成员的员工也应该参加这一研讨会。

确定内容与流程

根据我在这一领域 20 年的经验，为期 2 天的研讨会需要包括以下内容，详见表 7-5。

为帮助企业确定关键成功因素，本书提供了一些关于研讨会议程的 PDF 格式模板，读者可以下载使用。

表7-5　为期2天的关键成功因素研讨会内容概述

背景介绍	关于关键绩效指标的新思考 主导性关键绩效指标方法的 3 阶段流程
确定成功因素	与会人员就在任务 1 中确定的成功因素达成共识
确定关键成功因素	如何实施"影响范围"映射流程，通过"影响范围"映射流程，在成功因素中确定企业内部的关键成功因素（详见本章后半部分内容）

（续）

根据企业内部的关键成功因素确定企业的绩效评价指标	如何依据企业内部的关键成功因素确定企业的绩效评价指标，如何向企业员工、管理层、董事会、理事会或部长汇报绩效评价指标。完成在本次研讨会期间开始的汇报格式的设计工作
实施方面的问题	关于主导性关键绩效指标方法实施方面的问题（详见第12章），以及绩效评价指标的思维误区（详见第2章）
接下来的步骤	每个小组做出陈述报告，介绍为完成计分卡接下来即将采取的步骤，他们希望使用哪些新的评价指标，以及放弃哪些当前的评价指标

确定成功因素和外部结果的最终表述

利用1~2次分组会议回顾企业内部的成功因素，进一步完善对关键成功因素的表述，使其满足SMART原则，将外部结果（例如，留住关键客户）和企业的战略性目标（例如，产品在行业内处于领先地位）从成功因素中分离并单独列出。

在最近的一次研讨会上，我们将参会人员分为6个团队，要求其中2个团队对同一组成功因素（草拟的45个成功因素中的15个）进行审核。2个团队就成功因素的修订意见展开论证，首席执行官和2位总经理组成专门小组参与整个过程并做出最终决定。论证后，2个团队提交一份经认可的、详尽的成功因素清单。

通过"影响范围"映射流程确定企业内部的关键成功因素

影响范围映射源自平衡计分卡的因果关系，是一种实施起来较为方便快捷的方法。通过影响范围映射流程，人们可以理解并记录成功因素间的关系，例如，飞机晚点导致的客户流失（包含关键客户和非关键客户）、未及时养护飞机、员工满意度低、飞机利用率低等。

要找到5~8个关键成功因素，我有一个不错的办法，就是将所有的成功因素都填入有编码的方框中，然后再用A3纸打印出来（见图7-4）。接下来，将与会者分成若干个小组，每组5~7人，开始进行成功因素的"影响范围映射"，以此找出影响力较强的成功因素。为体现影响力的方向，可采用箭头的方式进行标注。

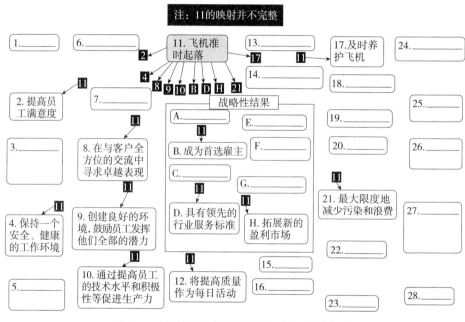

图 7-4 成功因素"影响范围映射"练习示例

映射流程由团队成员进行，首先以一个成功因素为起点，然后观察其他的成功因素并询问："它会影响这一成功因素吗？"大多数企业中有30~40个成功因素，可以借助箭头来映射成功因素彼此间的关系。以方框为起点向外的箭头显示的是其指向的方框的数字，以方框为终点的箭头显示的是该箭头来源的方框的数字来标识（见图7-5）。绘制的重点在于箭头的方向，需要认真检查和核实。可以理解，有些成功因素间的关系是双向的，在这种情况下，我们要绘制两组箭头，当以另一个成功因素为起点时，需要再反向绘制一组箭头。

图 7-5　绘制影响范围映射

对于此流程，我有如下建议：

- 一旦团队的一名成员看到成功因素间的某个联系，团队的其他成员则应该立刻画出两者间的关系，这样会提高工作效率。
- 尽管成功因素间关系的强弱存在差异，但各团队应该暂时对此忽略不计。
- 每个团队每次只应考虑一个成功因素，然后观察该成功因素与其他成功因素的联系，再绘制出它们间的关系。
- 图 7-5 显示了双向的映射关系，应该绘制两个箭头。关键要集中精力画出每个成功因素的影响范围。如果你的注意力随着箭头的方向由"及时养护飞机"转到"飞机准时起落"，那么你就已经开始研究另外一个成功因素了。
- 在绘制了几组成功因素影响范围映射之后，每一名成员都掌握了这种映射方法。此时，将团队分成 2~3 人组成的小组，每个小组负责完成指定数量的成功因素影响范围映射。

在我组织的一次企业内部研讨会上，一位聪明的与会者展示了另外一种关系映射的方法，即利用电子表格进行成功因素的"关系映射"（见图 7-6）。有人更喜欢使用这种方法，该方法还可以直接创建文件，便于日后审核。关于这两种关系映射方法，与会者可根据情况采纳任意一种。采用影响范围映射方法的团队需要指定 1 名成员将他们的发现用电子表格记录下来。

	成功因素	计数	成功因素#																							
			1	2	3	4	5	6	7	8	9	10	11	12	13	14	15	16	17	18	19	20	21	etc	etc	40
1	保持一个安全、健康的工作环境	5	■	x								x						x		x	x					
2	永远招聘合适的人	1	x	■																						
3	始终向关键客户准时、足额交付	12			■																		x	x		
4	工作应该善始善终、善作善成	2	x			■	x																			
5	客户	2					■																			
6		5	x					■				x				x				x						
7		4							■		x				x	x				x						
8		3	x	x						■						x										
9		2								x	■															
10		10	x									■	x		x	x	x	x	x		x	x	x			
11		3	x	x									■			x										
12		8												■	x	x	x					x				
etc		3	x												■	x							x			
etc		1														■	x									
etc		0															■									
40		4								x	x		x			x										■

这里的"X"代表箭头从成功因素#1"保持一个安全、健康的工作环境"指向成功因素#2"永远招聘合适的人"。

这个数值表示各成功因素之间关系的总和。该数值越大，这个成功因素成为关键成功因素的可能性就越大。

这里的"X"代表箭头从成功因素#7指向成功因素#9。

图 7-6　用电子表格进行成功因素"关系映射"

刚开始时，这一练习会进行得比较缓慢，而随着团队成员记住各个成功因素的位置，完成的速度就会变得越来越快。该流程具有很强的主观性，更适用于了解企业情况的参会人员。

对于期待的外部结果的映射

近年来，我在关键绩效指标方法论的开发方面积极探究，取得了相应的新进展。在映射影响范围时，我会将期待的短期和长期的外部结果置于 A3 纸的中心位置。这样，影响一个以上外部结果的成功因素的分数会更高。

当你在映射流程所使用的 A3 纸上列出结果描述时，会发现与之相关的箭头都为单向（即指向外部结果）。这种情况很正常，因为外部结果均为成功因素作用的结果。

对管理者来说，将企业的外部结果加入映射能够使关键成功因素与期望的外部结果的联系一目了然。例如，从图 7-4 可见，第 11 个成功因素对 3 个外部结果产生影响（外部结果 B、外部结果 D 和外部结果 H）。

解决各团队映射结果的多样性问题

为了解决各团队映射结果的多样性问题，可以选择以下的做法：如果一个团队在一个成功因素处标注了 10 个向外的箭头，而另一个团队在同一个成功因素处标注了 16 个箭头，那么在这种情况下，每个团队只需提交最重要的 5 个成功因素即可，也就是那些标注最多向外箭头的成功因素。这样我们就收集到各团队一致认为最重要的成功因素。

有时，一些成功因素的分数可能会相同，在这种情况下，可以将它们列为并列第 2 或者并列第 3。所以，一个团队上交的 5 个最重要的成功因素的排序可能是"第 1，第 2，并列第 3，并列第 3，第 4"，而另一个团队上交的成功因素的排序可能是"并列第 1，并列第 1，并列第 2，并列第 2，第 3"。我将各组成功因素的排名记录在一张汇总表上，如表 7-6 所示。读者可以以此判断哪些成功因素是最为重要的。

不建议在排序中引入权重，因为这种方法会增加此流程的主观性。我相信，大多数团队或者所有团队都列入前 5 位的成功因素最有可能是企业内部的关键成功因素。因此，表 7-6 中的第 4 个和第 11 个成功因素更可能是关键成功因素。

表7-6　通过影响范围映射确定的5个最重要的成功因素汇总

	团队 1	团队 2	团队 3	团队 4	团队 5	被选择的次数
1. 被社区居民视为首选雇主	= 5		= 4		= 2	3
2. 通过雇用员工为少数民族 / 族裔提供支持						
3. 打造环保的文化和相关声誉（使用环保材料）						
4. 始终向关键客户准时、足额交付	1	= 3	1	1	1	5
5. 找到更好的方法，完成每天的常规工作	= 5					1
6. 优化重要技术技能			2		4	2
7. 在预算范围内准时完成项目						
8. 鼓励重要的改革创新活动		1		4		2
9. 提高质量		= 3				1
10. 及时、准确地提供决策信息						
11. 工作善始善终、善作善成	4	2	= 4	2		4
12. 降低供应链成本		= 3	5		= 2	3
13. 通过能带来利润的客户实现企业利润最大化						

（续）

	团队 1	团队 2	团队 3	团队 4	团队 5	被选择的次数
14. 提高员工满意度	3					1
15. 对所有员工给予适当的表扬和奖励				5		1
16. 提高对企业的认同						
17. 为所有员工提供一个愉快的工作环境						
……						

注："="代表并列。

通过以上实践，通常可以得到 10~15 个排名靠前的成功因素。这些成功因素分为两类：有一些确定无疑为企业内部的关键成功因素；其他的因素还需进一步审核是否为关键成功因素。在接下来的工作中，我们将对初步确定的成功因素进行调整。

在这一阶段，企业的外部结果可能会被误认为成功因素。而事实上，在关系映射流程中外部结果处并不会出现向外的箭头，所以这种情况并不会影响成功因素的评分，企业的外部结果不会被当作最重要的 5 个成功因素。

调整首批关键成功因素

在这个练习中，你会发现一些与会者对于影响范围映射极具天赋。挑选 4~6 个有天赋的与会者，请他们进行一个特别的练习：对于可能成为企业关键成功因素的 10~15 个成功因素，重新进行影响范围映射。

这一练习的目的是测试这 10~15 个成功因素的稳健性，具体包括以下任务：

- 查看各团队确定的成功因素电子表。如果对于同一个成功因素，有的团队评分很高，而其他团队评分都较低，则说明前者的评分存在问题。反之亦然。在最近的一次映射练习中，我们发现了一个团队的评分问题，经过重新确认，找到了一个被低估的关键成功因素。

- 使用电子表作为参考，对10~15个成功因素重新进行映射并统计分数。
- 查看分数明显高于其他成功因素的6~8个关键成功因素。不需要依据分数对它们进行排序，因为关系的量级可能并不相同。通常，我们认为标注20个向外箭头的成功因素要比标注8个向外箭头的成功因素更重要。

检验企业内部的关键成功因素

在确定了首批关键成功因素之后，关键绩效指标项目团队将对照平衡计分卡的6个维度以及企业的战略目标，对经过影响范围映射确定的最重要的5~8个关键成功因素进行检验（见表7-7和表7-8）。

表7-7　检验关键成功因素与平衡计分卡6个维度的联系

关键成功因素	维度					
	财务成果	客户至上	员工满意度	创新和学习	内部流程	环境和社区
例如，飞机准时起飞和到达	√	√	√	√	√	可能
＿＿＿＿＿		√			√	√
＿＿＿＿＿	√					
＿＿＿＿＿	√			√		
＿＿＿＿＿			√		√	
＿＿＿＿＿	√	√		√		√

表7-8　检验关键成功因素与企业战略目标的联系

关键成功因素	战略目标					
	战略目标1	战略目标2	战略目标3	战略目标4	战略目标5	战略目标6
例如，飞机准时起飞和到达	√		√			可能
＿＿＿＿＿		√			√	√
＿＿＿＿＿	√					
＿＿＿＿＿			√			
＿＿＿＿＿	√	√			√	
＿＿＿＿＿	√		√		√	

　　在表7-8中，关键成功因素并未对战略目标4产生影响。这时，我们需要检验是否确定已经得到所有的关键成功因素，同时思考是否应该修改某个关键成功因素，并查看战略目标4准确与否。

关键成功因素的选择具有较强的主观性

　　关键成功因素的选择具有较强的主观性，最终选定的关键成功因素是否具有有效性以及实用性在很大程度上取决于参与制定成功因素的人员的分析能力。因此，在这一流程中，高级管理团队的积极领导是不可或缺的重要驱动力。

实施建议

　　研讨会需要由一名经验丰富的专业人士协助主持召开，该人士应熟悉本书介绍的相关流程与方法。在理想情况下，他应该为关键绩效指标项目团队的成员，因为在组织研讨会方面能力卓著而被推选为本次研讨会的主持人。若企业内部没有这样的人选，也可以从企业外部邀请一些经过专业认证的培训师，他们可以亲赴现场组织研讨会或者通过联网的方式提供远程的指导。读者可以登录 www.davidparmenter.com 查找一些专业培训师的信息。

任务3：向员工传达关键成功因素

关键成功因素一经确定，就应该立即将其传达给那些没有参与这一流程的相关人员。

没有参加关键成功因素研讨会的高级管理团队成员、管理者和员工需要了解关键成功因素对于企业的重要意义，以及确定关键成功因素的流程与方法。关键绩效指标项目团队应准备并提交一份关于企业内部关键成功因素的报告，以便高级管理团队就此展开讨论并达成一致意见，在此之后，再将关键成功因素传达给全体员工。关于报告内容等具体信息，建议参阅本书随附的电子媒体资源。

关键成功因素报告需包含以下内容：

- 企业内部绩效评价指标的发展史。
- 关键成功因素是如何确定的，制定者是谁。
- 最重要的5~8个关键成功因素，以及这些因素对其他成功因素的影响。将每一个关键成功因素及它所影响的所有其他成功因素在一张幻灯片上列示出来（见图7-7）。
- 员工应如何运用关键成功因素，以及关键成功因素产生的预期影响。
- 关键成功因素如何推动绩效评价指标发挥其效应。需强调绩效评价指标不应与薪酬或者个人挂钩，而要与流程及团队挂钩。

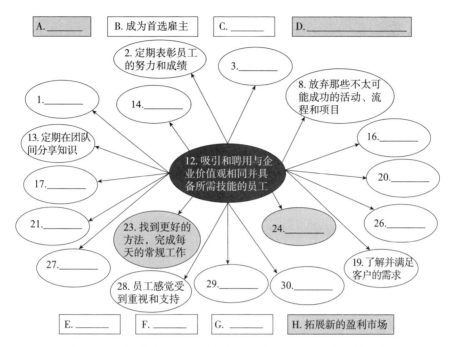

图 7-7　展示关键成功因素如何影响其他成功因素以及企业的外部结果

注：方框代表着受关键成功因素影响的外部结果，带阴影的圆圈代表着与其他关键成功因素相关的成功因素。

⏱ 实例

金融机构案例研究

一家跨国公司将关键成功因素研讨会安排在一年一度的高管务虚会上进行。

研讨会于务虚会的头两天举行。在第 3 天，关键绩效指标项目团队将研讨会的成果形成如图 7-7 所示的陈述报告，于第 4 天提交给高级管理团队讨论并决定是否通过。在高管务虚会上汇报关键成功因素，有助于加快项目进程，使高级管理团队迅速对最终确定的关键成功因素达成一致意见。

关键成功因素一经确定，就应与员工代表进行讨论，论证无误后立即将其传达给企业员工，从而使关键成功因素最大限度地发挥效应。员工通过关键成功因素了解到工作的重点后，就可以以此为依据来协调自己的日常行为，为实现良好的绩效做出最大贡献。关于这一点，详见第9章。

在向董事会提交的报告中应简要地介绍关键绩效指标项目的内容及其影响，这一点对于项目的实施将大有裨益。提交给董事会的报告需要有所不同，应该更多地强调项目实施的原因、对董事会的收益、外部结果与关键成功因素的区别，并提供一些关于关键成果指标的汇报实例。根据以往的经验，在确定企业内部的关键成功因素和接下来确定关键绩效指标的阶段，董事会不必参与其中，因为上述任务都属于管理的范畴。

任务4：将关键成功因素张贴在每一个工作场所的墙上

这是非常重要的一步，然而根据我的观察，也是常常被忽视的一步。只有当员工能够深刻地理解关键成功因素并将之奉为圭臬时，企业内部的关键成功因素才能够真正地发挥作用。为此，必须向全体员工传达企业内部的关键成功

> 只有当员工能够深刻理解关键成功因素并将之奉为圭臬时，企业内部的关键成功因素才能够真正地发挥作用。

因素，并以一种有意义的方式使员工对此达成一致意见，仅仅列出一张清单的做法显然是徒劳无功的。

一家公司通过精心设计，有效地向员工传达了它们的关键成功因素，为我们提供了一个绝妙的范例。在图7-8中，该公司用卡通画的形式描绘了未来一年计划实现的目标，员工将这张卡通画挂在了办公室的墙上。这张卡通画以全彩色打印在一张A3纸上，生动直观、一目了然。我认为用这种方法向员工展示企业内部的关键成功因素，不失为一个十分理想的方式。

图 7-8　向员工传达关键成功因素的示例

资料来源：Energy Efficiency Conservation Authority 2009/2010 Plan, www.eeca.govt.nz. 经许可后转载。

向员工传达关键成功因素对企业具有深远的影响。也许，就是从此时起，员工和管理层开始真正地了解工作的重点是什么。

中小型企业在此阶段并无捷径。

中小型企业同样需要完成本章提及的全部任务。许多企业认为可以将为期 2 天的研讨会缩减为 1 天。然而，这种期望往往都以失望告终。

PDF 模板

为了协助关键绩效指标项目团队开展工作，本书提供了一些模板和检查表。读者可以登录 kpi.davidparmenter.com/fourthedition，免费获取以下 PDF 模板和检查表：

- 关于邀请首席执行官参加为期 2 天的关键成功因素研讨会的邀请函的建议草稿（A Suggested Draft of the CEO Invitation to Attend the Two-Day

CSF Workshop ）。

- 准备一个草拟的企业内部成功因素的检查表（Preparing a List of Draft Operational Success Factors Checklist ）。
- 常见的企业内部成功因素列表（List of Common Operational Success Factors ）。
- 常见的外部结果检查表（A Checklist of Common Outcome Statements ）。
- 关键成功因素研讨会时间表（Critical Success Factor Workshop Timetable ）。
- 筹划研讨会的检查表（A Checklist for Planning a Workshop ）。
- 组织关键成功因素研讨会的其他建议（Additional Pointers on How to Organize the Critical Success Factor Workshop ）。
- 关键成功因素研讨会进行分组练习的指示说明（Instructions for Break-out Exercises in the CSF Workshop ）。
- 制定成功因素时应避免使用的空洞词汇列表（A List of Empty Words to Avoid When Wording Success Factors ）。
- 影响范围映射练习（Sphere of Influence Mapping Exercise ）。
- 影响范围映射模板（Sphere of Influence Mapping Template ）。

注释

1. *Key Performance Indicators Manual: A Practical Guide for the Best Practice Development, Implementation and Use of KPIs* (Aus-Industries, 1996). Now out of print.

2. Stephen Covey, A. Roger Merrill, and Rebecca R. Merrill, *First Things First: To Live, to Love, to Learn, to Leave a Legacy* (New York: Simon & Schuster, 1994).

3. Peter F. Drucker, *The Practice of Management* (NewYork: HarperCollins, 1954).

概述

　　许多绩效评价指标都是由未经培训的员工在匆忙中确定下来的，很难激发期待的或适当的员工行为。本章介绍了常见的绩效管理陷阱，探讨了绩效评价指标所评价的对象，强调了制定企业绩效评价指标前需要了解的一些重要知识。

　　本章还提供了一系列相关练习，以帮助员工成功地制定出符合标准的、有效的评价指标。练习将达到以下预期：

- 减少评价指标数量。

- 放弃有严重问题的评价指标。

- 引进更多像悬崖顶端的栅栏一样能够适应当前和未来发展需求的评价指标。

- 明确不同类型的指标：成果指标和绩效指标。

- 认识到关键绩效指标是独特的评价指标，在企业所有评价指标中只有很少的一部分指标属于关键绩效指标。

本章的学习要点如下：

1. 需要避免落入的常见绩效管理陷阱。

2. 管理学大师的绩效管理理论，例如，制定评价指标应以终为始，方得始终。

3. 制定评价指标的原则。

4. 如果企业员工想要帮助关键绩效指标项目团队制定有效的绩效评价指标，首先需要了解制定评价指标的原则。

5. 改进评价指标设计的推荐练习。

6. 放弃数据收集成本超过其衍生收益的评价指标。

第8章

有意义的绩效评价指标的特点

在研讨会中，关键绩效指标项目团队常常会提出一些无效的评价指标。事实上，团队应学会避开常见的陷阱，只有遵循科学的规则和规范的方法，才能够制定出有意义的绩效评价指标。

常见的绩效管理陷阱

有人认为，包括平衡计分卡在内的许多绩效评价指标方法不过是企业活动的副产品。通常情况下，寻找评价指标的工作并未受到足够的重视，该任务往往会在最后关头被随意地布置给某一位员工，而他对于如何确定合适的评价指标并使其激发适当的行为效果几乎一无所知。目前，许多企业在评价指标的确定方面存在诸多问题，其共同的原因如表8-1所示。

表8-1 企业评价指标失败的常见原因

评价指标过多	一些企业习惯于对过多的因素进行评价，期望以大量数据驱动绩效，这种希望常常会落空。因为评价指标过多，往往会导致顾此失彼、错过关键的因素，而绩效评价的成本也会远超出其效益。读者不妨参考客服中心的评价指标，其数量之多令人叹为观止
抛开企业内部的关键成功因素思考评价指标	评价指标常常被视为企业实施战略举措、项目规划、绩效工资方案的衍生品
认为所有评价指标都是关键绩效指标	根据过去25年的研究结果，我将绩效评价指标分为4种。这4种指标又可以归为两大类：成果指标和绩效指标（具体内容详见第1章）
将关键绩效指标与薪酬挂钩	若将关键绩效指标与薪酬挂钩，**关键绩效指标**则势必会成为一项"关键政治指标"。人们应该将由关键绩效指标所定义的良好表现视为一张"比赛的入场券"，是员工被企业雇用的先决条件，因此，无须在这一方面对员工进行激励
过于依赖财务指标	如第1章所述，财务指标都属于**成果指标**
完全由平衡计分卡方法驱动	尽管平衡计分卡方法能够帮助企业用更全面、客观的方法看待企业战略，极具开创性。然而，该方法也带来诸多问题，例如，超前指标和滞后指标之辩、自上而下制定评价指标、过于简化的战略映射等
过去评价指标占比过高	评价指标能够时时发挥效应，创造未来结果。我们不仅需要过去评价指标，还需要当前评价指标和未来评价指标，只有这样才能够促使正确的未来活动发生（具体内容详见第1章）
混淆成果指标与绩效指标	必须将成果指标（每2个月或每季度汇报1次）与绩效指标（全天候、每天或每周汇报）区分开。关键成果指标作为外部结果的评价指标，主要由高级管理团队汇报给董事会。由于董事会的作用是治理而不是管理，所以不要向董事会汇报关键绩效指标
从评价指标数据库中随机选取指标	不管是聘请外部顾问来管理关键绩效指标项目，还是直接从评价指标数据库中随机选取指标，结果大抵相同——绩效管理最终会陷入令人震惊的混乱中

（续）

举措不同于评价指标，例如，实施满意度调查	有效的评价指标可以是针对员工满意度调查而实施的举措的数量
将评价指标与目标和阶段目标混为一谈	人们常常把评价指标与目标和阶段目标弄混。"在 12 月 31 日前完成项目"是目标，"12 月 31 日之前完成第 3 阶段"是阶段目标，而"管理人员列出逾期项目清单，每周向高级管理团队汇报"则为评价指标
用含糊不清的表达描述绩效评价指标	"保持客户忠诚度"为模糊的表述，而"每月针对关键客户的销售额"则为有效的评价指标
由管理机构或客户制定评价指标，常见于政府和大型企业外包合同中	这样的做法是本末倒置。随着项目的推进，就越发显露出这样制定出的指标的荒谬之处
企图用SMART原则解决一切问题	人们对此经常存有一种错误的认知，认为只要评价指标符合 SMART 原则，即具有明确性、可测量性、可实现性、相关性和时限性，那么该指标就一定会有效。显然，这种想法忽略了评价指标也许与关键成功因素毫不相关，且其阴暗面具有极大破坏性的事实
忽视对员工的培训	不经培训，就将寻找评价指标的任务布置给团队，让他们通过企业的平衡计分卡来确定相应的绩效评价指标，这种做法后患无穷。同样，从企业外部聘请专家领导关键绩效指标项目团队，也会导致项目最终走向失败

管理学大师的绩效管理理论

管理学大师们纷纷就如何确定有效的评价指标提出了真知灼见，他们的理论思想拨开了我们关于绩效管理的迷雾，为我们指明了新的方向。接下来我将摘取一些由管理学巨擘们提出的代表性的理论和实践与诸位分享，详见表 8-2。

表8-2　管理学大师们的代表性理论

保罗·尼文[1]	"任何需要花30秒以上时间来描述的评价指标都不适合做绩效评价指标。""不要信赖平均水平，事实上，绩效评价指标应该是那些能够如实反映需要评价的某些流程或活动的指标。"
迪恩·斯皮泽[2]	无论是否与绩效奖金挂钩，平衡计分卡都受到了人为因素的操控。正如斯皮泽所言："最终的目标不是客户，而是平衡计分卡。""人们只会做管理者检查的事情，但不一定会做管理者期望的事情。"
斯泰西·巴尔[3]	"绩效评价指标不能含糊其词。""制定评价指标应以终为始，方得始终。""确定评价指标之前应思考2个问题：'该指标能否有效地评价绩效'和'实施起来是否具备可行性'。""不要将评价指标直接交给团队，要教会团队如何确定评价指标。"
汤姆·彼得斯[4]	"牢记最简法则：1~2个有效的评价指标远胜于一系列无效指标。""我们过于重视财务指标，却常常忽略了无形的非财务指标，例如，产品质量、客户满意度、订单交付时间等，而后者则越发成为企业成功的真正驱动力。"
杰里米·霍普[5]	"许多财务指标都是有用的评价指标，能够反映企业最近的运行状况以及企业是否正朝着正确的方向发展。然而，这些指标不会提示管理层应采取怎样的行动来改善这些结果，也不会显示对企业的市场价值具有重大影响的无形资产（如，研发、品牌、供应链等）及或有负债（如，衍生品和对冲基金的金融风险）的信息。"
卡普兰和诺顿[6]	"平衡计分卡从财务维度总结评价企业的管理和经营绩效。此外，平衡计分卡强调建立一套更具综合性和普遍适用性的评价指标体系，将当前的客户、内部流程、员工、系统绩效与企业长期财务成果联系起来。""根据我们的经验，一家企业可以在16周内创建出它的第一份平衡计分卡。"

[1]保罗·尼文，《政府及非营利组织平衡计分卡》

[2]迪恩·斯皮泽，《改革绩效评价指标：重新思考衡量和推动企业成功的方法》

[3]斯泰西·巴尔，《实用绩效评价指标：用 PuMP 蓝图建立快速、便捷、引人入胜的关键绩效指标》

[4]汤姆·彼得斯，《乱中取胜：企业经理的45个绝妙处方》

[5]杰里米·霍普，《再造CFO》(Reinventing the CFO)（波士顿：哈佛大学出版社，2006）

[6]罗伯特·卡普兰和大卫·诺顿，《平衡计分卡：化战略为行动》

制定评价指标的原则

本书第 2 章指出，人们对于绩效评价指标往往存在一些思维误区，认为合适的评价指标是随手可得的。事实上，建立有效的评价指标需要遵循一系列原则，具体见表 8-3。

> "制定评价指标应以终为始，方得始终。"
>
> ——斯泰西·巴尔

表8-3 制定评价指标的原则

认识到成果指标和绩效指标的不同	在评价指标实施过程中，如果某位经理接到首席执行官电话并承担起解决某问题的责任，那么该指标则为绩效指标。成果指标是对几个团队的活动进行概括总结，展示团队合作的总体情况，因为很难准确查明究竟是哪个团队未履行职责，所以无法致电经理解决问题。成果指标和绩效指标还可以进一步划分为两种非常重要的指标：关键成果指标和关键绩效指标
确保关键绩效指标源自关键成功因素，或与关键成功因素相联系	本书第 7 章强调，关键成功因素是所有绩效指标的来源。如果你找到了正确的关键成功因素，就能够很容易地确定企业的主导性关键绩效指标。唯有首先确定了关键成功因素，方能保证以终为始，不失方向
及时地汇报指标，绩效评价指标应该作为"悬崖顶端的栅栏"（适应未来发展需求的评价指标），而不是"悬崖底下的救护车"（不能提供及时信息的绩效评价指标）	显然，及早发现问题比在每月报告中发现不良业绩要好。如果能够在需要改进之处，以每天、每周的频率进行评价的话，往往更容易纠正和解决在实践中出现的问题 我认为世界上不会有每个月汇报一次的关键绩效指标。若关键绩效指标对一家企业的福祉至关重要的话，你一定会尽可能频繁地对其进行评价与汇报
评价指标重点关注异常情况	关注企业活动的异常情况比监控所有活动更重要。显然，"晚点超过 2 小时的飞机"比"当月准点航班的百分比"要更适合作为评价指标

（续）

剔除产生破坏性及不良效能行为的绩效评价指标	所有的绩效评价指标都有阴暗面，即负面的结果。管理层需要了解绩效评价指标造成非预期行为的可能性。一些绩效评价指标会导致带有破坏性或不良效能的行为，例如，如果将客服中心工作人员电话呼出数量作为绩效评价指标，会导致工作人员给同一位客户频繁拨打电话，最终造成客户的流失
评价指标应表达清晰，使员工都能够理解评价指标的具体含义	通常，原始的评价指标是对评价对象的陈述，甚至仅是对评价对象含糊的表达，例如，"接班人计划中后备人员的数量"。而与上述原始表达相比，"有至少2位潜在后备人员的关键职位数量"的表达则更为清晰，可作为每季度评价1次的评价指标。这一评价指标促使管理者及时招聘潜在的接班人，并对其展开培训。该指标也提示管理者，仅有1位潜在的接班人是不够的，因为该员工可能会在正式接班之前离开
确保绩效评价的收益远大于成本	许多评价指标看似有效，但再一思考就会发现其成本与收益的关系为负，例如，"筹划中的新业务数量"。虽然建立一个有关新业务的中央数据库的想法听起来不错，但是在实际中，因为需要更新的数据过多，工作人员往往疲于应对，所以数据库中的信息并不如想象般完善。此外，工时管理系统软件较为烦琐、容易出错且成本高昂，所以并不适于引入绩效评价中。一些会计公司甚至放弃使用工时管理系统软件，选择与客户协商确定最终费用
评价指标的制定旨在激发期待的员工行为	员工满意度调查的得分引人关注，但分值本身其实并没有那么重要，关键在于在员工满意度调查后，根据员工建议实施的举措数量。如果对员工的建议视而不见，调查则完全是在浪费时间和金钱。因此，评价指标可以制定为"迄今为止，在员工满意度调查后实施的举措数量（每周向管理团队汇报）"

（续）

企业的权威人士应参与评价指标的制定	当审视一项关键成功因素时，首先询问企业的权威人士"什么是良好的业绩？"，然后自问"什么是差的业绩？"。这两个问题的答案揭示了绩效评价指标应评价的对象是什么。接下来，仔细地想一想哪些评价指标能够作为"悬崖顶端的栅栏"提前预警不良的业绩
优先选择能够与其他企业比较的评价指标	相对绩效评价指标是对关键绩效指标的重要补充，例如，你可以全天候地关注晚点超过2小时的飞机，但是，此外还应与其他航空公司比较晚点飞机总数、晚点飞机的平均周转时间及飞机晚点导致的客户流失情况等。该评价可以由基准测试公司每季度进行一次。相对绩效评价指标的另一个优点是无须不断更改（例如，如果相对绩效评价指标为处于前1/4或高于标准2%，那么这个基准就不需要改变）
建立包含60%的过去评价指标、20%的当前评价指标和20%的未来评价指标的绩效评价指标体系	当前评价指标是指与过去24小时内的活动有关的评价指标。未来评价指标是用来激励未来活动的当前可以实施的评价指标，例如，计划在下个月实施的创新举措的数量。具体信息详见第1章

改进评价指标设计的推荐练习

企业员工要想帮助关键绩效指标项目团队制定有效的绩效评价指标，需要首先了解制定评价指标的原则（见表8-3）。最好的方法是让关键绩效指标项目团队和研讨会的参会者进行以下练习。

> 企业员工要想帮助关键绩效指标项目团队制定有效的绩效评价指标，需要首先了解制定评价指标的原则。

改写评价指标

关键绩效指标项目团队需要对拟定的评价指标重新措辞，使之符合上文提到相关原则。接下来，我将举例说明如何改写评价指标。

原始评价指标："当月收到的员工建议数量。"

改写及依据：可修改为"根据员工建议，团队实施的项目数量"（每月汇报1次）和"根据员工建议，下周或未来两周团队计划实施的项目数量"（每周汇报1次）。原因在于，能够考虑员工建议是一个很好的思路，但我们更应关注员工建议导致的变化，因此在改写评价指标时需强调对员工建议的实施情况。

原始评价指标："未接受过正式的系统培训的员工数量。"

改写及依据：可改写为"接受过＿＿＿＿系统（仅限先进技术）培训的员工数量"。原因在于，该指标为成果指标，体现了培训部门和相关团队共同合作的总体情况。改写后的评价指标更加强调对于先进技术的培训，重点关注企业员工需深入了解的重要系统。

原始评价指标："参加定期培训的员工的百分比。"

改写及依据：可改写为"未来3~6个月安排的培训课程清单"。这是每月评价并汇报1次的未来评价指标。该指标能够让管理层了解企业是否为员工提供了足够的培训课程。

也可改写为"未派员工参加企业内部课程的部门名单"。这是当前评价指标，该指标应在培训开始前3周，以每天1次的频率进行评价与汇报。这一评价指标将鼓励部门经理积极为员工报名参加培训课程，而不是等待首席执行官亲自来电，再向其解释没能派员工参加培训的原因。

原始评价指标："过去6个月的离职率。"

改写及依据：可改写为"在企业中工作超过3年、有经验的员工的流动情况"。这是成果指标，该指标以每季度1次的频率进行评价与汇报，用以评估企业内部有经验的员工的流失速度是否在可接受的范围内。

也可改写为"入职12个月内离职的员工人数（按部门汇报）"。这是每月评价与汇报1次的成果指标，通过该指标可显示出创建不良工作环境的部门管理者。

还可改写为"员工流动率高的部门管理者的名单"。这是绩效指标，每季度评价与汇报一次，通过它可以突出显示有问题的管理者。

原始评价指标："职位空缺的周数。"

改写及依据：可改写为"关键职位空缺的周数"。该指标关注关键职位空缺情况，为每周评价并汇报 1 次的成果指标。

原始评价指标："计划在未来 12 个月内接受培训的员工百分比。"

改写及依据：可改写为"计划在未来 3~6 月内接受培训的员工百分比"。这是每季度评价并汇报 1 次的绩效指标。该指标旨在激励管理者在评价绩效之前及时与员工商定未来参加的培训课程。

原始评价指标："过去 1 个月进行褒奖的次数。"

改写及依据：可改写为"下周 / 未来两周每位管理者计划进行褒奖的次数"。这是绩效指标，以每周 1 次的频率评价并向首席执行官及下两级管理者汇报。每月表彰 1 次的频率过低，虽有时因故不能及时组织表彰大会，但该指标能够有效地提醒管理者及时地弥补这一疏漏。

原始评价指标："接班人计划中的后备人员的数量。"

改写及依据：可改写为"有至少 2 位潜在后备人员的关键职位数量"。这是每季度评价并汇报 1 次的绩效指标。这一评价指标促使管理者及时招聘潜在的接班人，并对其展开培训。该指标也提示管理者，仅有 1 位潜在的接班人是不够的，因为该员工可能会在正式接班之前离开。

原始评价指标："完成新员工指导计划的团队百分比。"

改写及依据：可改写为"入职_____周内未参加新员工指导计划的新员工名单"。该绩效指标强调了新员工指导计划的重要性，需每周评价并向首席执行官汇报。

评价指标改写练习

请思考：如何改写下述评价指标？（可在本书随附的 PDF 文件中查看参考答案。）

原始评价指标："计划晋升的员工人数。"

改写后：

原始评价指标："逾期项目的数量。"

改写后：

原始评价指标："接受过最佳招聘实践培训的管理者的人数。"

改写后：

原始评价指标："根据员工意见调查得出的员工满意度百分比。"

改写后：

原始评价指标："进行轮岗的员工人数。"

改写后：

原始评价指标："招聘员工所需的准备时间。"

改写后：

原始评价指标："员工推荐的候选人人数。"

改写后：

原始评价指标："招聘资格真实性未得到核实的人数。"

改写后：

成本与收益关系为负的评价指标

许多评价指标看似有效，但再一思考就会发现收集数据的成本超过其衍生收益。表 8-4 为部分成本与收益关系为负的评价指标及原因。

表8-4　成本与收益关系为负的评价指标及原因

评 价 指 标	成本与收益关系为负的原因
筹划中的新业务数量	虽然建立一个有关新业务的中央数据库的想法听起来不错，但实际上数据库中的信息很难如想象般完善
完成某项任务所花费的时间	我从不建议对完成某项任务所花费的时间进行记录。因为若引进工时管理系统软件，则会使工作愈加烦琐、易于出错，所以这一指标并不适于引入绩效评价中
被广告宣传吸引的候选人人数	一个有效的招聘有 3 名优秀的候选人即可
接受面试的候选人人数	
一个月内收到的主动投递的简历数量	只强调简历的数量而忽视候选人的资质是毫无意义的
1 个月内离职的员工数量	该评价指标混淆了隶属于不同群体的离职员工。我们需要了解来自不同部门、不同工龄的离职员工的情况
获得授权的员工的百分比	收集数据难度大、耗时多
信息技术系统的错误率	数据可能已经因系统错误被污染
逾期的报告数量	收集数据难度大、耗时多
实施创新性举措所花费的时间	不建议引进工时管理系统软件来评价绩效

（续）

评 价 指 标	成本与收益关系为负的原因
已避免的险肇事件 / 风险事件数量	
有设计方案的项目的百分比	
花费在企业领导者和未来领导者个人发展上的时间	
参加社交和行业活动的数量	评估难度大
提高效率后所节约的时间	
预算内的项目数量	
评价报告的有用性	

评价指标分类练习

接下来，为检测对于评价指标的理解程度，我们将完成以下评价指标分类练习，该练习同样适用于绩效评价指标研讨会。表 8-5 为一些可应用于多个部门的评价指标，针对每一项评价指标，需要完成以下思考：

1. 该评价指标属于成果指标（Result Indicator）还是绩效指标（Performance Indicator）？（详见第 1 章。）

2. 该评价指标是"悬崖顶端的栅栏"（Top of the Cliff）还是"悬崖底下的救护车"（Bottom of the Cliff）？（为准确起见，请再次阅读本章。）

3. 该评价指标属于过去评价指标（Past Indicator）、当前评价指标（Current Indicator）还是未来评价指标（Future Indicator）？（详见第 1 章。）

4. 该评价指标是否具有针对性（Targeted Indicator），是否重点关注企业活动的异常情况而非监控所有活动？（为准确起见，请再次阅读本章。）

表8-5　评价指标分类练习

评价指标	成果指标（R）或绩效指标（P）	悬崖顶端的栅栏（T）或悬崖底下的救护车（B）	过去（P）、当前（C）或未来评价指标（F）	具有针对性（T）
客服中心的电话放弃率——呼叫者放弃等待（每天1次）	P	T	C	T
为增加销售人员未来3个月在客户面前的时间而采取的举措数量（每月1次）				
关键客户推荐的数量（每月1次）				
关键客户的投诉在几个小时内仍未解决，向首席执行官和总经理汇报				
根据最近一次关键客户满意度调查而实施的项目数量（每周1次）				
向关键客户延迟或未完全交付的情况（全天候）				
本周退回的有缺陷的关键产品数量（每周1次）				
健康与安全问题在两周内仍未解决（每周1次）				
下次进行环境灾难清理演习的日期（每季度1次）				
向决定录用的关键职位候选人发布录用情况后，超过48小时仍未得到答复（每天1次）				

（续）

评 价 指 标	成果指标（R）或绩效指标（P）	悬崖顶端的栅栏（T）或悬崖底下的救护车（B）	过去（P）、当前（C）或未来评价指标（F）	具有针对性（T）
下周/未来两周首席执行官计划进行褒奖的次数（每周1次）				
在同一岗位工作超过两年的业绩优秀的员工名单（每季度1次）				
在员工满意度调查后实施的举措数量（每周1次）				
入职3个月、6个月、12个月内离职的员工人数，按部门汇报（每季度1次）				
已动用资本回报率（每月1次）				
未来30天、60天、90天内计划放弃的项目数量（每月1次）				
有接班人计划的关键职位的数量（每季度1次）				
一周内主要库存物品缺货的次数（每周1次）				
上个季度由手工交易转换为电子自动化交易的数量（每季度1次）				
因工作需要未参加培训课程的员工名单（每周1次）				
经理每周汇报给高级管理团队的逾期项目清单（每周1次）				
项目经理汇报进行中的项目数量，按部门汇报（每周1次）				

PDF 模板

为了协助关键绩效指标项目团队开展工作，我们提供了一些模板和检查表。读者可以登录 kpi.davidparmenter.com/fourthedition，免费获取以下 PDF 模板和检查表：

- 评价指标改写练习答案（Answers to the Rewording of Measures Exercise）。
- 评价指标分类练习答案（Answers to the Categorize Measures Exercise）。
- 评价指标改写练习模板（Rewording of Measures Exercise Template）。
- 评价指标分类练习模板（Categorizing Measures Exercise Template）。

概述

在这一阶段里，我们需要了解召开绩效评价指标研讨会的流程与方法，明白如何将绩效评价指标录入数据库、怎样完善指标，从而帮助团队最终选取恰当有效的评价指标。

适当的评价指标能够对企业产生深远的影响，有助于鼓励企业及员工采取及时的行动，帮助企业将常规工作与战略性目标紧密地联系起来。

为了协助关键绩效指标项目团队开展工作，本章还提供了一些 PDF 格式的工作表和检查表，可供读者免费下载。

本章的学习要点如下：

1. 如何召开为期 2 天的绩效评价指标研讨会。

2. 如何依据关键成功因素建立一个包含过去、当前和未来评价指标的有效组合。

3. 将研讨会上确定的评价指标录入数据库的重要性。

4. 如何精炼与筛选指标。

5. 举办评价指标展览，淘汰无效指标。

6. 确定需要向董事会汇报的 10 项关键成果指标。

7. 一个团队最多制定 10 项绩效评价指标。

8. 如何确定一项绩效评价指标是否为关键绩效指标。

第9章

绩效评价指标的开发与完善

绩效评价指标的开发与完善需要一个系统的、审慎的流程，从而使评价指标能够真正地激发期待的员工行为。在这一阶段里，人们会提出许多可能成为评价指标的指标，

> 绩效评价指标的开发与完善需要一个系统的、审慎的流程，从而使评价指标能够真正地激发期待的员工行为。

而成功实施关键绩效指标项目的要诀在于能够从众多提出的指标中区分良莠、去芜存菁。

为了确定最佳的绩效评价指标，读者需要明晰本阶段需要完成的重要任务以及关键绩效指标项目的整体流程，如表9-1所示（阴影部分为本章涉及的内容）。

表9-1 制定主导性关键绩效指标所需完成的任务概述

任 务	描 述
1.1 向首席执行官、高级管理团队和企业权威人士推介关键绩效指标项目（详见第 4、5 章）	精心设计一场电梯演讲，然后准备具有信服力的陈述报告，接下来召开焦点小组会议，以获得企业权威人士的全力支持
1.2 选择一位外部引导师来指导关键绩效指标项目团队（详见第 5 章）	外部引导师将指导企业把握时机、确定关键绩效指标项目团队成员和规模，以及为了给关键绩效指标项目留出空间，选择放弃哪些内容
1.3 建立一支小规模的关键绩效指标项目团队并开展培训（详见第 6 章）	外部引导师可以帮助企业对关键绩效指标项目团队成员开展培训，确保关键绩效指标项目团队的领导者拥有若干导师，从不同领域为自己提供信息与支持。关键绩效指标项目团队同企业的权威人士共同制定一份项目的蓝图，涵盖关键绩效指标项目的试点等工作内容
1.4 向所有员工推介关键绩效指标项目，鼓励他们参加为期 2 天的绩效评价指标研讨会（详见第 4 章）	需要让出席绩效评价指标研讨会的员工相信，这是一项值得他们参加的重要活动
2.1 从企业的文件和访谈中查找现有的关键成功因素和期待的外部结果（详见第 7 章）	确定什么是企业内部的关键成功因素与期待的外部结果
2.2 召开为期 2 天的关键成功因素研讨会，确定企业内部的关键成功因素（详见第 7 章）	绘制每个成功因素的影响范围，了解哪些因素的影响最大，以此方法确定并向全体员工传达企业内部的关键成功因素
3.1 召开为期 2 天的绩效评价指标研讨会，对所有其他相关员工进行培训，以开发出有意义的评价指标（详见第 8 章和本章）	从企业各部门中选择代表参加绩效评价指标研讨会，在研讨会上对关键绩效指标方法论、为什么确定及怎样确定企业内部的关键成功因素进行培训。参会人员将会了解如何根据企业内部的关键成功因素确定绩效评价指标，如何建立一个包含过去、当前和未来评价指标的有效组合
3.2 在绩效评价指标研讨会后，进一步完善绩效评价指标（详见本章）	关键绩效指标项目团队将删除重复和不合适的指标，去除数据提取成本大于衍生收益的指标，对所有绩效评价指标进行重新措辞，使表述变得通俗易懂

（续）

任　　务	描　　述
3.3　举办一次"绩效评价指标展览"，淘汰不当的、无效的绩效评价指标（详见本章）	举办"绩效评价指标展览"，要求员工针对挂在项目团队办公室墙上展示的评价指标发表他们的看法
3.4　各团队从最终的绩效评价指标数据库中提炼团队的绩效评价指标（详见本章）	团队选择相关的评价指标，并在数据库记录他们选择的所有评价指标
3.5　确定关键成果指标和关键绩效指标（详见本章）	确定8~12项关键成果指标，用以向董事会汇报企业的运营状况。确定主导性关键绩效指标，确保其具备第1章阐释的关键绩效指标的7个特征。对关键绩效指标进行3次试点检验
3.6　设计绩效评价指标的汇报框架（详见第10章）	使用经实践检验最合适的数字可视化技术进行全天候或每天、每周、每月、每季度的汇报。利用现有的技术，提交给首席执行官可以每天在智能手机和笔记本电脑上更新的汇报
3.7　帮助所有团队合理应用其所选择的绩效评价指标（详见第11章）	在接下来的几个月，关键绩效指标项目团队需确保绩效评价指标的汇报及时、准确，并在必要时采取措施进行纠正。制订培训方案，针对现有员工和新员工开展关键绩效指标培训
3.8　每年修订一次企业内部的关键成功因素和相关评价指标（详见第11章）	对当前企业内部的关键成功因素和相关评价指标进行审查，以确定需要进行哪些修改

召开为期2天的绩效评价指标研讨会

关键成功因素研讨会确定了企业内部的关键成功因素，并由高级管理团队就其达成了共识，在此之后企业需要召开为期2天的绩效评价指标研讨会。研讨会中，更多的企业员工将了解到关键成功因素的重要性以及确定企业关键成功因素的流程和方法。参会者将接受专门的培训，了解如何通过企业内部的关键成功因素确定有效的绩效评价指标。

已参加关键成功因素研讨会的员工则不需要再参加绩效评价指标研讨会，除非需要他们提供协助。

任务 1：筹划绩效评价指标研讨会

首先，企业需拟定一份包含经理、主管及资深专家在内的名单，首席执行官根据名单亲自发出会议邀请。参加关键成功因素研讨会的管理人员将再次参加绩效评价指标研讨会，他们的参与越发彰显了此项工作的重要性。

项目团队应提早安排好后勤保障工作，并事先确定好研讨会的地点以及时间流程。一些研讨会的出席人数众多，包括资深培训师在内的参会人员可高达80 人。

接下来，由各部门选派代表参加绩效评价指标研讨会，参会者需满足以下条件：

- 至少在企业工作了 2 年。
- 至少有 5 年行业经验。
- 充分了解团队的运作方式。

在研讨会开始之前，将参会者分成不同小组，每个小组由来自不同部门的员工组成（用以协调各小组的经验水平），每组成员为 5~7 人（用以提高参与度）。通过为期 2 天的绩效评价指标研讨会，参会者增加了彼此间的了解，建立了良好的团队精神。

召开绩效评价指标研讨会还需做好以下准备：

- 1 间足够大的房间，各小组能够围桌而坐。
- 每张桌子配有活动挂图、活动挂图纸和白板笔。
- 每个小组配备 1 台笔记本电脑（用于记录评标指标）。

🕐 **实例**

金融机构案例研究

一家跨国公司将关键成功因素研讨会安排在一年一度的高管务虚会上进行。

首席执行官在会上决定建立一支企业内部的关键绩效指标项目团队，该团队将负责企业内部的关键成功因素和相关绩效评价指标的确定。

经过培训后，企业内部关键绩效指标项目团队在澳大利亚总部举办了为期2天的绩效评价指标研讨会。来自亚洲子公司的员工代表参加了培训，并就在子公司如何更好地完成汇报任务提出建议。基于便捷高效的考虑，研讨会聘请了翻译人员提供同声传译。

与此同时，欧洲子公司也单独召开了为期2天的绩效评价指标研讨会，会议的流程及培训计划与在总部召开的绩效评价指标研讨会完全相同。

🕐 **实例**

食品经销公司案例研究

英格兰东北部的一家食品经销公司组织召开关键成功因素研讨会，因为该公司在多地建厂，所以该公司决定以一系列基于网络的研讨会（每次2.5小时）的方式进行。随后，关键绩效指标项目团队举办了为期1天的绩效评价指标研讨会，各团队汇报了彼此的进展，并就确定的绩效评价指标交换了想法。

研讨会在各工厂的会议室进行，每一个工厂挑选5~12名来自各个部门的资深员工参会。我在新西兰的办公室组织会议，通过会易通远程会议软件安排研讨会活动。研讨会期间，每两人之间放置一台笔记本电脑，以便我看到与会者的参与情况。

为协助读者完成这项工作，我准备了一个PDF格式的关键绩效指标研讨会及分组会议议程，读者可以下载使用。

任务 2：建立数据库，以记录绩效评价指标

选择一个使用广泛、操作简单的数据库。目前，大多数企业都会选用数据库来实现数据管理工作，然而由于种种原因，这些数据库往往并没有得到充分的利用。为了使数据库能最大化地发挥其效能，从而推动关键绩效指标项目的顺利实施，项目团队需要在所选的数据库应用软件中设计并建立一个用户友好、性能卓越的绩效评价指标数据库。

建立的数据库应当包含以下功能：

- 选取与项目团队相关的关键成功因素 / 成功因素。
- 通过检索关键词来查询评价指标是否已被数据库收录。
- 添加新的绩效评价指标（只有关键绩效指标项目团队有权删除数据库中的指标）。
- 记录计划使用的所有评价指标。

⏱ 实例

金融机构案例研究

每一个团队确定好各自的绩效评价指标，然后在一张 Excel 表格中记录下这些评价指标，再将表格剪切并粘贴到数据库中。

为了方便使用与回溯，每一项评价指标都被分配一个独有的编号。

登录网站 www.davidparmenter.com，交付少量费用就可以进入绩效评价指标数据库。在数据库点击"模板"（Templates）图标，然后搜索"评价指标及相关的成功因素数据库"（Database of Measures and Associated Success Factors）即可。

任务3：说明何为主导性关键绩效指标方法

首先需要对与会者进行培训，使与会者了解什么是关键绩效指标，意识到并非所有的绩效评价指标都是关键绩效指标，弄清4种不同类型的评价指标的差异以及企业内部关键成功因素的重要性。

> 首先需要对与会者进行培训，使与会者了解什么是关键绩效指标，意识到并非所有的绩效评价指标都是关键绩效指标，弄清4种不同类型的评价指标的差异以及企业内部关键成功因素的重要性。

许多企业的高级管理者在关键成功因素研讨会之后，还会参加接下来的绩效评价指标研讨会。在会上，企业高管将对与会者表示欢迎，强调研讨会对于关键绩效指标项目的重要性以及企业管理层对此项工作的投入，同时向与会者说明企业会如何确定关键成功因素。

在研讨会第1天的开场报告中，关键绩效指标项目团队将对先前的员工调查做出反馈，解决调查中员工们密切关心的问题与困惑。通常情况下，员工会担心绩效评价指标导致以下问题：

- 绩效评价指标将记录下员工的表现，特别地，它会收集一些对员工不利的个人信息（如以惩罚为目的的信息）。
- 企业对绩效评价指标反映的情况进行过滤并选择性地发布相关信息（如"他们只向我们展示符合他们目的的信息"）。
- 企业以绩效评价指标为依据对绩效问题进行追责。

🕭 实例

金融机构案例研究

在绩效评价指标研讨会上，首席执行官首先致开幕词，接下来市场与传媒部主管围绕关键成功因素分别发表陈述报告，强调准确表述评价指标的重要性，说明关键成功因素与企业日常活动的密切联系。

任务 4：针对如何通过关键成功因素确定绩效评价指标方面展开培训

绩效评价指标的设计需要一个系统的结构化流程。我们可以从一个较容易评价的关键成功因素着手，然后请与会者思考"如果关键成功因素运营正常，你希望看到什么样的结果？"。我们建议与会者借助关键成功因素中的措辞来回答上述问题。通常，我希望得到4~5个答案。例如，如果我们想为关键成功因素"保持一个安全、快乐和健康的工作环境"确定绩效评价指标（见图 9-1），结果可能是：工作让员工感到快乐，工作场所环境良好，工作场所始终都很安全，工作条件一直很健康，工作场所有一种积极的"勇往直前"的文化。通常，每个小组选择的措辞都各不相同，但这不要紧，因为这只是暂时被记录下来的指标，而不是最终的绩效评价指标。

针对与会者的回答，继续询问"在这一方面，怎样才可谓良好的绩效？"；然后根据他们的回答，进一步提问"什么样的指标能最有效地反映这一绩效？""怎样算糟糕的绩效？"；之后，依据与会者的回应，请他们继续回答"采取什么指标可以对这种糟糕的绩效起到预警的作用？"。

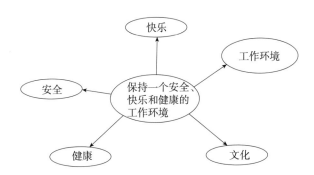

图 9-1　依据关键成功因素确定绩效评价指标

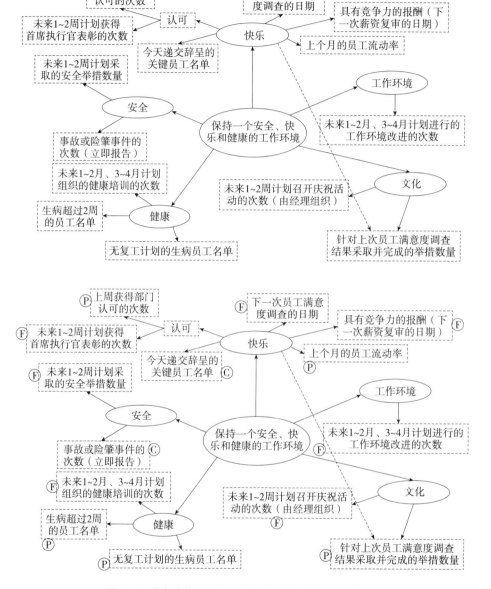

图 9-1 依据关键成功因素确定绩效评价指标（续）

针对"工作让员工感到快乐"，我们开始寻找可能的评价指标。这些评价指标包括：

1. 上周获得部门认可的次数。

2. 未来 1~2 周计划获得首席执行官表彰的次数。

3. 今天递交辞呈的关键员工名单（立即汇报）。

下一阶段就要对评价指标进行标记：

1. 过去评价指标用 P 标记（1. 上周获得部门认可的次数）。

2. 当前评价指标用 C 标记（3. 今天递交辞呈的关键员工名单）。

3. 未来评价指标用 F 标记（2. 未来 1~2 周计划获得首席执行官表彰的次数）。

接下来，我们开始运用上述实例中的方法进行练习。将同一个关键成功因素分配给至少 3 个小组，各小组首先分析应当从哪些方面或领域进行评价，此时，各小组的观点可能略有差异。其次，比较各小组提出的可能的评价指标。通常，在最开始的练习中各小组完成的情况各不相同。20 分钟后，我将参会者集中在一起，选择完成度最高的小组展示他们的做法。这种突出强调"更好的实践"的方式也激励了其他小组努力提升他们的表现。

由表 9-2 可见，对于同一个关键成功因素，各小组提出了 4 个可评价的方面。该练习能够激发各小组根据各自的经验从不同的角度分析问题。各小组提出的评价指标通常会有重复。接下来，我们会对这些评价指标进行分类和整理。

表9-2 关键成功因素分组练习

关键成功因素	第 1 组	第 2 组	第 3 组	第 4 组	第 5 组	第 6 组	第 7 组	第 8 组
成功因素 1____	×	×					×	×
成功因素 2____	×	×					×	×
成功因素 3____	×	×	×	×				

（续）

关键成功因素	第1组	第2组	第3组	第4组	第5组	第6组	第7组	第8组
成功因素 4____	×	×	×	×				
成功因素 5____			×	×	×	×		
成功因素 6____			×	×	×	×		
成功因素 7____					×	×	×	×
成功因素 8____					×	×	×	×

接下来的会议中，各小组继续进行评价指标的制定。参会者每60~90分钟将集中在一起，听取相关的陈述报告（包括完成度最高即"最佳实践"组汇报项目实施纲领、项目管理技巧、项目后续环节等）。详细信息读者可以查阅本书提供的 PDF 格式的关键绩效指标研讨会议程。

设计评价指标时还应遵循以下规则：

- 将寻找评价指标的任务分配给各个团队之前，应该对其进行相关培训。培训由富有经验的关键绩效指标项目团队负责，主要介绍如何对评价指标进行表述及怎样保证评价指标的可测量性，具体内容详见第8章。

- 将参会者分成不同小组，为了协调各小组的经验水平，每个小组由来自不同部门的员工组成。

- 在研讨会上，每一位参会者都是平等的个体；因此，应确保企业的资深人员不要像引导师那样指导项目实施，要共同营造一种和谐平等的交流氛围。

- 确保参会者以企业内部的关键成功因素为基础来设计绩效评价指标，员工应明晰关键成功因素的重要作用以及如何确定关键成功因素（详见第7章）。当你尝试从一项表述恰当的关键成功因素设计相关的评价指标时，你就仿若一位高明的射手，牢牢地瞄准了目标。

- 研讨会中提出的许多评价指标都是毫无用处的，因此需要关键绩效指标项目团队在提出的众多指标中区分良莠、去芜存菁。

任务 5：设计表述准确得体的绩效评价指标

有意义的绩效评价指标应该满足以下标准（见第 8 章）：

- 绩效评价指标的表述应准确清晰、通俗易懂，避免使用缩略语。
- 绩效评价指标应该体现评价的内容和对象，而不应该为单纯的陈述，例如客户满意度调查（陈述）、在员工满意度调查后实施的举措的数量（绩效评价指标）。
- 应关注企业活动的异常情况及重要问题，如 4 小时内仍未解决的来自关键客户的投诉（重点关注关键客户投诉）。
- 绩效评价指标旨在鼓励企业及时采取行动（绩效指标）或汇报团队合作的有效性（成果指标）。

任务 6：建立一个包含过去、当前和未来评价指标的有效组合

要使参会者学会对评价指标进行重新表述，这一点很重要。因为对人们来说，评价过去的事件往往较为简单、易于操作，所以人们通常更习惯对过去的对象进行评价。通过研讨会，我们应该让参会者学会制定可以评价当前活动或者适应未来发展需求的指标。

"当前评价指标"需要给予全天候的关注或以每天 1 次的频率进行评价。"未来评价指标"是指对未来即将发生的事件的记录（例如，下次和关键客户会面的日期、下次产品发布的日期、下次和关键客户开展社交活动的日期等）。关键成果指标与成果指标都是过去评价指标，而绩效指标和关键绩效指标既包含了过去评价指标，又包含了当前和未来评价指标。以你的企业为例，你会发现，大多数的关键绩效指标要么是评价企业当前活动的指标，要么是适应未来

发展需求的指标。

表 9-3 揭示了如何将过去评价指标改写为当前评价指标和未来评价指标。之前关于超前（绩效驱动因素）指标和滞后（产出）指标的争论现在已烟消云散，人们采用过去、当前和未来评价指标取代了超前指标和滞后指标。正如本书第 1 章指出，用超前指标和滞后指标来区分关键绩效指标不是一个明智之选，这种分类不会让你思路清晰，只会让你感到困惑不已。

表9-3　将过去评价指标改写为当前和未来评价指标

过去评价指标 （上周 / 两周前 / 上个月 / 上个季度）	当前评价指标 （实时 / 今天 / 昨天）	未来评价指标 （下周 / 下个月 / 下个季度）
上周 / 上个月飞机晚点的次数	延误超过 2 小时的飞机（实时更新）	针对飞机晚点的原因，在未来 1~3 个月计划实施的举措数量
上次拜访关键客户的日期	关键客户取消订单的情况（今天）	下次拜访关键客户的日期
上个月新产品的销量	今天发现的新产品质量缺陷情况	下个月以及未来 2~3 个月计划实施的提高新产品质量的举措

任务 7：将研讨会上确定的评价指标录入数据库

各小组在关键成功因素基础上提出相关的评价指标之后，需要把已确定的评价指标录入数据库。每一个评价指标应标有主要特征，如关于指标的描述、建议的名称、与该指标关联的关键成功因素以及评价频率等（见图 9-2）。

绩效指标的名称或编号	绩效指标的类型（绩效指标、关键绩效指标、成果指标）	负责人	采用的计量方法	当前计量状态（过去、当前、未来）	计量频率（每小时、每天、每周、每两周、每月、每季度等）	目标设定（此处列示目标/结果）	成果（此处列示各项业务成果及其相关的绩效指标）	×视角	×视角	×视角	×视角	×视角
关键客户季度调查后实施的举措数量	绩效指标	约翰·多伊	CF	过去	调查后每周进行（10周后停止）	3个月的调查期内实施的所有举措	留住关键客户/增加关键客户的回头生意	✓	✓		✓	
晚点2小时以上的航班数量	关键绩效指标	苏珊·约翰	F, CF, E&C, IP, SS, I&L	当前	全天候	每周小于3架	飞机准时到达和起飞	✓	✓	✓	✓	✓
为使飞机准时起落而计划采取的举措数量	成果指标	巴兹尔·约翰	CF, IP, F, E&C	未来	每周	每月每个团队大于3项	飞机准时到达和起飞	✓	✓		✓	
××××××××××××	绩效指标	×××××××	×××××	××××	×××××	×××××	××××××	✓		✓		

F =财务成果，CF =客户至上，E&C =环境和社区，IP =内部流程，SS =员工满意度，I&L =创新和学习

图 9-2　绩效评价指标数据库设计示例

评价指标数据库中的数据来源多种多样。关键绩效指标项目团队将从下列渠道收集并记录绩效评价指标：

- 与高级管理团队讨论获得的信息，以及从企业文件和月度报告中得到的信息。
- 从项目初期进行的外部调研中获取的信息。
- 从已召开的关键成功因素研讨会中收集到的信息。

在所有的研讨会上，应确保数据库在中场休息之前更新完毕。我通常使用一份简单的 Word 或 Excel 表格作为信息录入表，在员工的笔记本电脑上更新之后，通过 U 盘传给关键绩效指标项目团队。此时，我们只需记录该指标来源的关键成功因素、评价指标名称，并用"过去""当前"和"未来"标注该指标的类属即可。关于评价指标的其他各类细节信息可等待该指标通过编辑测试之后再添加。

之前召开关键成功因素研讨会时，在培训管理人员的过程中我们也会收集到一些评价指标。这些指标非常重要，切记同样要录入到数据库中。

任务 8：删除重复的指标

在研讨会结束前，各小组要对确定的评价指标进行筛选。以关键成功因素为索引，将录入数据库的评价指标打印出来，贴到墙上以便进一步审核（见图 9-3）。与会者逐一查看打印出来的列表，删掉重复的评价指标，并重新编辑那些表达不清晰的评价指标。

图 9-3　与会者帮助删除重复的指标

图片来源：斯蒂芬·罗宾逊

🕐 **实例**

金融机构案例研究

在研讨会的最后一次会议上，录入到数据库中的评价指标都被打印出来，与会者仔细审核每一项评价指标，删掉重复的指标，修改不清楚的表述（例如，用完整的表述取代缩略语）。在 20 分钟的时间里，所有与会者同心协力完成了评价指标的筛选，这种做法大大地节约了关键绩效指标项目团队的时间。

任务 9：只采用通过关键绩效指标项目确定的评价指标

除了关键绩效指标以外，绝大多数企业很可能还有许多其他的评价指标。企业需要重新审核现有的评价指标，将其按照新的评价指标的 4 种类型（关键成果指标、成果指标、绩效指标、关键绩效指标）进行分类。

> 首席执行官需强调，不经关键绩效指标项目团队许可，不可引进其他的评价指标。

首席执行官需强调，不经关键绩效指标项目团队许可，不可引进其他的评价指标。

🕐 **实例**

中小型企业在此阶段可采取的快捷方法

对于全职员工不足 100 人的中小型企业，可将关键成功因素研讨会与绩效评价指标研讨会合并在一起。所有相关的人员都将出席为期 2 天的研讨会，不需要再另行召开会议。

对于拥有 100~250 名全职员工的中小型企业，如果在召开绩效评价指标研讨会前已经向与会者明确地说明了企业内部的关键成功因素，则可以将绩效评价指标研讨会限定为 1 天。

精炼绩效评价指标

为了确保评价指标积极有效，在绩效评价指标研讨会后还需完成以下两项工作。

区分良莠，去芜存菁

数千年前，人类就已经学会将小麦从谷壳中分离出来。从此，区分良莠这项技能便深深地镌刻在我们的基因之中。现在，我们需要将这项古老的技能重新应用于评价指标的筛选过程中。值得注意的是，评价指标的筛选工作需留待关键绩效指标研讨会之后进行，此项工作必须由关键绩效指标项目团队——企业内部的绩效评价指标专家——亲自实施完成。

关于此环节，我推荐下列筛选方法：

- 数据库中设有"评价指标原始命名"和"评价指标最终命名"的记录栏，以便未来随时审核并追踪研讨会原始数据。
- 在"评价指标最终命名"记录栏中，将仅用于陈述而非评价的绩效评价指标标记为删除。
- 将评价指标进行分类，如，培训、员工流动率等。绩效评价指标的分类可参考表9-4。
- 将重复和无效的评价指标在"评价指标最终命名"记录栏中分别加以标注。
- 在"评价指标最终命名"记录栏中，数据提取成本大于衍生收益的评价指标应特别标注出来。否则，如果实施指标成本过高，仅能勉强评价每个月特定的某个星期的指标（例如，每个月第4周销售代表出现在客户面前的时间）。

- 对其他评价指标进行重新措辞，使其更加易于理解，将改写后的指标填写在"评价指标最终命名"记录栏中。
- 指定 1 名关键绩效指标项目团队的成员对评价指标的强度和可行性进行评价，具体可参考斯泰西·巴尔的建议。该方法通过询问以下两个问题，有助于准确地评估潜在的评价指标：

  1. 当作为绩效评价指标时，该指标的强度有多大？（5＝非常强，1＝非常弱。）

  2. 该指标实施的可行性如何？（5＝非常容易，系统已经生成结果或可以通过最少的努力收集数据；3＝需要特殊的要求来收集数据；1＝数据很难收集。）

  指标的强度应由项目团队中最了解企业情况的成员评定。切忌收集多项数据并将平均值作为指标强度。这种做法太过随意，缺乏科学性与准确性。

- 将所有评价指标按照以下 4 个类别进行分类：关键成果指标、成果指标、绩效指标和关键绩效指标。要想寻找可能的关键绩效指标，最简单的方法就是注意频繁报告的非财务指标，这是关键绩效指标最重要两个特征。将符合上述特征的指标标注为"可能的关键绩效指标"，将概括业务进展与企业战略举措完成情况的评价指标标为"可能的关键成果指标"。

- 要注意一些非预期行为。正如本书第 1 章所述，所有的评价指标都有其阴暗面。你需要了解采取哪些措施能够将评价指标可能存在的负面影响最小化。如果无法做到这一点，就将该评价指标标注为"有阴暗面的绩效指标"。

表9-4　绩效评价指标分类推荐列表

1. 客户 / 关键客户 / 新客户 / 销售渠道 / 客服中心 / 品牌知名度
2. 质量 / 按时交付 / 订单处理 / 定价
3. 健康和安全 / 事故 / 应急响应
4. 社区参与 / 环境 / 浪费 / 公共关系
5. 招聘 / 学生实习
6. 员工满意度 / 旷工 / 员工流动率 / 表彰 / 员工休假 / 沟通
7. 资本支出 / 现金流 / 成本控制 / 债务人 / 财务报告 / 盈利能力 / 应付账款 / 工资
8. 内部流程 / 放弃 / 承包商管理 / 信息技术服务台 / 员工管理
9. 库存
10. 新产品 / 研发 / 专利
11. 创新 / 精益流程 / 培训
12. 生产 / 维护 / 使用 / 安全 / 系统 / 交通工具
13. 项目
14. 总公司

🕐 **实例**

金融机构案例研究

经过 5 场为期 2 天的研讨会（澳大利亚、亚洲各 1 场，欧洲 3 场），与会者针对相同的关键成功因素提出不同意见，并在此基础上设计了 1700 项用以陈述的指标与用以评价的指标。

关键绩效指标项目团队依据以下原则删减了大量无效的指标：

1. 删除仅用以陈述的指标，如，客户满意度调查。

2. 将评价指标进行分类，如，培训、员工流动率等。

3. 删除重复和无效的评价指标。

4. 删除数据提取成本大于衍生收益的评价指标。

接下来，项目团队对评价指标的措辞加以完善。经修改，评价指标变得更为清晰易懂，具有更明确的针对性，例如，将指标"当月收到的员工建议数"修改为"针对员工提出的建议，团队实施的项目数量"。

通过上述流程，数据库中的指标由原来的 1700 个减少到约 130 个。

举办评价指标展览，淘汰无效指标

企业相继举办了关键成功因素研讨会和绩效评价指标研讨会，管理人员和员工代表一同参与了绩效评价指标的设计工作。而如何让企业其他员工都能够参与到评价指标的设计中，听取他们对于拟定指标的意见和建议，这是一个值得思考的问题。

> 可以举办一场公开的会议，将在研讨会上制定的评价指标打印出来张贴在墙上，邀请所有员工对其发表看法。

可以举办一场公开的会议，将在研讨会上制定的评价指标打印出来张贴在墙上，邀请所有员工对其发表看法，鼓励员工将意见写在贴纸上，粘贴在相应的评价指标旁。斯泰西·巴尔将这一公开会议称为"评价指标展览"。

我对巴尔的提议深感赞同，该活动淋漓尽致地体现了"群体智慧"的力量。詹姆斯·索罗维基（James Surowiecki）曾写道："群体的智慧远超出其间最聪明的个体。"[1] 于是，"群体智慧"这一概念由此产生。这说明，大家集思广益做出的决策往往要优于集体中某个个体所做出的决策。

该会议的另一个作用就是检验评价指标的阴暗面。参会者可以把对评价指标的意见写在贴纸上，例如"我们上次使用该评价指标的时间是 20×× 年，结果导致了以下负面行为的发生_____"。我主张评价指标展览应如图 9-4 所示。

切记，要在各团队确定其评价指标之前开展评价指标展览。

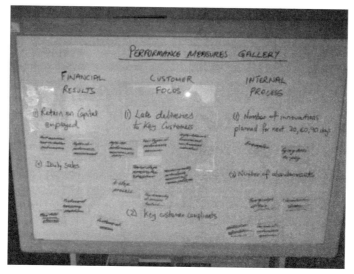

图 9-4　用以收集反馈意见的评价指标展览

确定团队绩效评价指标

　　适当的团队绩效评价指标将有助于团队成员调整自身行为，协调一致地为企业的整体利益服务。这是因为，团队绩效评价指标若能与企业内部的关键成功因素紧密相连的话，则团队成员的日常活动必然会与企业的整体目标保持一

> 适当的团队绩效评价指标将有助于团队成员调整自身行为，协调一致地为企业的整体利益服务。

致。团队绩效评价指标主要包含相关的成果指标、绩效指标以及企业的某些关键绩效指标（例如，晚点飞机的评价指标应由前台、工程、餐饮、清洁等部门负责监控，而会计团队则不应包含其中）。

　　尽管管理者往往倾向于从宏观的角度出发，针对企业的整体状况引入关键绩效指标；但实际上，问题的核心在于团队绩效评价指标应充分考虑团队工作的差异性，企业的关键绩效指标应交由那些需要全天候关注指标情况，以便及时采取纠正行动的团队负责。因此，团队作为企业结构的第4层级，应通过相关的团队绩效评价指标，实现团队绩效的显著的、可持续性发展（见图9-5）。

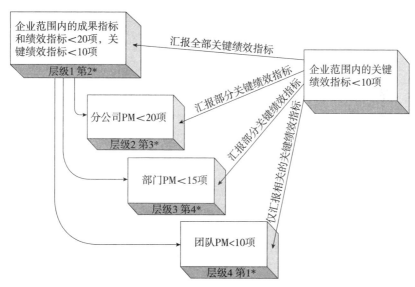

图 9-5　关于企业不同层级的绩效指标情况总览

* ＝流程顺序

PM ＝绩效评价指标

团队绩效评价指标与关键成功因素相关联的原因

每一位首席执行官都希望所有团队的日常工作都能够与企业内部的关键成功因素和战略目标保持一致。然而因团队绩效评价指标选取不当，事实往往很难如其所愿。试想当关键成功因素为"增加关键客户的回头生意"时，营销团队却不定期地评估所有客户的满意度，这样的做法注定徒劳无功。当务之急应是定期调查关键客户的满意度，忽略那些不是很重要的客户的情况。同样，为实现"增加关键客户的回头生意"这一目标，配送货物时应重点对关键客户的订单进行反复核查，以确保货物能及时、准确地送达客户手中，而为何相关部门要对所有客户实施相同的质量监控和派货流程？导致这种现象的原因在于，我们没有向员工及时地传达企业内部的关键成功因素，也未曾与他们一同从关键成功因素推导出相关的绩效评价指标。而一旦我们做到了这一点，我们的努力就一定会产生预期的效果。

任务 1： 对所有团队进行数据库使用方法培训

关键绩效指标项目团队需要对其他所有团队的代表进行培训，使各团队学会数据库的使用方法，了解数据库中每一个字段的重要含义。培训可安排在绩效评价指标研讨会期间进行。通过系统的学习，各团队能够从数据库中找到新的、与他们的工作密切相关的评价指标，这也是接下来的流程中的一个重要环节。

任务 2： 不要忽视团队的主动精神

团队绩效评价指标的主要目的是帮助各团队更多地关注企业内部的关键成功因素，并以此提高团队的绩效水平。评价指标体现了各团队需要关注并监控的工作内容。在评价指标的积极推动之下，团队成员能够主动调整自己的行为，使其与相关的企业关键成功因素保持高度的一致性。在此过程中，关键绩效指标项目团队应该全力支持并鼓励各团队发扬其责任感与主动精神，在他们的工作偏离目标的时候，帮助各团队及时调整方向，为其保驾护航。

任务 3： 一个团队最多制定 10 项绩效评价指标

对任何团队而言，10 项绩效评价指标足以为其工作提供有效的指引。一旦团队关注的问题得到控制，一些原有的评价指标将失去效用，取而代之的是旨在解决新问题的绩效评价指标。这些新的绩效评价指标包括企业的关键绩效指标和一些其他关于培训、招聘和表彰等方面的评价指标。一些团队的计分卡中可能有多达 3 项关键绩效指标，而在总公司，许多团队的计分卡则不包含任何关键绩效指标，这是因为关键绩效指标与他们的工作并不相关（例如，英国航空公司的会计团队绝不会将飞机晚点作为其关键绩效指标）。要记住，关键绩效指标关乎整个企业的发展，没有哪个关键绩效指标是专门为某个团队特别设定的。

中小型企业在此阶段并无捷径。

中小型企业需要在 1 星期的时间内完成全部任务。

确定需要向董事会汇报的关键成果指标

我曾指出在关键成功因素研讨会上确定的关键成功因素是所有绩效评价指标的来源。这一表达其实并不确切，借此我将加以澄清。我一度认为关键成功因素也是关键成果指标的来源，然而我忽略了一个重要的事实，那就是——关键成功因素强调企业的内部成果和企业活动，它并不是关键成果指标的唯一驱动力，要想确定关键成果指标，我们还需关注体现外界影响的外部结果。

在许多情况下，人们将一些关键成果指标以图表的形式汇报给董事会，并将其误称为关键绩效指标。我们需要准确地区分关键成果指标与关键绩效指标间的差异，明晰汇报给董事会的评价指标应为关键成果指标。这项工作极其重要，其作用不容小觑。关键成果指标描述的是企业的运营情况，有助于帮助董事会专注于企业的战略问题。

🕐 实例

以远洋客轮做类比

一家企业就好比一艘远洋客轮。船上成员的分工各不相同，船长（首席执行官）、高级船员（高级管理团队）及普通船员聚焦于航程中重要的日常活动，保障客轮能够顺利启航并成功抵达，而董事会则应全力关注客轮的战略方向。然而在现实中，我们注意到董事会成员经常来到驾驶台与船长争夺客轮的控制权。这一幕频繁上演，严重影响了客轮的航行。为解决这一问题，我们需要采用合适的方法，告诉董事会"客轮"正在以适当的速度沿着正确的航线前进，使他们相信船长和船员们对自己的工作成竹在胸。这样，董事会才会高兴地回到头等舱，专心于他们最擅长的工作：关注前方是否有冰山以及客轮何时可以在新的港口停泊。

任务 1： 回顾企业战略文件中的图表或之前的董事会文件

通常，人们已经将关键成果指标以图表的形式绘制在企业的战略文件中或之前的董事会文件中，并将其错误地命名为关键绩效指标。我们需要将上述图表收集起来，然后根据斯蒂芬·菲尤提出的指导原则，改进数据的汇报方式，使信息更加清晰、有效地传达出来。

任务 2： 回顾企业内部的关键成功因素和外部结果

需要确保从每一个关键成功因素和外部结果中至少得出一个关键成果指标。例如，通过"飞机准时到达和起飞"这一关键成功因素，可以绘制出一幅图，显示过去 15 个月内世界主要地区航班准点的情况。

任务 3： 将关键成果指标限制在 10 项以内

最开始，你可能得到 30~40 项关键成果指标。虽然人们对于关键成果指标的数量并没有做出一个十分精确的限定，但很少有企业需要 10 项以上的关键成果指标。所以，我们需要一个流程来淘汰不必要的关键成果指标。这项工作可以通过与高级管理团队及董事会成员的讨论完成。

任务4：确保关键成果指标影响平衡计分卡的所有维度

我们需要确保董事会仪表盘中关键成果指标的平衡性，因此，关键成果指标应该根据平衡计分卡的6个维度来制定（见表9-5）。我们要确保关键成果指标影响平衡计分卡的所有维度。

表9-5　选择关键成果指标，使其覆盖平衡计分卡的6个维度

关键成果指标	维度					
	财务成果	客户至上	员工满意度	创新和学习	内部流程	环境和社区
世界主要地区航班准点的情况	√	√	√		√	
已动用资本回报率	√				√	
＿＿＿＿＿＿	√					
＿＿＿＿＿＿	√			√		
＿＿＿＿＿＿			√		√	
＿＿＿＿＿＿	√	√			√	√

任务5：在正式汇报之前，向董事会成员预先推介关键成果指标

在进行正式的汇报之前，需要向董事会成员预先推介关键成果指标，这项工作十分重要。在董事会会议前，我们应选取一位有影响力的董事会成员，与

其沟通并征询他的意见。确保他们了解关键成功因素的目的、4 种绩效评价指标之间的区别以及选定这些关键成果指标的原因。这样做的目的是争取他的支持，确保他可以在董事会上为项目团队发声。最理想的情况是，在团队成员结束汇报后，他可以立刻发言以示支持。

中小型企业在此阶段并无捷径。

中小型企业需要在 1 星期的时间内完成全部任务。

关键绩效指标项目团队明确主导性关键绩效指标

企业的关键绩效指标的最终选择应当在关键绩效指标研讨会以及评价指标展览结束之后再进行。

> 不应该将团队、部门及分公司的绩效评价指标叠加组合为企业的评价指标。

无论企业的结构多么复杂——不管是公共机构、医院，还是多元化制造商——都不应该将团队、部门及分公司的绩效评价指标叠加组合为企业的评价指标。这种做法必然会引发混乱（例如，一些医院可能拥有 200 余项绩效评价指标）。

任务 1：确保所选择的关键绩效指标同时具备以下所有特征

确保所选择的关键绩效指标具有以下 7 个特征：

- 非财务评价指标（即不以美元、日元、欧元等货币单位表示）。
- 频繁地开展评价（例如，按全天候、每天或每周一次的频率评价）。
- 由首席执行官和高级管理团队实施。
- 明确规定员工行为（例如，员工能够理解评价指标，知道该采取哪些正确的行动）。

- 有效评价某个团队或某几个密切合作团队的职责履行情况。
- 具有重大的影响（例如，影响大多数核心的关键成功因素和不止一个平衡计分卡维度）。
- 鼓励采取适当的行动（例如，经过检验以确保对绩效产生积极的影响，使评价指标造成的负面影响最小化）。

任务 2：将企业关键绩效指标的数量限制在 10 项以内

根据我的了解，所有企业在经过 7 个关键绩效指标特征的过滤后，都将关键绩效指标的数量成功地限制在 10 项以内。

任务 3：对所有关键绩效指标进行 3 次试点检验

在关键绩效指标项目中，我们应该按照彼得·德鲁克的建议，在 3 个部门进行关键绩效指标项目的试点检验。德鲁克指出，在项目实施之前，仅进行一次试点检验是远远不够的，因为其他部门会说："这对我们不适用，我们部门的规模比他们的小／大得多。"

任务 4：将关键绩效指标传达给所有员工

务必向全体员工传达企业内部的关键成功因素，让全体员工能够充分理解关键成功因素。团队领导者、部门经理、分公司总经理应向员工强调其重要性。关键绩效指标项目团队的协调人员可以进一步帮助员工增强对企业关键成功因素的理解。

🕐 实例

中小型企业可采取的快捷方法

中小型企业需要完成全部任务。关键绩效指标项目试点检验的次数可以减少，但不能没有。

PDF 模板

适当的评价指标能够对企业产生深远的影响，有助于鼓励企业及员工采取及时的行动，帮助企业将常规工作与战略性目标紧密地联系起来。此外，这一阶段还可以提高员工对工作的满意度（例如，通过设立提高员工认可度的评价指标）。因为各团队对于基础工作愈加重视，从长远的角度来看，员工工作的安全保障得以增强，这为提高团队的绩效水平创造了有利的条件。为了协助关键绩效指标项目团队在此阶段顺利开展工作，本书提供了一些模板和检查表。读者可以登录 kpi.davidparmenter.com/fourthedition，免费获取下列 PDF 格式的工作表、检查表及模板。

具体包括以下模板：

- 绩效评价指标研讨会推荐日程表（Proposed Agenda for the Performance Measures Workshop）。
- 绩效指标研讨会练习（Exercises in the Performance Measures Workshop）。
- 企业的关键成功因素理解水平评价工作表（Assess the Level of Understanding of the Organization's CSFs Worksheet）。
- 保障成功召开绩效评价指标研讨会所需的检查表（Checklist to Ensure That You Have a Successful Performance Measures Workshop）。
- 将绩效评价指标录入数据库时需完成的主要任务（Key Tasks for Recording Performance Measures in a Database）。

- 确定企业范围内的主导性关键绩效指标工作表（Selecting Organization-Wide Winning KPIs Worksheet）。
- 检查关键绩效指标是否符合 7 个特征（Checking KPIs Against the Seven Characteristics）。
- 为董事会或高级管理团队设计仪表盘（Design a Dashboard for the Board or Senior Management Team）。

注释

1. James Surowiecki, *The Wisdom of the Crowds*（New York: Anchor, 2005）.

KEY
PERFORMANCE
INDICATORS

概述

　　为了使评价指标更加有效地驱动绩效，发挥其最佳效应，我们需要构建一个汇报评价指标信息的框架，以满足企业不同层级（包括董事会、高级管理团队、中层管理人员以及员工）的信息需求。

　　在企业的日常活动中，为应对各种情况，企业及员工经常需要做出及时准确的决策及反应，而这一点离不开关键绩效指标的支持与驱动，因此关键绩效指标必须全天候、每天或每周进行汇报。为了使评价指标的汇报工作变得更为高效快捷，本章基于数字可视化专家斯蒂芬·菲尤的建议，提供了一系列经实践检验颇为实用的汇报模式。

　　本章的学习要点如下：

1. 绩效评价指标汇报的常见问题。

2. 关键绩效指标项目团队对绩效评价指标汇报的设计全权负责。

3. 根据斯蒂芬·菲尤的观点，可应用于汇报设计的最佳图表模式。

4. 为什么 Excel 电子表格不适用于评价指标的汇报。

5. 从以自然月为周期进行汇报转向 4-4-5 周期汇报模式的优势。

6. 用于全天候、每天、每周或每月汇报的模板。

7. 篇幅为一页纸的董事会仪表盘的重要性。

第10章

汇报绩效评价指标

本书第 9 章指出绩效评价指标的设计需要一个系统的、审慎的流程，而涉及绩效评价指标的汇报环节时，情况亦然。我们需要采用系统的、结构化的模式，方能实现有效的汇报。在本章接下来的部分，我们将说明汇报绩效评价指标应遵守的原则，以及怎样保障其及时性。

构建绩效评价指标的汇报框架，满足不同层级对信息的不同需求

绩效评价指标的汇报框架必须要满足企业中不同层级的需求，为帮助企业及员工做出及时准确的决策，我们还需要对绩效评价指标的数据进行定期公布。为了协助团队更好地完成绩效评价指标的汇报工作，本书展示了绩效评价指标的汇报框架（见图 10-1）。大多数的关键绩效指标应该在每天上午 9 点以电子文件的形式汇报。或者，与英国航空公司的案例一样，全天候地对其进行

实时更新。

剩下的关键绩效指标需要每周汇报一次，这样的汇报模式会使企业处理工作的方法产生翻天覆地的变化。而其他的成果指标和绩效指标则需连同企业范围内的平衡计分卡一起以每天、每周、每月一次的频率在企业公共区域的电子屏上进行公示。

> 大多数的关键绩效指标应该在每天上午9点以电子文件的形式汇报。或者，与英国航空公司的案例一样，全天候地对其进行实时更新。

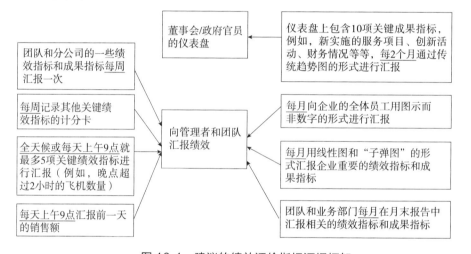

图 10-1　建议的绩效评价指标汇报框架

面向董事会的汇报务必简洁，通常通过涵盖 5~8 项关键成果指标、篇幅为 1 页的"仪表盘"进行汇报即可。这些关键成果指标关乎企业的发展与员工的福祉，它们不同于绩效指标或者关键绩效指标，需涵盖企业战略目标与平衡计分卡的所有维度（共 6 个）的进展情况。为了实现这一点，大概需要对 10 项关键成果指标进行跟踪记录。最终，只

> 面向董事会的汇报务必简洁，通常通过涵盖 5~8 项关键成果指标、篇幅为 1 页的"仪表盘"进行汇报即可。

需将记录重要事件的关键成果指标报告给董事会即可，而不应向其提供平衡计分卡的管理信息，因为董事会成员的职责是治理，而非管理。

绩效评价指标汇报的常见问题

绩效评价指标的汇报工作存在着诸多问题，报告的撰写者往往对如何进行有效的汇报知之甚少，而且，许多指标以每月一次的频率进行汇报，而这显然不利于管理者采取及时的补救措施。

常见问题	推荐的解决方案
绩效评价指标的结构不合理	本书第 1 章指出企业的评价指标数量不应超过 100 项。第 8 章强调了绩效评价指标应重点关注异常情况，提出绩效评价指标应该作为"悬崖顶端的栅栏"（适应未来发展需求的绩效评价指标），而不是"悬崖底下的救护车"（不能提供及时信息的绩效评价指标）
将 Excel 表格作为汇报工具	该方法错误率高且不具备专业性，很容易成为你职业发展的绊脚石。这一点将在本章接下来的内容中进一步讨论
缺乏对数字可视化实践的理解	报告的撰写者往往不知晓如何运用各类技巧科学地设计汇报模式。目前对于数据可视化的研究硕果颇丰，若能依据规则设计数字、图表，则会使汇报变得更为通俗易懂，实现更好的汇报效果
将向董事会的汇报和向管理者的汇报混为一谈	本书第 1 章指出，关键绩效指标应汇报给管理层，而关键成果指标需汇报给董事会
以自然月为单位进行汇报	特定月份中工作日的变动有时会导致月度报告无法如期进行。为了实现更准确的比较，一段时间以来，一些美国制造商和零售商以 4~5 周 1 次的频率进行汇报。这一方法也为财务团队的工作提供了更多的便利

建立适当的绩效评价指标汇报机制

任务1：关键绩效指标项目团队对绩效评价指标汇报的设计全权负责

高级管理团队应当相信关键绩效指标项目团队的判断力，将绩效评价指标汇报的设计工作交由项目团队负责。关键绩效指标项目团队应长于数字可视化技术（参见下文部分），其工作能力得到充分认可。

关键绩效指标项目团队应该与高级管理团队达成共识：先将提出的所有修改建议都记录下来，在约定的试用阶段（比如3~4个月的时间）结束后再审查修改。事实证明，许多修改建议最终无法通过时间的检验，而这种先试用再依据情况斟酌修改的做法则有效地节约了时间。

任务2：科学设计绩效评价指标的汇报格式，使其简单明了、通俗易懂

近年来，数字可视化技术的重要性日益增强。关键绩效指标项目团队成员简单地凭借想象来设计汇报格式的做法已不再合乎时宜。如何显示数据已经成为一门科学。斯蒂芬·菲尤作为数据可视化专家，在此领域影响颇深，其著作成为亚马逊数字可视化领域最畅销的3本书[1]。

关键绩效指标项目团队的成员应参加斯蒂芬·菲尤的课程，认真研读他的作品，从而了解菲尤的先进理念，之后团队应对所有相关员工展开培训，学习如何综合运用企业的内联网、布告板、硬拷贝等工具协助汇报绩效评价指标。

斯蒂芬·菲尤提出了一个非常实用的清单，可以帮助项目团队免于落入仪表盘设计的常见陷阱，具体包括：

> 如何显示数据已经成为一门科学。斯蒂芬·菲尤作为数据可视化专家，在此领域影响颇深。

关键信息无法在一屏内完整显示	菲尤提示在设计仪表盘时需仔细斟酌，避免给读者提供多余的信息。首先应当明确想要展示给读者的数据，然后精心设计仪表盘，使关键信息一目了然，而不是让读者通过不断点击图表来获取重要信息
图表设计得过于花哨、毫无意义	不要仅仅因为想要展示高超的制图技术，就在仪表盘中加入众多复杂烦琐的图表，这种做法模糊了工作的重点，效果往往适得其反
数据安排得不合理	没有将关乎同一问题的图表连接在一起，也没有把相关图表安排在仪表盘上某个位置集中显示
颜色过多，重点不突出	菲尤指出，许多读者无法分清某些颜色，因此，在颜色使用方面，应该秉持"少即是多"的原则；如仅使用红色来突出需关注的重点区域
屏幕上有太多无用的装饰	设计中应注意留白，切记在仪表盘上只应显示对读者来说重要的信息

不仅设计仪表盘需要遵循相关原则，图表的使用也要遵循一些原则。在菲尤研究成果的基础之上，结合多年以来我所观察到的优秀案例，我总结出图表设计的一些问题与解决方法，具体如表10-1所示。

表10-1 优秀图表设计范例

图表设计的常见问题	优秀图表设计范例
为数据提供足够的背景信息：许多情况下，图表没能给出详细的信息，无法说明什么是良好的、令人满意的绩效，什么是糟糕的绩效	

（续）

图表设计的常见问题	优秀图表设计范例
避免显示过多的细节或过于精细：图表是信息的概述和总览，最多下设 5 个层级，这样可以避免一些不必要的精确度。例如，数字 40000 应当简写为 4 万	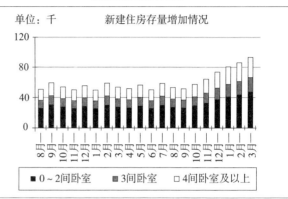
数轴应以"0"为起点：为了强调某一点，媒体往往用一个非常狭小的波动区间来显示数据，例如以 5 美分为波动区间显示美元与欧元的汇率。菲尤认为这种做法具有误导性，容易导致错误的决定，最好的办法是以"0"作为数轴的起点	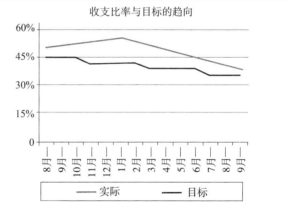
避免使用以下类型的图表：饼图、雷达图和三维图形。菲尤指出，选择条形图比饼图能更好地表达意义，条形图可以使读者清楚地看到最高值和最低值相差的幅度以及数值	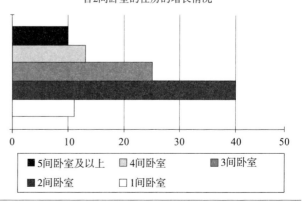

（续）

图表设计的常见问题	优秀图表设计范例
将一组数据作为基线：菲尤还提出，将一组数据作为基线与另一组数据相比较。这种方法对突出两组数据的差异性大有帮助。例如，把预算作为基线，将之与实际情况做比较	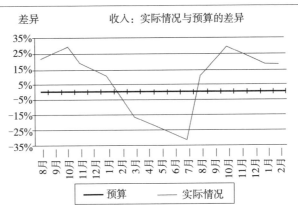
需显示至少 15 个月的趋势分析：趋势分析是十分必要的，为掌握企业运营活动的季节性变化，应至少追溯到 15 个月前的数据。通过该方法，可以将过去 3 个月的绩效与去年同期做比较	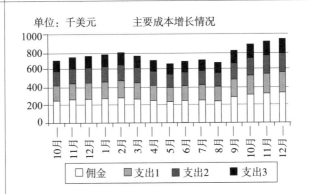
避免使用年初至今的预算曲线：当展示年度预算时，只呈现年度预算数字即可。不要使用年初至今的预算曲线，因为这种预算曲线是对年度计划数字的随意指定，它从一开始就是错误的	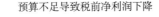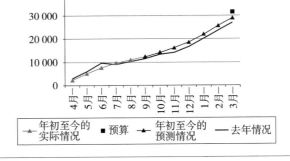

（续）

图表设计的常见问题	优秀图表设计范例
解释转折点：图表中的关键转折点应当通过注释加以说明	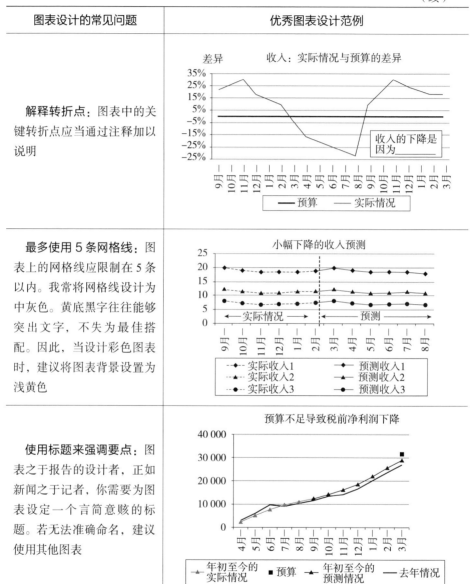
最多使用 5 条网格线：图表上的网格线应限制在 5 条以内。我常将网格线设计为中灰色。黄底黑字往往能够突出文字，不失为最佳搭配。因此，当设计彩色图表时，建议将图表背景设置为浅黄色	
使用标题来强调要点：图表之于报告的设计者，正如新闻之于记者，你需要为图表设定一个言简意赅的标题。若无法准确命名，建议使用其他图表	

在斯蒂芬·菲尤的白皮书中，当谈到"仪表盘设计的常见陷阱"等问题时，菲尤提出了图表设计的指导原则，读者可以登录网址 www.perceptualedge.com/articles 查询并下载。在阅读本书的同时，建议读者可以参考菲尤的白皮书（见 www.perpetualedge.com ），以便更加深刻地理解并把握本章内容。

任务 3：运用有关汇报的软件设计汇报

目前，市场上有大量支持汇报设计的应用软件可供关键绩效指标项目团队选择，具体包括：

- Tableau。
- Targit。
- Dundas。
- QlikView。
- Board。
- Cognos BI。
- Crystal Reports。
- Proclarity。

企业可能购买了一个或多个软件来设计汇报。关键绩效指标项目团队应仔细比较各款软件，最终选择功能优于常见的其他产品（如 Excel），且有助于降低成本、节约时间的软件。

设计出令人满意的评价指标汇报的方法有很多。你可以寻找其他应用重要的评价指标数据系统的高级用户，与他们取得联系并开启一场标杆访问学习。在交流中，记得要询问他们，"你们使用何种汇报工具？""为什么选择这种工具？""它是如何与基础系统连接的？"。

不要使用电子表格进行绩效评价指标汇报。目前企业对于电子表格存在一种过度使用的情况，人们常常将其应用在各类工作中，

> 不要使用电子表格进行绩效评价指标汇报。

却忽视了电子表格的现有功能其实并不能胜任此项工作。在召开研讨会时，我经常开玩笑说：人们太过于依赖电子表格，我相信即便在美国国家航空航天局工作，也会有人打算使用 Excel 工作表来实施美国太空计划，难以置信的是还有许多人相信他们的计划无懈可击！诚然，电子表格是人类发明的一项非常伟大的工具，它可以用于汇报模板的设计和测试，却永远无法作为企业绩效评价指标汇报系统的一个模块。最主要的原因在于电子表格错误频发。一家大型会计师事务所指出，Excel 工作表中每 150 行就有 90% 的可能性出现逻辑错误。[2]

电子表格的常见问题

高级管理人员经常使用大型电子表格进行汇报工作，这种做法会为企业和他们本人带来极大的风险，而他们却浑然不知。

使用电子表格时，常见的问题包括：

链接断开或公式损毁	人们可以修改表格，在表格上增加或删除行和列。然而，当对一组表格进行合并时，若对分表进行修改，数据也往往会错误地迁移至总表
电子表格工作组错误	有时，电子表格会被锁定，或者屏幕上出现"#REF!"符号，提示错误，许多用户对这种情况并不陌生。出现这类问题的原因是，电子表格功能有限，无法同时处理由许多不同的工作表合并而成的电子表格工作组
数据输入错误	输入数据时，常常会出现数字输入错误的情况，系统通常会提示重新输入数据，因此可能会导致表格前后数据不一致。电子表格可能使用过期的查找表，或者单元格中的条目可能是因公式自动运算生成的
公式错误	人们在输入求和公式时可能遗漏了某行 / 列，或认为自己的公式更正确而改写了原有的公式，最终导致运算结果出现错误
版本未及时更新	使用旧版的电子表格的情况并不少见
缺乏稳健性	人们无法在电子表格的数千个单元格中逐一检查每一个公式，因而由表格公式生成最终数据并不可靠

关键绩效指标必须立即汇报，而其他的评价指标也要在确定合适的汇报软

件之后，按照每周 1 次或每月 1 次的频率及时汇报。为了保证评价指标对企业运营能够发挥及时的指导作用，在准备每月 1 次的汇报时，团队所花费的时间不应超过半天，而且应该在每个月的第 1 个工作日把它交给相关团队。绩效评价指标的汇报绝对不允许延误。

任务 4：设计适合平板电脑和手机阅读的评价指标汇报

设计评价指标汇报一定要充分考虑用户的科技水平。当前，许多用户都是通过平板电脑和手机来跟进评价指标的全天候汇报、日报和周报的。图 10-2 为斯蒂芬·菲尤[3]提供的一个范例。

图 10-2　智能手机上的仪表盘范例

任务 5：每季度可采用 4-4-5 的周期模式进行汇报

恺撒大帝给我们带来了全球通用的日历，为人类文明的发展做出了积极的贡献。然而，这项伟大的发明却成为月度汇报工作的主要障碍。相邻两个月的工作日和休息日的天数并不相同，因此如果以自然月为单位进行汇报，则往往导致月度报告无法如期进行。

如果企业都能够以 4~5 周 1 次的频率进行汇报（即每季度包括 2 个 4 周的汇报周期和 1 个 5 周的汇报周期），那么信息汇报的及时性将会得到很大的改善。此外团队还可以采用这种方法将团队的业绩与其他团队进行精确的比较（如，比较 8 个 4 周或 4 个 5 周的汇报周期内的绩效），从而得出更为准确的结果。

为了推动这项工作的顺利进行，建议关键绩效指标项目团队与财务团队进行协商，因为这一方法也将为财务团队的工作提供便利，所以很可能得到财务团队的大力支持。接下来最好与供应商进行沟通，了解哪些企业的会计记录更加精细，以及是否有其他企业同样采用 4-4-5 的周期模式。如果有的话，安排代表到该企业参观，学习如何采用 4-4-5 的周期模式进行汇报。如果此时询问该企业的相关员工"你会重新选择以自然月为周期进行汇报吗？"他们很可能奇怪地看着你，仿佛在说："你疯了吗？"

从以自然月为周期进行汇报转向 4-4-5 的周期汇报模式受益良多，可谓一个绝佳的选择，各企业何不放手一试呢？

任务 6：开发针对员工、管理层和董事会等不同层级的汇报模式

如果关键绩效指标不是全天候进行汇报的，绩效改进会议也未将其视为行动的重点和讨论的核心内容，那么人们对它的关注度自然而然地就会降低。这样的话，精心设计的图表非但不会成为持续改进绩效的驱动力，反而会让人们感到沮丧不已。切记永远不要将关键绩效指标汇报提交给董事会，因为董事会应该接收的是一些更为概括性的信息，如后文的董事会仪表盘所示。

中小型企业在此阶段并无捷径。

中小型企业同样需要完成本节提及的全部任务。对中小企业而言，最难以改变的莫过于对 Excel 电子表格的依赖。虽然在短期内，中小企业仍可继续使用 Excel 电子表格进行评价指标汇报，但是考虑到上文提到的各种原因，用更多的现代技术取代具有诸多弊端的现有工具确是大势所趋。

以我的经验，在 21 世纪，只懂得使用 Excel 电子表格设计绩效汇报的"专家"很难在工作中被委以重任并大展宏图。

向管理层及员工汇报关键绩效指标

必须及时向管理层汇报绩效评价指标。如前所述，关键绩效指标需要全天候、每天，或者至少每周进行汇报；其他的绩效评价指标汇报频率可以适当降低，每月或每季度进行汇报。

全天候或每日汇报关键绩效指标

至少一半的关键绩效指标都应全天候或每日进行汇报。表 10-2 显示了如何在企业的内联网上对关键绩效指标的数据进行公示。可以借助图表的形式来展现企业的运营情况，表格可涵盖相关员工的联系方式、存在的问题及业绩记录等信息。向高级管理团队提供关键绩效指标领域的每日汇报或每周汇报还存在另一个优势：信息的实时更新可以帮助企业及时调整决策，因此月底的总结汇报便变得没那么重要了。政府部门每天上午 9 点都会报道全国各地办公室的救济金发放情况，据此，各地的管理团队就可以每天就彼此的服务水平及取得的成绩进行比较，了解自身的优势及不足。换句话说，如果企业能够以全天候或每天为频率对关键绩效指标进行汇报的话，管理人员就可以很直观地了解到企业本月的业绩情况如何。

表10-2 关键绩效指标每日汇报示例

时间：20××年9月12日下午4：30

晚点超过2小时的航班

航班号	最后一站的数据			区域经理姓名	当地时间	联系方式			晚点超过1小时的航班数量		
	抵达晚点	起飞晚点	增加时间			办公电话	手机	住宅电话	过去30天	过去3个月的月平均	过去6个月的月平均
BA123	1：40	2：33	0：53	帕特·卡拉瑟斯	18：45	×××××	××××××	××××	4	4	2
BA158	1：45	2：30	0：45	巴兹尔·约翰	10：48	××××××	××××××	××××	2	3	1
BA120	1：15	2：27	1：12	××××××××	20：45	××××××	××××××	××××	4	4	7
BA146	1：25	2：24	0：59	××××××××	21：45	××××××	××××××	×××××	5	4	4
BA177	1：15	2：21	1：06	××××××××	22：45	××××××	××××××	××××	1	4	2
BA256	1：35	2：18	0：43	××××××××	23：45	××××××	××××××	××××	5	4	5
BA124	1：45	2：15	0：30	××××××××	0：45	××××××	××××××	××××	2	4	6
总计	7架航班										

每日向首席执行官汇报人力资源异常情况

当人力资源方面出现异常情况时，必须立即向首席执行官汇报，这一点至关重要。在私人部门及公共事业部门，以下问题必须给予及时的处理：

> 当人力资源方面出现异常情况时，必须立即向首席执行官汇报，这一点至关重要。在私人部门及公共事业部门，以下问题必须给予及时的处理。

- 录用通知发出 3 天后候选人尚未接受的工作邀约，应由首席执行官亲自跟进。在大多数情况下，未接受工作邀约意味着候选人仍处于观望的状态。在这种情况下，首席执行官应该亲自致电询问，说服候选人接受工作邀约，例如可以说："帕特，我们公司已经为你提供了_____一职。我相信以你的能力一定会在这一职位上有所作为，同时我对你的未来也充满了信心。我们需要做些什么才能够让你今天接受这一职位呢？"这个电话通常耗时 10 分钟，却可以为公司节约超过 2 万美元的招聘成本，相当于每小时回报率高达 12 万美元！

- 由于企业的员工和部门经理认为处理好日常工作要比培训更为重要，所以企业内部培训课程的出席率较低。此时，首席执行官应当致电未派员工参加培训课程的部门经理，强调培训课程是，也理应是最重要的优先事项。这样，经理就会明白每当员工不能及时参加培训课程时，首席执行官都会亲自打电话跟进。

- 对于因病假不在岗超过两周，而且仍没有复工计划的员工，首席执行官应致电人力资源部负责复工计划的顾问，要求他们咨询企业医生，并制订渐进式复工计划。

- 大多数的首席执行官都会高度重视安全事故或漏洞，并对其给予严肃处理，因此，上述情况一旦发生必须立刻汇报——汇报的时间应为事故发生后的 1 小时之内。

- 首席执行官应关注所有递交辞呈的关键员工，并对情况进行亲自跟进。关键员工的辞职应该在 1 小时之内向首席执行官汇报。这个时候，首席执行官的一个私人电话就可能足以扭转局面，或者至少为该员工将来重回企业打开一扇门。

人力资源部的员工可以将上述问题通过企业的内联网报送给高级管理团队及首席执行官，汇报示例如表 10-3 所示。

表10-3　人力资源问题每日汇报示例

未接受的工作邀约	候选人	联系方式		详情	
		办公电话	手机	招聘经理	未接受天数
财务主管	帕特·卡拉瑟斯	——	——	吉姆·卡拉瑟斯	3
布里斯班的店铺经理	巴兹尔·约翰	——	——	萨利·史密斯	3
正在进行的关键职位招聘（上一次面试为 2 周前）	**经理**	**办公电话**	**手机**		
销售代表（北部地区）	吉姆·卡拉瑟斯	——	——		
首席财务官	萨利·雪尔	——	——		
未派员工参加企业将在未来 2 周内举办的培训课程的团队	**经理**	**办公电话**	**手机**	**团队预计参加人数**	**该团队在过去 6 个月中的平均培训天数**
xx 团队	吉姆·卡拉瑟斯	——	——	3	1
yy 团队	萨利·雪尔	——	——	4	1.25
zz 团队	鲍勃·赫尔姆	——	——	2	1.5
ss 团队	泰德·史密斯	——	——	1	0

（续）

安全事故与漏洞	经理	联系方式		详情	
		办公电话	手机	补救措施	
帕特·高遭遇了交通事故，虽未受伤，但需 2 周的恢复时间	吉姆·卡拉瑟斯	——	——	提高企业自费组织的高级驾驶培训课程的员工参与度	
今天递交辞呈的关键员工	职位名称	办公电话	手机	任职年限	重要性
苏珊·乔治	财务主管	——	——	3 年	被认为是下一位首席财务官
约翰·多伊	人力资源经理	——	——	10 个月	负责___项目
詹尼·吉尔克里斯特	部门协调者	——	——	15 年	___领域专家

每周向首席执行官汇报的关键绩效指标

一些关键绩效指标仅需每周汇报一次即可。表 10-4 为关键绩效指标每周汇报示例。

表10-4 关键绩效指标每周汇报示例

因最近一次关键客户满意度调查而实施的举措及进展情况	进展情况	手机	负责的经理
改进订单登录系统	未采取行动	————	吉姆·卡拉瑟斯
改进货物交付跟踪服务	未采取行动	————	萨利·史密斯
提高价格及折扣信息的精确性	为关键客户提供额外检查		未分配

（续）

下一次拜访关键客户的日期	销售代表	拜访日期	手机	上次下单的日期	两次拜访间间隔的工作日天数
ABC 有限公司	吉姆·卡拉瑟斯	＿＿＿年 11 月 12 日	＿＿＿	＿＿＿年 11 月 1 日	15
＿＿＿	萨利·雪尔	＿＿＿年 11 月 5 日		＿＿＿年 10 月 12 日	10
＿＿＿	鲍勃·赫尔姆	＿＿＿年 11 月 14 日		＿＿＿年 9 月 12 日	30
	未分配		＿＿＿		60

延误的关键项目清单	经理	延误的星期数	手机	补救措施
关键绩效指标项目	吉姆·卡拉瑟斯	6	＿＿＿	提高高级驾驶培训课程的员工参与度
新销售订单系统	鲍勃·赫尔姆	10	＿＿＿	＿＿＿

项目发生延误的经理名单	延误的项目数	上月延误的项目数	手机	建议采取的行动
苏珊·乔治	6	4	＿＿＿	免去＿＿，委任＿＿和＿＿负责
约翰·多伊	5	7	＿＿＿	致电跟进项目进度
詹尼·吉尔克里斯特	4	2	＿＿＿	致电关注问题情况

计划采取的创新举措	30 天内	30~60 天	60~90 天	详情
＿＿＿团队	0	0	1	＿＿＿
＿＿＿团队	2	2	2	＿＿＿
其他团队	1	2	1	＿＿＿

（续）

计划放弃的情况	30 天内	30~60 天	60~90 天	详情
_____团队	2	1	1	_____
_____团队	2	2	2	_____
其他团队	1	2	1	_____

向管理层汇报成果指标和绩效指标

一些成果指标和绩效指标需要每周向管理层汇报。

每周向首席执行官汇报人力资源更新情况

首席执行官每周都需要关注一些人力资源问题，这些问题并不像人力资源的异常情况那样重要，因此不需每日汇报，也未被视为关键绩效指标。通常，大多数企业都需要解决以下人力资源问题：

- 新员工错过企业组织的入职培训的情况并不少见。从短期和中期的发展看来，缺席入职培训将会对员工的工作业绩产生负面的影响。首席执行官应明确表明，所有的新员工都应参加入职培训，如果有员工出现缺席的情况，他将立即打电话跟进，并询问缺席原因。

- 每周应关注未来两个月计划举办的内部培训课程的报名情况，需特别关注参加人数少的部门。

- 如果某一团队中员工请病假的时间超过了平均天数，这说明这一团队在管理方面可能存在问题。当下一次出现此类问题时，首席执行官应该及时跟进。

- 首席执行官需要每周关注下一周或未来两周内计划进行的表彰活动。彼得和沃特曼[4]及柯林斯[5]强调，表彰作为一种沟通媒介，在激励员工做出超常业绩方面发挥了极其重要的作用。

表10-5为人力资源更新情况每周汇报示例，由人力资源部相关工作人员报送给企业的高级管理团队成员。

表10-5　人力资源更新情况每周汇报示例

未来1周/2周计划进行的首席执行官表彰活动数量	原因	办公电话	手机	建议的表彰形式
吉姆·卡拉瑟斯	领导__项目	_____	_____	在首席执行官办公室接受会见
萨利·雪尔	领导__项目	_____	_____	在首席执行官办公室接受会见
苏珊·乔治	关键绩效指标项目经理	_____	_____	接受会见及首席执行官发布简报表彰
未来2个月内计划举办内部培训课程	报名人数	预计人数	课程日期	距开课所余天数
急救	5	20	_____	25
主管1	3	45	_____	18
领导力2	40	60	_____	14
汇报展示	6	20	_____	15
病假超过2周的员工	经理	办公电话	手机	病假天数	是否启动复工计划
_____	吉姆·卡拉瑟斯	_____	_____	10	是
	萨利·雪尔	_____	_____	15	是
	泰德·史密斯	_____	_____	25	否

（续）

病假超过平均天数的团队	经理	过去30天内的病假天数	每位员工平均病假天数	过去3个月中每月的平均病假天数
＿＿＿团队	吉姆·卡拉瑟斯	5	1.5	4
＿＿＿团队	萨利·雪尔	8	2	7
＿＿＿团队	泰德·史密斯	3	1	12
入职＿＿周未参加入职培训的新员工	经理	办公电话	手机	可考虑从轻处理的因素
＿＿＿＿	吉姆·卡拉瑟斯	＿＿＿＿	＿＿＿＿	＿＿＿＿
＿＿＿＿	萨利·雪尔	＿＿＿＿	＿＿＿＿	＿＿＿＿
＿＿＿＿	泰德·史密斯	＿＿＿＿	＿＿＿＿	＿＿＿＿

每周／每月向管理层及首席执行官提交情况更新汇报

可以借助多种形式对评价指标数据进行展示，例如图表、仪表、红绿灯等（见图10-3）。斯蒂芬·菲尤提出了一种名为"子弹图"的新式图表。如果将该图表与爱德华·塔夫特[6]的火花谱线图结合使用，其功能则越发强大（见图10-4）。火花谱线图看似没有数轴的线形图，即使只截取图表的片段，仍可以从中看清趋势。子弹图则可以显示当前绩效的细节情况：阴影部分的色彩变化展示出不同的绩效情况（深灰色表示绩效较差，浅灰色表示绩效良好）；黑色的竖线代表相对评价指标，例如目标或者企业在去年取得的成果。斯蒂芬·菲尤对于色彩的使用非常谨慎。他指出，许多读者都有不同程度的色盲症。因此在图10-5中，唯一使用颜色的地方就是子弹点，表示需要调查和跟进的异常之处。

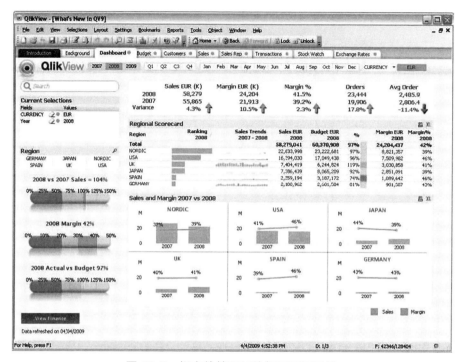

图 10-3　提交给管理层的每月汇报示例

图片来源：经 Inside Info（www.insideinfo.com.au）授权使用。

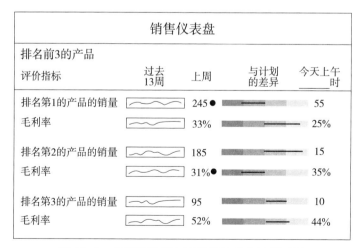

图 10-4　火花谱线图和子弹图的结合使用示例

	绩效评价指标	过去 13 周	上周	周目标	今天上午 ___时
排名前 3 的产品	销售额 _____		245 ●	275	55
	毛利率 _____		33%	28%	25%
	销售额 _____		185	155	15
	毛利率 _____		31% ●	32%	35%
	销售额 _____		95	87	10
	毛利率 _____		52%	45%	44%
所有其他产品					
	其他产品的销售额		450	410	65
	毛利率 _____		28% ●	30%	32%
佣金	销售佣金		120	135	20
坏账	核销坏账金额		0	0	0
员工	销售额前 3 的员工 的销售额				
	_____		55	40	12
	_____		49	40	15
	_____		41	40	2
	其他员工的销售额		29	32	9

		下一次培训的日期	年培训 目标	上次培 训时间
培训	帕特·卡拉瑟斯	___年 9 月 15 日	8 天	26 个月
	萨姆·凯恩	___年 9 月 15 日	8 天	8 个月
	朱丽叶·史密斯	___年 9 月 15 日	8 天	26 个月
	汤姆·彼得森	待定	5 天	4 个月
	萨姆·德鲁克	待定	5 天	1 个月

产品 1 的销售量下降是由_____的折扣造成的。

由于_____，产品 2 的毛利率下降。这只是一次性事件，我们预计在未来的销售中会恢复正常。

为了减少库存，_____产品不得不大幅打折。这种情况很可能将持续下去，接下来将召开会议，结合目前正撰写的报告最终确定该产品是否应该停产。

图 10-5 提交给管理层的每月汇报示例

向员工汇报绩效评价指标

每月采用图标的方法设计评价指标报告并发放给员工不失为一个明智之举。这样可以在不透露机密数据的情况下，清楚地告诉员工什么是好的，什么是恰当的，什么是需要改进的。即便你不慎将这份报告遗忘在公交车上，使其落入竞争对手的手中，也不会给企业带来任何的不良影响。表10-6是一份发放给企业员工的图标报告范例，它涵盖了企业内部的关键成功因素，使员工能够了解到企业的相关策略。

> 每月采用图标的方法设计评价指标报告并发放给员工不失为一个明智之举。这样可以在不透露机密数据的情况下，清楚地告诉员工什么是好的，什么是恰当的，什么是需要改进的。

表10-6　每月发放给员工的图标报告范例

×××年7月进度报告

我们的任务	在恰当的时间以合适的价格为客户提供能源
我们未来 5 年的愿景	在 ××× 年成为客户首选的能源供应商
我们的策略	1. 获得可盈利的客户 2. 提高成本效率 3. 通过员工进行创新 4. 使用最佳的业务实践

我们在关键成功因素方面取得的进步

向客户准时、足额交付	我们是一家学习型企业	创新是一项日常活动
向关键客户准时交付 ☺ 货物因质量问题被拒收 ☺	本月参加培训的员工 ☹ 配有导师的员工 ☺	上月采纳的创意 ☺ 与关键供应商 / 客户进行的无 ☺ 纸化交易
我们是抵制浪费的勇士	**我们培养领导者**	**我们在所在社区备受尊重**
本月开启的减少浪费的 ☹ 项目 现行项目减少的浪费 ☺	上个月新任命的领导者 ☺ 参加领导力培训项目的 ☺ 管理者	本月员工参与社区活动的情况 ☺ 未来三个月内计划开展的社区 ☺ 活动
我们有始有终	**吸引新的可盈利的客户**	**增加关键客户的回头生意**
延期项目的数量 ☺ 本月完成的项目数量 ☹	新客户的订单 ☺ 新客户的反馈 ☺	来自关键客户的订单 ☺ 正在研发中的产品的数量 ☺

（续）

注意事项：

    ××××× ××××× ××××× ××××× ××××× ××××× ×××××
    ××××× ××××× ××××× ××××× ××××× ×××××
    ××××× ××××× ××××× ××××× ××××× ××××× ×××××
    ××××× ××××× ××××× ××××× ××××× ×××××

向董事会汇报绩效评价指标

来自私人和公共部门的企业实体需要向董事会、理事会或者民选政府官员进行汇报。为方便起见，我们将这些接受汇报的主体统称为董事会。

在大多数设有董事会的企业中，人们对于应该将何种信息报送给董事会尚存在较大的争议。由于董事会的作用在于治理而非管理，所以为董事会提供关键绩效指标显然是不合适的。正如本书第 2 章所述，认为可以用平衡计分卡同时向管理层和董事会汇报工作进展是一个思维误区。

> 由于董事会的作用在于治理而非管理，所以为董事会提供关键绩效指标显然是不合适的。

在我看来，关键绩效指标是管理的核心。如果想使其发挥积极有效的作用，必须对它们进行全天候的监控，或者至少每周都进行监控；显然，它们与以每月或每两个月一次的频率向董事会汇报的那些指标迥然不同。

我们需要能够体现企业整体绩效情况的评价指标，而此类指标仅需每月或每两个月汇报一次。此类指标可以传递一些关于企业的总体信息，如企业是否正以合适的速度朝着正确的方向发展，客户和员工的满意度如何，以及企业的业务活动是否遵循了环保这一理念等。

此类指标被称为关键成果指标（详见第 1 章）。通常董事会需要查看 9~12 个包含关键成功因素及外部结果的图表。关键成果指标可以有效地帮助董事会专注于企业战略而不是企业的管理问题，同时有助于改变董事会会议每月举行的惯例，从而极大地节约时间，提高效率。关键成果指标的最佳汇报方式是仪表盘，汇报者需将信息集中在一页进行汇报展示（见图 10-6），内容包括图表、财务总结以及注释等。

> 通常董事会需要查看9~12个包含关键成功因素及外部结果的图表。

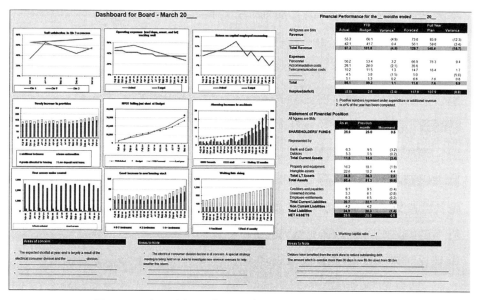

图 10-6　在一张折页（A3 纸）上的董事会仪表盘示例

⏱ 实例

一夜之间完成的董事会仪表盘

一位会计师在参加完关键绩效指标项目研讨会之后，返回家中为第二天的董事会会议制作了一张包含仪表盘的折页。该仪表盘并不像之前汇报中涉及的那些图表那样复杂。他只是将原有内容进行了更新，并在版式上加以调整。第二天，他提早来到公司，对董事会主席说："我知道你不喜欢惊喜，不过我刚刚准备了一份只有一张纸的企业绩效情况总结报告，我相信它对您的工作大有裨益。"董事会主席欣然接受并在董事会会议上解释了这一张纸的来源。该仪表盘在董事会会议上大获成功,在此之后,所有董事会文件均以类似的仪表盘作为首页来展示重要信息。

适用于董事会仪表盘的图表

为了给各团队提供有效的帮助,以下列举了 10 种效果良好的关键成果指标图表,具体参见表 10-7。

表10-7 汇报给董事会的关键成果指标

员工满意度:

有人说,快乐的员工使客户感到愉悦,最终也将使老板感到愉悦。员工满意度调查不需要调查所有的员工,只需要每年对抽取的样本进行 3~4 次调查统计即可。根据调查结果,董事会及各团队能够及时地获取更多有益的信息

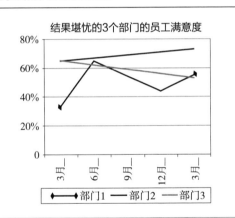

收支比率:

董事会应当关心企业在技术使用和持续改进方面取得的成效。这张图表清楚地显示出运营成本占收入的比率的情况

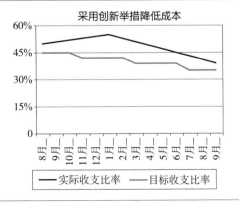

（续）

客户满意度：

应该根据客户对企业的重要性对其进行分类。航空公司将已注册的常旅客分为 4~5 个层级。至少每 3 个月对关键客户和下一层级的客户展开满意度调查。我建议调查对象不包括最低层级的客户，该层级的客户大多心存不满，其行为仅受价格驱动，无法为企业带来利润，因而可以放弃

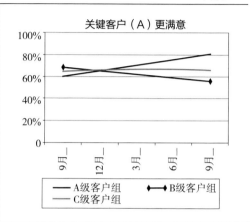

新业务的价值：

所有私人部门都应专注于新产品销量的增长情况。而对于政府和非营利部门，可以通过右图了解到新产品的接受度情况

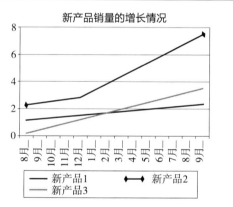

税前净利润：

因为董事会总是关注年终盈利，所以有必要做一个税前累计盈利图。这张图将包含每季度及时更新的、自下而上进行的最新预测。需注意，年初至今的预算并不包括在内。该图通过对比的方式，有效地呈现出去年利润的实际进展情况

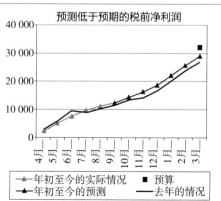

（续）

健康和安全：

员工的福祉是企业管理人员和董事会成员需优先考虑的最重要问题。制造业企业应该重点关注事故发生率（包括险肇事件）。而在服务和非营利部门，员工流动率则为应关注的要点之一

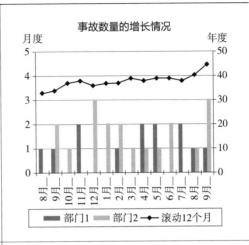

已动用资本回报率：

已动用资本回报率始终为一项重要的关键成果指标，而非关键绩效指标。它是一段时间内管理人员和员工的所有行为的结果

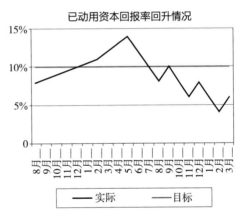

现金流：

企业的现金流图至少能回溯到15个月以前的现金流情况或预测未来6个月的现金流趋势

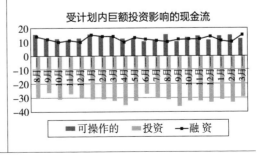

（续）

生产能力：	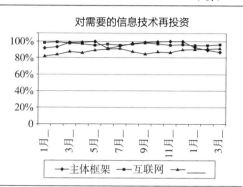
监控关键机器设备和工厂的生产能力对企业来说尤为重要，并且应该可以至少向前追溯6~12个月。董事会需要意识到产能的限制，该图表将有助于他们关注新的资产投资需求	

团队绩效评价指标汇报

几年前的一场研讨会上，我曾列举在25年前看到的一份复杂的平衡计分卡。这份平衡计分卡包含大约20项评价指标，需要人们费力准备并每月汇报一次。实际上，该汇报只是概括了企业过去的运营情况，并没有告诉员工和管理团队应采取怎样的行动才能让本周的业绩好于上一周。在我看来，团队的绩效评价指标汇报应关注前一天和上一周的业务活动，可以将相关的数据和结果显示在该团队公共区域的电子屏上（见图10-7）。团队绩效评价指标汇报的原则如下：

- 将评价指标的数量控制在10项以内，包含需要全天候汇报的评价指标，以及应每天及每周汇报并保持实时更新的评价指标。

- 一旦团队关注的问题得到控制，一些原有的评价指标将失去效用，取而代之的是旨在解决新问题的评价指标。

- 企业范围内的关键绩效指标需要另行汇报，若该指标与某团队相关，则该团队也需对此项指标进行监控。

- 给每个团队的工作区域配备电子屏幕，该电子屏幕可以连接专用笔记本电脑，进行数据的实时更新。

- 将火花谱线图和子弹图二者结合使用，有助于更简要地传递信息。

	绩效评价指标	过去的 13 周	昨天	今天
行李	前台放行的不合适的行李数量		6	3
	错过转机的行李数量		10	0
	在飞机停靠后准备卸载行李的晚点飞机占比		75%	100%
	错过航班的行李数		3	0
	仍未找回的丢失行李		5	5 ●
	超过 2 小时未领取的行李数量		4	1
	因装载延误行李而导致飞机晚点的数量		2	0
设备	行李设备故障		0	0
	发出维修关键行李设备请求后经过的天数	nfa	nfa	56
员工	卸载行李的平均时间（按飞机类型）			
	_____（飞机类型）		12 分钟	15 分钟 ●
	_____（飞机类型）		10 分钟	12 分钟
	_____（飞机类型）		8 分钟	12 分钟
	_____（飞机类型）		7 分钟	4 分钟

	培训 团队成员下次培训的日期 / 自上次培训以来经过的月数	下次培训的日期	自上次培训以来经过的月数
	帕特·卡拉瑟斯		26 个月 ●
	萨姆·凯恩	_____ 年 9 月 15 日	8 个月
	朱丽叶·史密斯	_____ 年 9 月 15 日	12 个月
	汤姆·彼得森	_____ 年 9 月 15 日	4 个月
	萨姆·德鲁克	_____ 年 9 月 15 日	1 个月

说明
丢失的行李是主要关注的焦点问题，相信到本周末这个数字会下降到 2 个。
由于设备短缺，_____ 的卸载速度较慢。为解决问题，新设备将在 10 天内到达。
我将在周五与帕特·卡拉瑟斯会面解决培训不足的问题。帕特在 9 月 15 日休假。

图 10-7　每周团队进展情况更新范例（行李处理）

整合绩效评价指标汇报

图 10-8 展示了如何在私人、公共和非营利组织进行各类绩效评价指标的汇报工作。最重要的指标置于图表的左侧，为每日汇报及每周汇报，此类信息是高级管理团队及相关的运营人员关注的重点。一些关键绩效指标（例如，仍在天上飞行的晚点航班）会在企业内联网上公布，并进行全天候的实时更新。

各团队和业务部门需要依据工作区域电子屏幕公布的数据和信息监控自己的业绩。一些评价指标会保持实时更新，其他的指标则会隔日或最长每周更新一次。各部门应该在月中及月末监控业务的进展情况。管理层能够了解每日的销售额、每周的毛利率和人事费用，以及每月更新两次的非财务数据。

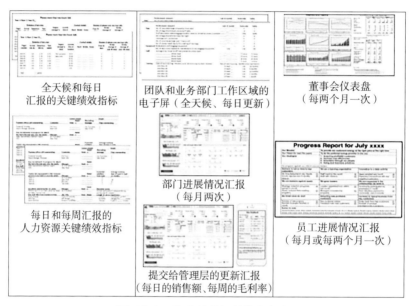

图 10-8　整合绩效评价指标汇报

董事会每年召开 4~6 次会议，董事会仪表盘将作为重要的文件提交给董事会。

企业员工每月或每两个月会得到反馈信息，显示他们的活动是否与企业内部的关键成功因素保持一致。

PDF 模板

为了协助关键绩效指标项目团队开展工作，我们提供了一些模板和检查表。读者可以登录 kpi.davidparmenter.com/fourthedition，免费获取以下 PDF 模板和检查表：

- 建立能够用于所有层级的汇报框架检查表（Developing the Reporting Frameworks at All Levels Checklist）。
- 建立能够为所有层级提供展示、汇报和审查功能的框架——完成的工作表（Developing Display, Reporting, and Review Frameworks at All Levels—Worksheet for Completion）。

注释

1. Stephen Few's three books, *Information Dashboard Design: Displaying Data for At-a-Glance Monitoring*（Burlingame, CA: Analytics Press, 2013）; *Show Methe Numbers: Designing Tables and Graphsto Enlighten*（Burlingame, CA: Analytics Press, 2004）; *Now You See It: Simple Visualization Techniques for Quantitative Analysis*（Burlingame, CA: Analytics Press, 2009）.

2. Rickard Warnelid, Reducing the Risk in Excel Risk Modelling（CompAct, January 2011）.

3. Stephen Few, *Information Dashboard Design: Displaying Data for At-a-Glance Monitoring*（Burlingame, CA: Analytics Press, 2013）.

4. Thomas J.Peters and Robert H. Waterman, *In Search of Excellence: Lessons from America's Best Run Companies*（New York: Harper &Row, 1982）.

5. Jim Collins, *Good to Great: Why Some Companies Make the Leap and Others Don't*（New York: Harper Business, 2001）.

6. Edward Tufte, *Beautiful Evidence*（Graphics Press, 2006）.

概述

大多数的关键绩效指标应该始终保持稳定，因为它们与企业内部的关键成功因素休戚相关。同时，团队也需要不断改进、精炼原有指标，并及时引进新出现的关键成功因素。

在对关键成功因素和与之相关的绩效评价指标进行精炼和修订时，应遵循审慎的流程。

保证关键绩效指标的有用性和有效性至关重要。随着工作流程中事务重点发生变化，团队也应对一些关键绩效指标和绩效指标做出相应的调整。

本章的学习要点如下：

1. 持续改进关键成果指标、成果指标、绩效指标和关键绩效指标的必要性。

2. 不断向基层员工授权，使其能够及时纠正问题行为的必要性。

3. 对现有员工和新员工开展关键绩效指标培训的重要性。

4. 始终关注约翰·科特提出的引领并推介变革的 8 阶段流程，坚持发扬彼得·德鲁克关于放弃的理念。

5. 每年修订一次企业内部的关键成功因素。

6. 每年召开一个为期一天的焦点小组会议，回顾绩效评价指标。

第11章

持续支持并改进关键绩效指标
和关键成功因素

许多企业都曾实施过关键绩效指标项目，但结果却常常以失败告终，或者随着关键绩效指标项目最初发起者的离职，项目最终被埋没在其他琐碎的工作中，并被遗忘在人们的记忆里。若要保证企业能够成功地实施项目，就要使关键绩效指标项目深入人心，使其能够切实地与企业文化氛围融为一体。

为了能够持续支持并改进关键绩效指标和关键成功因素，读者需要明晰关键绩效指标项目的整体流程以及本阶段需要完成的重要任务，如表11-1所示（阴影部分为本章涉及的内容）。

表11-1　制定主导性关键绩效指标所需完成的任务概述

任　　务	描　　述
1.1　向首席执行官、高级管理团队和企业权威人士推介关键绩效指标项目（详见第4、5章）	精心设计一场电梯演讲，然后准备具有信服力的陈述报告，接下来召开焦点小组会议，以获得企业权威人士的全力支持

（续）

任　　务	描　　述
1.2　选择一位外部引导师来指导关键绩效指标项目团队（详见第 5 章）	外部引导师将指导企业把握时机、确定关键绩效指标项目团队成员和规模，以及为了给关键绩效指标项目留出空间，选择放弃哪些内容
1.3　建立一支小规模的关键绩效指标项目团队并开展培训（详见第 6 章）	外部引导师可以帮助企业对关键绩效指标项目团队成员开展培训，确保关键绩效指标项目团队的领导者拥有若干导师，从不同领域为自己提供信息与支持。关键绩效指标项目团队同企业的权威人士共同制定一份项目的蓝图，涵盖关键绩效指标项目的试点等工作内容
1.4　向所有员工推介关键绩效指标项目，鼓励他们参加为期 2 天的绩效评价指标研讨会（详见第 4 章）	需要让出席绩效评价指标研讨会的员工相信，这是一项值得他们参加的重要活动
2.1　从企业的文件和访谈中查找现有的关键成功因素和期待的外部结果（详见第 7 章）	确定什么是企业内部的关键成功因素与期待的外部结果
2.2　召开为期 2 天的关键成功因素研讨会，确定企业内部的关键成功因素（详见第 7 章）	绘制每个成功因素的影响范围，了解哪些因素的影响最大，以此方法确定并向全体员工传达企业内部的关键成功因素
3.1　召开为期 2 天的绩效评价指标研讨会，对所有其他相关员工进行培训，以开发出有意义的评价指标（详见第 8、9 章）	从企业各部门中选择代表参加绩效评价指标研讨会，在研讨会上对关键绩效指标方法论、为什么确定及怎样确定企业内部的关键成功因素进行培训。参会人员将会了解如何根据企业内部的关键成功因素确定绩效评价指标，如何建立一个包含过去、当前和未来评价指标的有效组合
3.2　在绩效评价指标研讨会后，进一步完善绩效评价指标（详见第 9 章）	关键绩效指标项目团队将删除重复和不合适的指标，去除数据提取成本大于衍生收益的指标，对所有绩效评价指标进行重新措辞，使表述变得通俗易懂

（续）

任　　务	描　　述
3.3　举办一次"绩效评价指标展览"，淘汰不当的、无效的绩效评价指标（详见第9章）	举办"绩效评价指标展览"，要求员工针对挂在项目团队办公室墙上展示的评价指标发表他们的看法
3.4　各团队从最终的绩效评价指标数据库中提炼团队的绩效评价指标（详见第9章）	团队选择相关的评价指标，并在数据库记录他们选择的所有评价指标
3.5　确定关键成果指标和关键绩效指标（详见第9章）	确定8~12项关键成果指标，用以向董事会汇报企业的运营状况。确定主导性关键绩效指标，确保其具备第1章阐释的关键绩效指标的7个特征。对关键绩效指标进行3次试点检验
3.6　设计绩效评价指标的汇报框架（详见第10章）	使用经实践检验最合适的数字可视化技术进行全天候或每天、每周、每月、每季度的汇报。利用现有的技术，提交给首席执行官可以每天在智能手机和笔记本电脑上更新的汇报
3.7　帮助所有团队合理应用其所选择的绩效评价指标（详见本章）	在接下来的几个月，关键绩效指标项目团队需确保绩效评价指标的汇报及时、准确，并在必要时采取措施进行纠正。制订培训方案，针对现有员工和新员工开展关键绩效指标培训
3.8　每年修订一次企业内部的关键成功因素和相关评价指标（详见本章）	对当前企业内部的关键成功因素和相关评价指标进行审查，以确定需要进行哪些修改

推动对关键绩效指标和关键成功因素的持续支持及改进

如果企业的首席执行官、高级管理团队成员以及管理人员每天都关注关键绩效指标的完成情况，员工自然也会纷纷效仿。试想，有一天当首席执行官花费30分钟的时间要求某管理人员及员工解释一个关键绩效指标为何失常的时候，这一指标自然就会引起相关人员的关注。不可否认的是，连续接到来自首席执行官的类似来电，势必会严重影响该人员未来的职业发展。换言之，首席执行官应当言行一致、行为典范，要将对关键绩效指标的关注贯彻到具体化的行动中，通过查看发送到其智能手机上的异常的情况报告，随时了解关键绩效指标的完成情况。

> 如果企业的首席执行官、高级管理团队成员以及管理人员每天都关注关键绩效指标的完成情况，员工自然也会纷纷效仿。

除此以外，高级管理团队还需直接授权员工，使员工能够在关键绩效指标出现问题的地方采取即刻的补救措施。各类企业都应该像丰田公司一样给予员工足够的权力，当员工发现生产的汽车出现瑕疵时，有权随时阻止生产线的运转。

> 关键绩效指标项目团队需要制订培训方案，围绕关键成功因素的意义与内涵、绩效评价指标的 4 种分类（关键成果指标、成果指标、绩效指标、关键绩效指标）以及绩效评价指标的汇报等问题对新员工展开培训。

> 关键绩效指标需要全天候地进行监督和汇报，以便员工及时纠正问题行为。如果以每月一次的频率进行定期汇报，则关键绩效指标汇报机制将无法发挥其效能，最后只能以失败告终。

关键绩效指标项目团队需要制订培训方案，围绕关键成功因素的意义与内涵、绩效评价指标的4种分类（关键成果指标、成果指标、绩效指标、关键绩效指标）以及绩效评价指标的汇报等问题对新员工展开培训。关键绩效指标项目团队应该肩负起企业内部培训的责任，并及时提供培训所需的资料和文件。

关键绩效指标需要全天候地进行监督和汇报，以便员工及时纠正问题行为。如果以每月一次的频率进行定期汇报，则关键绩效指标汇报机制将无法发挥其效能，最后只能以失败告终。

因为企业工作的重点可能会发生一些阶段性的变化，所以各个团队应该周期性地评价并改进他们的关键绩效指标和绩效指标，但是频率不能高于每 6 个月一次。

如果团队先前关注的问题得到改善，评价指标激发出期待的员工行为，那么一些原有的评价指标将失去效用，取而代之的是旨在解决新问题的绩效评价指标。

一些关键绩效指标之所以始终保持恒定不变，是因为它们与企业内部的关键成功因素密切联系、脉脉相通。例如，无论何时何地，航空公司总会将飞机晚点作为一项必不可少的关键绩效指标。另外，与客户至上或企业文化相关的指标同样是关键绩效指标列表中不可或缺的一部分。除此之外，项目团队还需要不断改善原有指标并引进建立新的评价指标，以便与新出现的关键成功因素相呼应。

任务 1：高级管理团队必须要向企业的基层员工授权

高级管理团队必须要学会减少对企业的集中控制，主动向基层员工授权，使员工享有足够的自主权，及时纠正问题行为。应避免根据流程层层上报的做法，这样做往往会提高成本，贻误时机。

任务 2：对现有员工和新员工开展关键绩效指标培训

在这一阶段，企业已有部分员工参加了为期 2 天的绩效评价指标研讨会，企业内部的关键成功因素业已确定。而事实上，参与研讨会的员工数量并不多，仅占企业员工总数的 20%，对于大型企业，这一比率甚至不足 5%。

在最近的一次关键成功因素研讨会中，项目团队中一位资深的培训师说他成功地实施了关键绩效指标培训计划。他的案例显示了企业培训计划的巨大意义，全体员工可以通过培训计划深刻地理解绩效评价指标体系，进而推动项目稳步、顺利实施。

培训计划应当由一位经验丰富的关键绩效指标项目团队成员和一位高级管理团队成员亲自执行。研讨会上，首席执行官或高级管理团队成员首先介绍关键绩效指标，接下来由项目的培训师负责讲解关键绩效指标新思路。需要向所有员工解释如下内容：

- 关键成功因素的重要性。
- 如何确定关键绩效指标。
- 关键绩效指标的意义。
- 高级管理团队对评价指标采取的监控和行动。
- 授权员工，使其能随时采取行动及时纠正对绩效产生不良影响的情况。

任务3：始终关注约翰·科特提出的引领并推介变革的8阶段流程

我们应该始终以约翰·科特提出的引领并推介变革的8阶段流程（详见第4章）为指导，尤其要关注最后4个阶段的流程：

- 阶段5：授权广泛的行动。
- 阶段6：快速制胜。
- 阶段7：巩固成果并创造更多变革。
- 阶段8：将新方法注入企业文化。

阶段5：授权广泛的行动

关键绩效指标项目团队应该使关键绩效指标与企业文化融为一体，确保关键绩效指标能够有效地应用于企业的各部门和子公司的运营活动。否则那些关于关键绩效指标的陈旧观念会成为一种病毒，随着企业员工的晋升和调动，迅速在整个企业蔓延。

阶段 6：快速制胜

高级管理团队时常会被怀疑患有注意力缺陷障碍。为了避免这种情况发生，关键绩效指标项目团队应该积极推进项目进行，不断取得进展。每周利用乘坐电梯的时间（大约 40~60 秒）向高级管理团队简明清晰地描述项目取得的成就，使高级团队了解项目的实施情况，并认同该项目大有可为。否则，项目就会因为没有达到预期的效果被束之高阁。一旦高级管理团队对关键绩效指标项目失去了兴趣，那么该项目也就成了泡影。

阶段 7：巩固成果并创造更多变革

随着项目的推进，有的评价指标会发挥预期的作用，有的会被证明是无效的指标。项目团队需要倡导"持续改善"的理念，及时修订并调整流程，使绩效评价指标充分发挥其指导作用。团队成员出席会议时可以将成功的经验作为案例，分享给其他的企业或部门。对首席执行官来说，最自豪的莫过于从他人口中听到对企业成就的赞誉了。

除此之外，一些流程应该被记录下来，并纳入新员工的培训方案，以增进员工对项目的理解。关键绩效指标项目项目团队和首席评价官应该在培训过程中专门介绍关键成功因素和关键绩效指标，说明它们对企业运营的重要作用。

阶段 8：将新方法注入企业文化

对能够最有效地应用关键绩效指标新方法的部门要大力赞扬。有了典范的激励，其他部门也会努力推进，争取更大的跨越。需要注意的是，关键绩效指标项目团队应该使首席执行官意识到褒奖的重要性。对员工努力的表彰和认同会鼓励员工在这些领域积极贡献。

任务 4：坚持发扬彼得·德鲁克关于放弃的理念

要不断精炼绩效评价指标，使其符合 10/80/10 原则。对于新制定的绩效评价指标，应仔细审核，删掉不会推进变革的指标。随着项目的推进，我们会发现一些相似甚至重复的指标，这时，应该仅保留表述最清晰准确的评价指标，删除其他指标。

本书第 1 章指出，关键绩效指标应满足以下标准：

- 关键成果指标的数量应少于 10 项，每次最多向董事会汇报 10 项（6~9 项为宜）关键成果指标。
- 企业所有团队的绩效指标和成果指标的总和最多 80 项。
- 关键绩效指标的数量不多于 10 项。对企业而言，不可能拥有超过 10 项同时满足 7 个特征的关键绩效指标。

在关键绩效指标项目中，必须要保持团队的主人翁精神。只有当员工认为绩效评价指标有价值、有效、值得做的时候，他们才能够更好地参与到绩效评价的过程中。在团队完成改善绩效指标的环节后，关键绩效指标的有效性将在企业面临的新挑战中得到检验。因此，要根据情况不断地改进团队的绩效评价指标，始终保持其相关性与有效性。

任务 5：每年修订一次企业内部的关键成功因素

企业要每年审查关键成功因素的应用情况及其有效性，根据新的变化和发展对其展开修订。许多关键成功因素是多年保持不变的，例如，只要人们乘坐飞机，"飞机的准时起飞和到达"就始终是一项关键成功因素。

关键绩效指标项目团队应与高级管理团队商讨确定是否存在新的关键成功因素。如果确实存在，则需要选择至少 2 名曾参加过关键成功因素影响范围映射实践的员工，与关键绩效指标项目团队一起对现有的和新的关键成功因素重新进行映射。通过映射图，可以确定是否由新的关键成功因素取代现有的关键成功因素。

在修订关键成功因素之前，我们要做好充分的准备，需重新打印文件、海报并再次撰写培训材料。修订关键成功因素需遵循以下方法：

- 要根据新的关键成功因素确定绩效评价指标。明确该关键成功因素与哪些新的绩效评价指标紧密联系。如果新评价指标与原有评价指标相同，说明该关键成功因素实际已存在于现有的关键成功因素中，在这样的情况下，只需对原关键成功因素进行重新措辞，进一步完善表述即可。
- 选择一些富有经验的团队对新关键成功因素的措辞进行检测。询问并评估各团队对该关键成功因素的理解，请他们回答"根据新的关键成功因素，你会采取怎样的行动？"。

任务6：每年召开一个为期一天的焦点小组会议，回顾绩效评价指标

召开研讨会的目的是促使企业的关键员工及管理人员对绩效评价指标进行重新讨论，这样他们能够彼此学习、交流经验，提升使用绩效评价指标获得的价值。为此需要组建一个焦点小组，挑选15~30名来自不同部门、团队、地区以及总公司的经验丰富的员工。这些员工应该涵盖从一般管理人员到高级管理团队的不同层级的人员。

在回顾关键成功因素期间，需要向与会者传达新的关键成功因素，与会者将采用分组的形式，依照本文第9章提出的方法，为新的关键成功因素确定新的评价指标。

任务 7：回顾关键绩效指标

项目团队每年应该对关键绩效指标进行实地检测，需关注以下几点：

- 确保关键绩效指标仍然按照全天候、每天 1 次或者每周 1 次的频率进行评价。若延长至按照每两周或每月 1 次的频率进行评价，那么该指标就不再是关键绩效指标了。
- 对关键绩效指标展开讨论和观测，明确关键绩效指标能否推动预期行为的发生。若不能，那么该指标就不再是关键绩效指标了。
- 在现有的绩效指标中寻找新的能成功推动预期行为发生的关键绩效指标。

🕐 实例

中小型企业在此阶段可采取的快捷方法

针对任务 6："每年召开一个为期一天的焦点小组会议，回顾绩效评价指标"，可以将一天的会议缩减为 2~3 小时。

针对任务 7："回顾关键绩效指标"，关键绩效指标项目团队不应独自完成该项任务。为了使关键绩效指标能够更好地应用于企业，推动员工预期行为的发生，应该让企业员工有效地参与到关键绩效指标的实地检测中。

PDF 模板 📄

为了协助关键绩效指标项目团队开展工作，本书提供了一些模板和检查表。读者可以登录 kpi.davidparmenter.com/fourthedition，免费获取以下 PDF 模板和检查表：

- 促进关键绩效指标使用的检查表（Facilitating the Use of KPIs Checklist）。

- 员工研讨会议程草案（Draft Agenda for a Staff Workshop）。
- 改进关键绩效指标以保持其相关性的检查表（Refining KPIs to Maintain Their Relevance Checklist）。
- 改进关键绩效指标以保持其相关性——完成的工作表（Refining KPIs to Maintain Their Relevance—Worksheet for Completion）。
- 旨在回顾绩效评价指标的为期一天的焦点小组会议议程草案（Draft Agenda for a One-Day Focus Group Meeting to Revisit the Performance Measures）。
- 旨在回顾团队计分卡的为期2小时的团队研讨会议程草案（Draft Agenda for a Two-Hour Team Workshop to Revisit a Team's Scorecard）。

**KEY
PERFORMANCE
INDICATORS**

概述

本章通过案例研究的形式说明绩效评价指标研讨会在私人部门、非营利组织和公共部门组织及召开的情况，阐明了关键绩效指标项目的实施经验以及主导性关键绩效指标方法与其他方法（卡普兰和诺顿的平衡计分卡方法及巴尔的 PuMP 方法）的比较。

此外，本章还提供了 PDF 格式的建议工作表和检查表，读者可以登录指定网址免费下载。

本章的学习要点如下：

1. 一位博学多才、热情洋溢的首席执行官对成功实施关键绩效指标项目的重要性。

2. 关键绩效指标项目团队领导者的选拔流程。

3. 外部结果和成功因素之间的差异有时并不明显。

4. 关键绩效指标的 7 个基本条件决定了项目的成败。

5. 关键绩效指标项目各有不同，项目团队领导者要选择最适合企业的方法。

6. 关键绩效指标项目的 10 条重要实施经验。

7. 平衡计分卡方法的 4 个基本条件。

第12章

关键绩效指标项目研讨会
案例研究与实施经验

本章介绍了主导性关键绩效指标方法的实施情况。这些案例将为那些具有卓越工作能力的企业员工提供借鉴，以便其更好地推动关键绩效指标项目的实施。

新近案例

在完成本书第 3 版的撰写工作之后，我相继参加了两个重要的关键绩效指标项目的实施工作。我将在项目实施过程中的所见所感记录下来，希望通过这些案例阐明主导性关键绩效指标方法的新发展。

私人部门案例研究：金融机构

这家金融机构的首席执行官富有远见卓识，坚持不断地学习并完善自我。

他组织了年度高管务虚会，该企业的国内外高级管理者在会上一起回顾过去、规划未来、学习新知。

这家企业的首席财务官在 5 年前曾参加过我组织的研讨会，他意识到当前正是积极启动项目的好时机，并向首席执行官介绍了主导性关键绩效指标方法。首席执行官对此很感兴趣，亲自与我联系，希望在高管务虚会上开展有关关键绩效指标相关知识和理论的培训。

我主张开启项目流程的当务之急并非立即开始学习绩效评价指标方法，而是首先在高管务虚会上安排两天的时间召开关键成功因素研讨会，挑选高级管理者开展项目的前期工作。

在前期工作会议中，6 名与会者接受了关于绩效评价指标的培训，学习如何对关键成功因素进行表述，使其满足 SMART 原则，以及怎样将外部结果（例如，留住关键客户，成为首选雇主，产品在行业中处于领先地位）从成功因素中分离并单独列出。正确区分关键成功因素和外部结果对确定有效的绩效评价指标来讲意义非凡（见本书第 7 章）。这 6 名与会者将成为研讨会中 6 个团队的领导者。

我们将草拟的 45 个成功因素分成 3 组，每组 15 个；将与会者分为 6 个团队，要求 2 个团队对同一组成功因素进行审核。接下来，每 2 个团队选择一个代表就成功因素的修订意见展开论证，首席执行官和 2 位总经理组成专门小组参与整个过程并做出最终决定。论证会后，每 2 个团队提交一份经认可的详尽的成功因素清单。该流程进一步加深了与会者对成功因素的理解。

成功因素包括：

- 能够对即将开展的行动达成共识，有效利用评价指标数据库，审慎设计项目的计划和流程，在此基础上做出重要的决定并迅速付诸实践。
- 定期表彰员工的努力和成绩。
- 放弃那些不太可能成功的活动、流程和项目。
- 启动能够按计划完成的项目。

- 第一时间妥善地解决问题。
- 吸引和聘用与企业价值观相同并具备企业所需技能的员工。
- 营造一个灵活、健康、具备支持性的工作环境。

外部结果包括：

- 拥有技术娴熟、有实干精神的员工队伍。
- 成为首选雇主。
- 提供领先的创新解决方案，在既定的市场领域中独占鳌头。
- 提供的服务。产品超出客户预期，将客户变成我们的服务产品的支持者。
- 员工感到被重视、得到支持。

在务虚会的第 3 天，团队根据研讨会的成果形成关键成功因素陈述报告（见图 12-1）。在一张幻灯片上将新的关键成功因素，以及它所影响的全部预期结果（见幻灯片顶部和底部的带阴影的方框）、其他的关键成功因素（带阴影的圆圈）和一般成功因素（无阴影的圆圈）展示出来。团队在准备陈述报告的过程中发现此前许多的外部结果都被误认为成功因素。

在务虚会的第 4 天，团队将提出的关键成功因素上报给高级管理团队，由高级管理团队讨论并决定是否通过。在务虚会上汇报关键成功因素，有助于加快项目进程，使所有高级管理人员认识到关键成功因素的重要性，理解确定关键成功因素的具体流程。将关键成功因素研讨会安排在务虚会上进行还可以有效地节约时间。而在其他项目中，高级管理团队往往无法全员参加关键成功因素研讨会，这样就会因信息不对称而给项目造成长达数周的延误。

在务虚会上，首席执行官决定在企业内部组建一支关键绩效指标项目团队，该团队将负责确定企业内部的关键成功因素和相关的绩效评价指标。

这位首席财务官是关键绩效指标项目的发起者，肩负着在企业内部寻找合适的员工组建关键绩效指标项目团队的任务。其中一名团队成员为人力资源部的培训师，具有 4 年多的工作经验。关键绩效指标项目团队的领导者虽然在企业工作时间不足一年，但是作为一家大型国际企业的顾问，他拥有丰富的行业经验以及出色的人际交往能力。

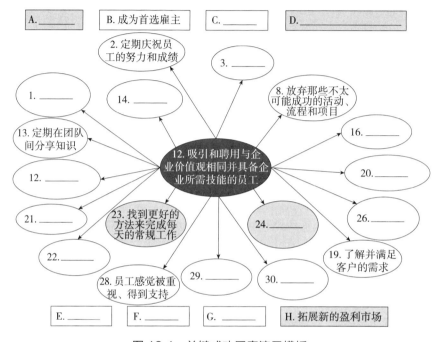

图 12-1　关键成功因素演示模板

注：方框代表着受关键成功因素影响的外部结果，带阴影的圆圈代表着与其他关键成功因素相关的成功因素。

经过培训后，企业内部的关键绩效指标项目团队在澳大利亚总部举办了为期 2 天的绩效评价指标研讨会。首席执行官首先致开幕词，接下来销售部主管与市场部主管分别发表了关于关键成功因素的陈述报告，强调准确表达评价指标的重要性，说明关键成功因素与企业日常活动的密切联系。

绩效评价指标研讨会的与会者为企业内部员工，由在务虚会上接触过项目流程的高级管理人员挑选出来参会。

接下来位于 6 个国家的子公司同时举办了为期 2 天的绩效指标研讨会，会议流程参见本书第 9 章相关内容。各团队将在研讨会上确定的全部绩效评价指标辅以标题，并用 Excel 电子表格记录下来，标题列表见表 12-1。

表12-1　关键绩效指标项目数据库标题列表

原来的评价指标数量	评价指标名称	建议的修改方法	戴维·帕门特的反馈	成果指标/关键绩效指标	关键成功因素

在研讨会的最后一次会议上，所有确定的评价指标都被打印出来粘贴在墙上，与会者仔细审核每一项评价指标，删掉重复的指标，修改不清楚的表述（如用完整的表述取代缩略语）。在 20 分钟的时间里，所有与会者齐心协力完成了评价指标的筛选，大大地节约了关键绩效指标项目团队的时间。

来自亚洲子公司的员工代表在悉尼参加了培训，并就如何在子公司更好地完成汇报任务提出建议。基于便捷高效的考虑，研讨会聘请了翻译人员提供同声传译。

与此同时，欧洲子公司也同步召开了为期 2 天的绩效评价指标研讨会，会议的流程及相关实践参见本书第 7 章。

每个团队确定好各自的绩效评价指标并录入数据库。为了方便使用与回溯，每一项评价指标都被分配了一个独有的编号。最开始评价指标的数量超过 500 项，需要进一步筛选，筛选指标的过程需要很长的时间。为了使与会者切身体会确定评价指标的方法和流程，关键绩效指标项目团队并没有提供此前的评价指标。

通过筛选，评价指标由原来的 500 余项减少到不足 100 项，关键措施包括：

- 以各指标来源的关键成功因素为线索，对评价指标进行分类。
- 为了便于今后回溯，对明显重复的评价指标进行标记而非删除。
- 标注那些单纯用以陈述而非评价的指标。
- 在列表中增加项目团队对各评价指标的审核及修改意见。

- 项目团队邀请我对指标做出评价并将意见记录在列表中，根据不同情况，我把指标分为：有效的评价指标、有效的成果指标、成本大于收益的指标、改写建议、可删除的指标、难以评价的指标等。

私人部门案例研究：食品经销公司

一位博览群书的首席执行官无意间读到我的著作，深有感触，决定委任一名在企业任职 5 年、有着丰富企业运营经验的经理担任关键绩效指标项目团队的领导者。

该领导者有着出色的人际沟通能力，曾多次成功地领导项目实施，在企业里备受尊重，因此足以胜任关键绩效指标项目团队领导者的工作。

在我赴英国访问期间，该关键绩效

> 决定进行一系列时长 2.5 小时的网络研讨会，会议涵盖本书第 7 章提及的关键成功因素研讨会的全部内容。

指标项目团队领导者与我会面并制订了项目的实施方案。因为如果等待我再次赴英，则很可能会导致项目延误；同时，因该企业在多地建厂，不宜集中组织会议，所以最终决定进行一系列时长 2.5 小时的网络研讨会，会议涵盖本书第 7 章提及的关键成功因素研讨会的全部内容。

研讨会在各工厂的会议室进行，每一个工厂挑选 5~12 名来自各个部门的资深员工参会。我在新西兰的办公室组织会议，通过会易通远程会议软件安排研讨会活动。研讨会期间，每两人之间放置一台笔记本电脑，我可以看到与会者的参与情况。在会议结束之前，各团队均取得积极的进展，确定了企业的成功因素，具体包括：

- 始终向_____准时、足额交付。
- 让复杂的事情变得简单。
- 建立良好的企业文化，让员工在遇到问题时能够第一时间从源头上妥善

　　地解决，力争一次做好。

- 吸引、招聘和培养合适的人。

- 培训为第一要务。

- 做出正确决定，客观判断需优先处理的事务。

- 认真协商讨论变革所带来的影响，意见统一后迅速实施变革。

- 减少繁文缛节，授权员工及时采取行动交付成果。

　　通过网络研讨会，关键绩效指标项目团队最终确定了企业内部的关键成功因素，并绘制成漫画分发给全体员工。

　　接下来，关键绩效指标项目团队对没能参加网络研讨会的团队进行培训，学习如何根据关键成功因素确定评价指标。各团队提出的绩效评价指标均辅以标题录入数据库，标题列表见表12-2。随后，关键绩效指标项目团队举办了为期1天的绩效评价指标研讨会，各团队汇报了彼此的进展，并就确定的绩效评价指标交换了想法。

表12-2　关键绩效指标项目数据库标题列表

指标名称	使用指标的团队	关键词（用于分类）	评价的频率（全天候、每天、每周或每月1次）	时间区间（过去、当前、未来）	与之相关的关键成功因素	建议的目标（如果可行）

　　3个月后，项目团队组织了为期1天的研讨会，对项目的进展情况进行评估。各团队以小组的形式进行简短的陈述报告，说明评价指标的使用情况以及存在的问题。

　　我和高级管理人员、关键绩效指标项目团队成员分别加入10个小组听取陈述报告。每到15分钟我们会转移到下一组，以便全面地了解和比较各组情况。我的职责是帮助各小组回顾4种类型的绩效评价指标，并对各小组评价指标的完成情况进行点评。

既往案例

以下案例为本书第 3 版中出现的案例，在原有基础上我又做了进一步的完善。

私人部门案例研究 1：一家亚洲企业集团

一家主要从事建筑与设计的亚洲企业集团共有员工约 600 人，该集团计划采取措施改进企业的关键绩效指标。集团的人事部经理参加了那年年初由我组织的一场为期 2 天的关键绩效指标研讨会。他负责整个集团的关键绩效指标项目，希望能够以此进一步调整和巩固现有的绩效管理体系。回到集团后，该经理组织了一场为期 2 天的研讨会，与会者囊括了从首席执行官到企业运营部门的普通员工等来自不同层级、不同部门的人员。绝大多数与会者都是企业中的权威人士，他们熟谙集团 700 多年的历史和文化。这场为期 2 天的关键成功因素研讨会完全遵循本书介绍的流程。在第一天的研讨会上，与会者提出了以下成功因素：

- 始终向关键客户准时、足额交付（建设项目）。
- ＿＿＿＿作为一个创新型产品 / 服务品牌，达到了全球标准，为客户带来增值。
- 生产设计新、创意优、质量佳的产品。
- 选择合适的项目团队负责工作。
- 选择合适的承包商承包工作。
- 寻找机会增加我们储备的土地的面积和质量。
- 及时得到相关部门的批准以便开发新的项目。
- 在合适的时间、合适的地点推出合适的产品。

外部结果包括：

- 减少供应链成本。
- 成为关键客户及其业务伙伴的首选供应商。
- 增加新客户和老客户的业务量。
- 确定并捕捉新兴市场的潜力。

该企业集团至少有 3 个不同的业务单位，每个业务单位都有各自的关键成功因素。在研讨会上，来自各业务单位的与会者确定了共同的关键成功因素，在接下来的广泛讨论中，各团队彼此分享、相互学习，集其他团队之长，最终确定了绩效评价指标。

私人部门案例研究 2 ： 医疗公司

一家医疗公司的几位财务规划和分析经理接手了公司关键绩效指标的更新工作。他们联系到我，打算利用会易通远程会议软件召开一系列基于网络的研讨会。该软件要求与会者配备笔记本电脑和高速的网络连接。在研讨会期间，每两人之间放置一台笔记本电脑，此外还有一台笔记本电脑连接数据库，能够将幻灯片投射到研讨会会议室的大屏幕上。我可以看到所有与会者，同时他们也能够看到我。我们举办了 3 场研讨会（每场持续 2 个半小时）以启动确定成功因素的流程，然后选出那些可能的关键成功因素。

这些成功因素是结合本书第 7 章中提供的 PDF 格式的清单和与会者对公司业务的理解而制定的。从最终结果上看，项目团队确定的成功因素大多直接选自清单提供的因素，而并没有针对公司特有的情况在措辞上做出必要的修改。通过此次研讨会列出的成功因素包括：

- 培养符合公司理念的优秀人才和团队。

- 找到更好的方法来完成每天的常规工作。
- 成为社区中的"首选雇主"。
- 鼓励员工在当地社区提供志愿服务。
- 安全第一。

在上述成功因素的基础上，我们确定了以下关键成功因素：

- 扩大销售队伍，吸纳更多在工作开始后的 6 个月内就能盈利的高效能员工。
- 及时记录、报告并回应客户的反馈意见。

在研讨会中确定的外部结果包括：

- 创造良好的工作环境，鼓励公司员工充分发挥他们的潜力。
- 增加来自关键客户的重复性业务。
- 减少手术期间患者的死亡人数。
- 获取可盈利的客户。
- 留住关键客户。
- 实施成功的营销活动。

私人部门案例研究 3：林业公司

　　一家林业公司的会计德高望重、善于沟通，公司委任其负责优化公司的关键绩效指标。该公司的首席执行官博闻强识、见识广博，非常支持开展关键绩效指标项目。

　　受该公司邀请，我驱车一个小时赶赴指定地点，主持为期 2 天的关键绩效指标研讨会。公司在当地的酒店预订了场地，邀请全公司的权威人士参加这场为期 2 天的研讨会，与会者囊括从工头、叉车司机、林务员，到高级管理团队和首席执行官等不同层级的人员。

共有近 50 人出席了这场为期 2 天的会议。为了更好地了解关键绩效指标方法，一些与会者甚至专门从澳大利亚分公司飞来参与会议。

研讨会的安排完全遵照本书第 7 章介绍的为期 2 天的关键成功因素研讨会的流程进行。在研讨会期间，我们将与会者分成了 7 个小组，并确保每个小组的成员至少来自 2 个不同的团队。项目经理为跨团队的研讨会准备了 2 份清单，为团队内部的研讨会准备了 1 份清单。

与会者提出了 65 个成功因素，过多的数量为映射流程带来了极大的挑战。最终，与会者成功地将 65 个成功因素缩减至 8 个关键成功因素，具体包括：

1. 我们坚持每天创新，不断改进。

2. 我们选择合适的客户和供应商，并与之保持密切合作。

3. 我们吸引、培养并留住合适的人才。

与一些其他的案例相似，该林业公司的项目团队在区分公司外部成果和成功因素时遭遇了重重困难。

在研讨会结束之后，在会议上表现优异的员工进一步参与到关键绩效指标项目中。关键成功因素的最终确定花费了数月的时间，所有确定的关键成功因素均为非财务性因素。为了确保员工能将之奉若经典，认真执行，公司特别制作了关键成功因素的海报，张贴在公司的各个区域。为了将关键成功因素广而告之，有一个月，公司甚至设计出一只印有关键成功因素的水瓶，如图 12-2 所示。

> 为了确保员工能将之奉若经典，认真践行，公司特别制作了关键成功因素的海报，张贴在公司的各个区域。

目前，这一项目已经持续 4 年之久，给公司带来了实质性的改变。

图 12-2　用来宣传关键成功因素的海报和水瓶

私人部门案例研究 4：汽车制造商

一家位于波斯的大型汽车制造商找到我，希望组织召开一个为期 2 天的关键成功因素研讨会。为了解决语言障碍问题，另外一家与该公司有着紧密合作的双语咨询公司与我一同组织了这次会议。研讨会全程配有同声传译。

我与译员进行了交流，确保他们能够明白幻灯片的内容，并熟悉所有关键词的具体含义。此外我还事先参观了该公司的汽车制造工厂，这样我就可以更加了解它们的运营情况。

我们将 120 名与会者分成若干个工作小组，每组至多 7 名员工，组员均来自公司的不同部门。在研讨会开始之前，我们做了许多筹备工作，完成了与会者的分组，座次表也已事先准备好。

在研讨会上，我们随机选取了一些工作小组，让他们分享进展情况（由译员全程提供帮助）。通过这样的方式，各工作小组可以对整体情况了然于胸，进展顺利的小组作为典范会激励其他小组统筹规划、调整方法、奋力前行。

私人部门案例研究5：木材公司

一家澳大利亚的木材公司找到我，希望举办一场为期2天的研讨会。公司在当地的酒店预订了场地，邀请60名具有丰富知识和经验的企业员工参加为期2天的关键成功因素研讨会。与会人员均为企业的权威人士，对企业的历史和文化了如指掌，涵盖了从工头、仓库管理员到高级管理团队和首席执行官等来自不同部门、不同层级的人员。

一位聪明的会计在Excel电子表格中列出了成功因素（见表12-3），通过这样的方式能够计数。团队可以自主选择用箭头或者Excel电子表格进行映射。为了便于审核，每个小组需要将映射的最终结果用Excel电子表格记录下来。

表12-3　使用Excel电子表格进行映射

#	成功因素	计数	成功因素 #											
			1	2	3	4	5	6	7	8	9	10	11	12
1	公众对于_____的积极认知	2	▓	×									×	
2	成为社区中的"首选雇主"	1	×	▓										
3	最大限度地减少污染和浪费	2	×		▓					×				
4	鼓励员工在当地社区提供志愿服务	2	×			▓	×							
5	支持本地企业（采购的产品中当地产品占比_____%）	1	×				▓							
6	始终向关键客户准时、足额交付	2	×	×				▓						
7	找到更好的方法来完成每天的常规工作	4	×	×				×	▓	×				
8	保持一个安全健康的工作环境	2	×							▓				
9	_____	2								×	▓	×		

（续）

#	成功因素	计数	1	2	3	4	5	6	7	8	9	10	11	12
10	＿＿＿＿＿＿＿＿＿＿	2	×									■	×	
11	＿＿＿＿＿＿＿＿＿＿	2	×	×									■	
12	＿＿＿＿＿＿＿＿＿＿	4							×	×	×	×		■

表头上方："成功因素 #"

非营利会员组织案例研究 1：高尔夫俱乐部

有一个坐落于海边小村庄的小型高尔夫俱乐部，其会员不足 350 人。尽管这个俱乐部会员人数相对较少，但是这个俱乐部培养出了两位成功的职业高尔夫球员。该俱乐部的主席邀请我帮助俱乐部管理委员会检查一下俱乐部的运营状况，于是我为管理委员会的成员安排了一场为期 2 小时的研讨会。

在研讨会之前，我们浏览了俱乐部过去 10 年的战略性文件，在此基础之上草拟出俱乐部的成功因素，并在一张纸上打印出来。

研讨会在董事会会议室举行，其中一名委员会成员为俱乐部的首席执行官。他的私人助理也在现场，随时记录研讨会的情况。研讨会具体包括以下内容：

1. 对平衡计分卡维度的表述迅速达成一致：

- 会员和访客的满意度。
- 俱乐部雇员和志愿者的满意度。
- 财务成果。
- 内部流程。
- 俱乐部雇员和志愿者的学习与成长。
- 环境和社区。

2. 与会者审查了成功因素的表述，并根据情况做了相应的修改。委员会成员以航空公司为例，展开成功因素的映射练习（方法和流程参见本书第 7 章提供的 PDF 文件），首席执行官的私人助理负责及时更新成功因素清单。

3. 我将参加研讨会的委员会成员分为 3 个小组，每组被分到若干成功因素，然后他们开始对这些成功因素和期待的外部结果进行映射（见图 12-3）。

4. 计算每个成功因素指向外部的箭头的数量，确定得分较高的成功因素。在接下来的会议中，我们选出了 3 名擅长映射的委员会成员，让他们重新考虑得分最高的成功因素对清单中其他成功因素的影响。通过影响范围映射练习，我们最终确定了 8 个关键成功因素，包括：

- 捕捉＿＿＿＿＿＿关系的潜力。
- 及时维护球场的设施。
- 工作应该善始善终、善作善成。

确定的外部结果包括：

- 适合家庭的俱乐部。
- 通过计划和活动提高会员满意度。
- 从其他来源中获得收入的增长。
- 优化来自盈利会员的收入。

这项活动能够帮助人们更好地理解工作的重点。然而，遗憾的是，因为这家高尔夫俱乐部的管理者大多是志愿者，他们往往同时在其他机构任职，所以无法全力投入到俱乐部的工作中，而他们对关键绩效指标项目的热情也逐渐消退。研讨会带来的最大收获是与会者了解了关键成功因素的相关知识。虽然俱乐部在关键成功因素的基础之上确定了相关的评价指标，但是这些指标因为某些原因并未纳入俱乐部的制度。由此可见，关键绩效指标项目应该更适合受薪员工超过 10 人的俱乐部。

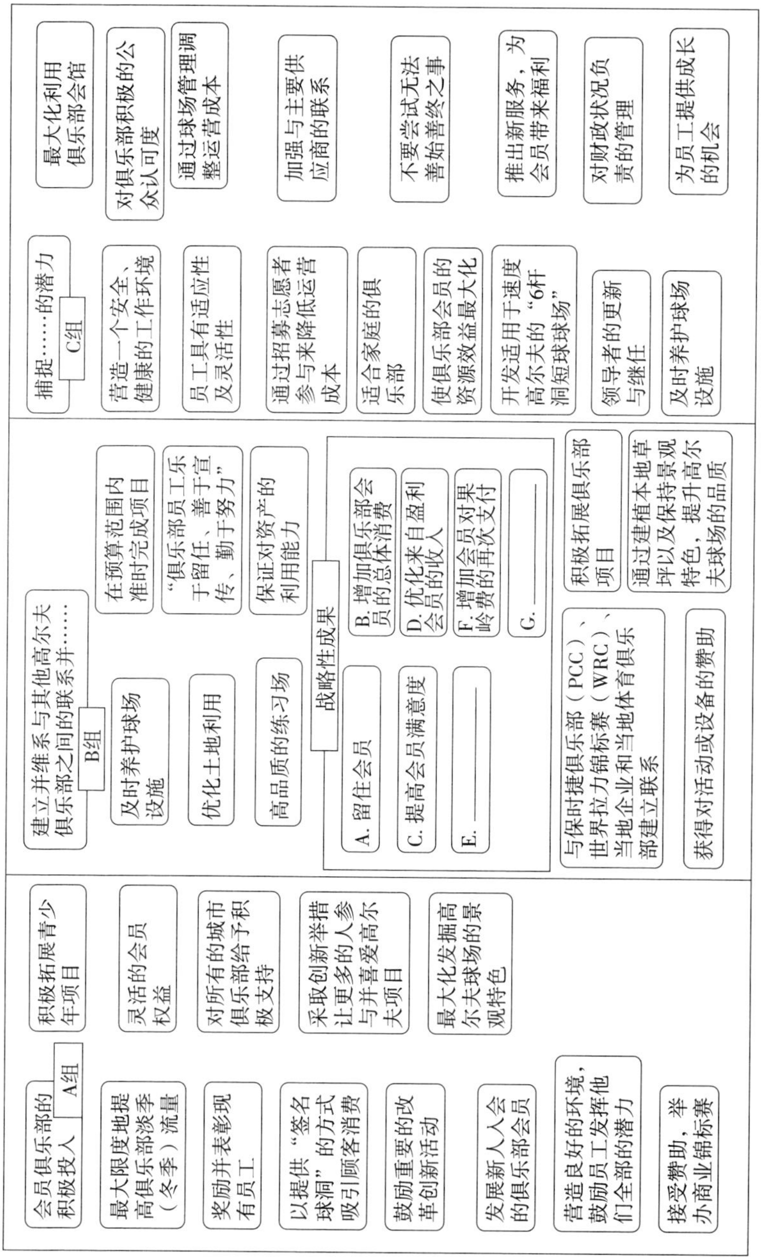

图 12-3 高尔夫俱乐部的成功因素关系映射图

非营利会员组织案例研究 2：冲浪救生会

通常世界各地的海滩都是由非营利组织负责管理的。为了保障安全，这些组织开展了一系列工作，包括救援，对儿童进行水上安全培训，为会员组织体育活动，在夏季对危险的冲浪点进行巡视等。

一个全国性体育机构赞助举办了一场为期两天的研讨会，希望在组织中试点主导性关键绩效指标方法。这场为期两天的关键成功因素／关键绩效指标研讨会是依据本书介绍的研讨会的方法和流程安排的。此次研讨会邀请了来自全国各地的工作人员，包括许多熟知组织成功因素的经验丰富的员工。此外，一半以上的与会者都是志愿者。

尽管来自该组织的代表们都全程参加了会议，但是冲浪救生会的首席执行官却并未出席任何会议。虽然我们强烈建议首席执行官参加第一天的首场会议以及第二天的最后一场会议，但最终并未获得成功。

研讨会具体包括以下几个关键阶段：

1. 将参会人员分为 4 个小组，每组 4~5 人，以小组为单位完成映射环节。

2. 为了确保关键成功因素的平衡，在对关键成功因素进行映射时我们充分考虑了组织的平衡计分卡维度，包括：财务成果、地区办事处和分会的满意度、全职员工的学习和成长、内部流程、员工和会员的满意度以及社区和环境。

3. 根据每个关键成功因素逐一确定绩效评价指标，并将确定下来的绩效评价指标记录在 Excel 电子表格中。

4. 在关键成功因素获得董事会的批准之后，立即将这些成功因素纳入组织的制度并付诸实践。

在研讨会结束之后，总部团队开始起草他们的团队计分卡。然而几周之后，新的问题出现了：

- 首席执行官没有出席研讨会，对于后续工作也不太关心。

- 主要的赞助商被另一个组织挖走了。

- 每天的紧急救援工作转移了人们的注意力，项目因此失去了驱动力。

通过这一流程，员工能够更加了解工作的重点。然而由于没有满足本书第3章中谈及的关键绩效指标的7个基本条件，最终导致该项目始终停滞不前、毫无进展。

政府部门案例研究 1

某亚洲国家的政府部门想要通过推进社区项目来提高该国人民的凝聚力。一段时间以来，该政府部门意识到绩效管理的重要性，因此决定实施平衡计分卡项目以推进社区项目。

然而不久，平衡计分卡项目的实施就陷入了困境，因此政府部门希望召开一场为期两天的关键成功因素研讨会以重新启动平衡计分卡项目。

在平衡计分卡项目伊始，首席执行官就对项目给予了全力的支持和关注。项目的领导者具有出色的沟通能力，且与首席执行官保持着密切的联系。

依据本书第7章介绍的召开研讨会的方法和流程，我们组织了为期两天的关键成功因素和关键绩效指标研讨会，希望通过该研讨会找出关键成功因素，同时使团队领导者明晰如何在关键成功因素的基础之上确定合适的绩效评价指标。

所有部门的工作人员都受邀参加了研讨会，高级管理团队成员也全员出席了会议。研讨会的地点定在当地的一家酒店，这确保了与会者能够全身心地投入到研讨会之中。首席执行官参加了首场会议和末场会议，后来他坦承对于没能完整地参加两天的研讨会深感遗憾。

在研讨会上，与会者根据第7章提及的方法完成了关键成功因素的影响范围映射。在这一环节中，我发现与会者对关键成功因素和外部结果的认知存在混淆，以下外部结果被错误地归类为关键成功因素：

- 有效的社区推广和参与。
- 有效的基层领导者、志愿者或员工。
- 与具有共同利益的团体和组织加强合作。
- 营造一个鼓励创新的环境。

与会者根据关键成功因素逐一确定了绩效评价指标，并将其记录在 Excel 电子表格中。现在各团队都有了自己的计分卡和绩效评价指标，以及能够驱动绩效的关键成功因素。然而由于没有满足本书第 3 章中谈及的关键绩效指标的 7 个基本条件，最终该项目缺乏显著的进展（见表 12-4）。

表12-4 关键绩效指标基本条件的具体实现情况

本书建议的基本条件	具体实现情况
1. 同员工、工会和第三方建立合作关系	虽然该政府部门具有良好的沟通渠道，但是并没有邀请任何与之合作的社区领导者参加此次研讨会
2. 向基层授权	已经完成了授权
3. 仅评价和汇报重要的事情	形成了事事皆上报的趋势，"越少越好"的理念并未得到践行
4. 所有的关键评价指标均来源于关键成功因素	从未实现
5. 放弃无法交付成果的流程	有许多活动可以取消，从而为该项目留出更多的时间
6. 在企业内部任命一位关键绩效指标项目团队领导者	从未实现
7. 企业全体员工都能够理解主导性关键绩效指标的内涵	从未实现

政府部门案例研究 2

　　某太平洋小国的一个重要的政府部门计划使用关键绩效指标方法。为了给研讨会的召开筹集资金，它们还邀请了一些来自其他公共部门和私人部门的企业参会。最终政府部门的 30 名工作人员以及来自 10 余个不同企业的 70 名员工参加了研讨会。其中参会人数超过 7 人的企业被分成了更小的团队参加研讨会活动。

　　有趣的是，在研讨会中来自公共部门和私人部门的代表能够相互学习、彼此激励。研讨会形成了一种良好的竞争环境，在对研讨会上的任务进行情况汇报时，表现优异的团队会为其他与会者做出积极的示范，其他团队也会主动调整方法，提高工作效率。

专业会计机构案例研究

　　亚洲一家专业会计机构的首席执行官接触了主导性关键绩效指标的方法后，对此颇感兴趣，因此决定在公司总部召开一场为期 2 天的关键成功因素 / 关键绩效指标研讨会，高级管理团队的所有成员悉数出席。会议的议程和流程与本书第 7 章中介绍的完全相同。

　　该会计机构需要确定一位关键绩效指标项目团队的领导者来推动项目的实施。然而由于该机构业务量较大，而首席执行官日常事务繁杂，因此招聘计划一拖再拖。

　　仔细想来，此次研讨会召开的时间安排得并不合适。应该预先确定好项目的管理者，并确保该管理者参加这场为期 2 天的研讨会。

　　尽管与会者通过研讨会理解了关键绩效指标的 7 个基本条件，特别是对彼得·德鲁克关于放弃的理念做出了热烈的响应，然而他们却始终无法将其真正地付诸实践。与会者没能采取重要的举措取消他们已经确定要放弃的程序和流程，而是为现有的工作所束缚，因此无法腾出更多的精力来实施关键绩效指标项目。

慈善机构案例研究

一家位于欧洲的慈善机构的主要任务是抗击重大疾病，该机构打算重新审查一下对关键绩效指标的使用情况。通过调查发现，该慈善机构在对外发布的文件中使用的是关键成果指标，而针对机构的内部运营使用的是关键绩效指标。

项目经理熟知该慈善机构的具体情况，在绩效管理方面积累了丰富的经验。应项目经理的邀请，我帮助该慈善机构组织了为期 2 天的关键成功因素和关键绩效指标研讨会。

我们决定在召开正式的研讨会之前，先举办一系列网络会议，在会议中对可能的成功因素进行调整。事实证明，通过网络会议，我们在成功因素的认定方面取得了积极的进展，在接下来的研讨会中我们成功地实现了预期目标：确定了该机构的关键成功因素。

当项目团队将研讨会中确定的关键成功因素向董事会汇报时，由于董事会成员都没有参加这两天的研讨会，所以他们对于关键成功因素的认知存在着巨大的知识差距。尽管董事会通过视频会议简单地了解了研讨会的大体情况，但是他们并未深刻地理解关键成功因素的真正内涵，不知道关键成功因素事关企业运营，因此关注的是企业内部的情况。

董事会采取了由外而内的视角，希望关键成功因素能够产生他们预期的结果和影响。董事会要求慈善机构"完成这个目标""完成那个目标"，以此证明企业战略得以成功实施。为达到这一目的，董事会成员修改了关键成功因素，将其变为了外部结果，而这样的做法最终使项目团队的努力变得徒劳无功。

该慈善机构规模较小，因此无法指派一名全职员工负责项目的实施，也不能按照本书第 3 章的建议，安排一位机构内部专职的关键绩效指标项目团队领导者。除此之外，由于该机构工作人员流动频繁，最终导致项目举步维艰、停滞不前。

实施经验

卡普兰和诺顿在其开创性的著作《平衡计分卡：化战略为行动》[1]中指出，16 周的时间足以建立一个与关键绩效指标紧密相关的有效的平衡计分卡。然而，无论企业规模大小、组织结构如何，往往都会在这个过程中遭遇波折、举步蹒跚，于是项目无限延期，16 周常常被拖成 16 个月。关键绩效指标项目团队若想获得成功，关键在于要吸取以下 10 条重要的实施经验：

1. 选择一个小型的关键绩效指标项目团队，全职负责关键绩效指标项目工作。

2. 按照约翰·科特的方法引领变革。

3. 以平衡计分卡的 6 个维度为起点。

4. 关注关键成功因素。

5. 遵循 10/80/10 原则。

6. 建立一种"放手去做、勇往直前"的企业文化和项目流程。

7. 在最初的 12 个月内使用现有的系统。

8. 将所有绩效评价指标录入数据库，确保所有团队均可获得数据库信息。

9. 应遵循数字可视化专家提出的指导方针来设计关键绩效指标汇报格式。

10. 坚持发扬彼得·德鲁克关于放弃的理念。

经验 1：选择一个小型的关键绩效指标项目团队，全职负责关键绩效指标项目工作

除员工人数不足 250 人的小型企业外，对于员工不超过 3000 人的企业，

建议组建一个包含两名成员的专职团队。如果企业规模更大，专职团队人数可增至 4 人，这样关键绩效指标项目团队就可以在不同的地点同时举办两场研讨会。如果项目的外部引导师从项目伊始就参与其中的话，他应该帮助企业的高级管理团队完成项目团队的组建工作。建议可以通过查阅人事档案记录来寻找合适的人选，因为出色的员工常常分布在一些不起眼的岗位上，他们虽默默无闻，却拥有许多珍贵的关于关键绩效指标的工作经验。

你寻找的员工必须具有出色的表达能力，熟谙企业及市场行情，该员工敢于创新，勇于实践，有良好的沟通技能，能够在压力下始终保持乐观向上的心态。关键绩效指标项目团队的领导者需要同时兼任培训师、推销员及项目经理。他们在企业中德高望重、备受尊重，在必要时可以对企业管理者的意见提出疑问。

企业的高级管理团队要确保精心选拔出来的项目团队成员以全职的方式全身心地投入到关键绩效指标项目的工作之中。也就是说，成员们需要将家庭照片从原来的办公室拿到关键绩效指标项目团队的办公室。他们的副手则会搬进他们原来的办公室，接替他们履行职责。这种安排充分体现了接班人计划的优势。

汇报程序

关键绩效指标项目团队一旦组建成功，企业必须为该团队创设一条能够直接向首席执行官汇报的路径（见图 12-4）。如果在汇报程序中存在其他层级，则意味着首席执行官和高级管理团队没有理解"首席执行官和高级管理团队的积极投入"的真正含义。

除了关键绩效指标项目团队以外，企业还需要为每个业务部门或团队确定一名联络员（即协调者）。联络员必须对企业的运营情况了如指掌，能够随时为关键绩效指标项目团队成员提供有关项目的详细的知识和反馈。

高级管理团队成员应该把自己排除在关键绩效指标项目团队之外。如果高级管理团队成员加入项目团队，将会导致一系列的会议被取消。因为他们日常工作庞杂，常常因忙于处理紧急情况而分身乏术。因此，即便是世界上意志力最强的高级管理团队成员，也不可能全身心地专注于一个项目。

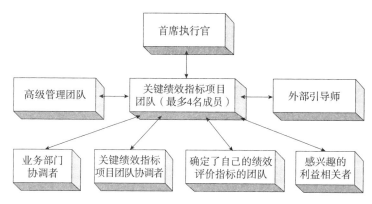

图 12-4　关键绩效指标项目团队直接向首席执行官汇报

内部任命还是外部任命

彼得·德鲁克曾经说过："永远不要把新的工作布置给新的员工。"他认为这种工作的任职者不可能取得成功。当企业实施一项新项目的时候，往往倾向于选择具有专业技能的员工作为项目的顾问并长期任用他，而在德鲁克看来，这种选择是不对的。员工因担心变革导致的工作变化，会努力阻碍项目的实施，所以我们需要在企业内部任命一位关键绩效指标项目团队领导者。他在企业里享有威望、备受尊重，在他向他人寻求支持和帮助时，许多人都愿意施以援手。只有当关键绩效指标项目团队的领导者是企业内部一位值得信赖的员工的时候，那些担心变革的员工才更有可能支持关键成功因素和关键绩效指标计划。

采取这个措施的优点

这一措施会使精心挑选的项目团队与协调者通力合作、互相配合，从而为企业创造更多的成功机会。

经验 2：按照约翰·科特的方法引领变革

在我看来，一半以上的创新举措被否决的原因都在于项目团队未能正确地引领变革。也就是说，如果采取恰当的方法，这些举措本可以获得认可，最终得以顺利实施。

在引领变革这一环节中，你需要事先学习一些技能以弥补常见的不足，否则关键绩效指标项目就很难取得成功，只得无奈放弃。我们需要借助一组特殊的技能才能够更好地引领并推介变革，让变革的理念更加深入人心。我们能够也应该更好地掌握这些技能。本书第 4 章"引领并推介变革"提出：

- 用理性的方法什么也推销不出去！我们必须通过调动企业管理者的情感因素来推动变革。我们需要彻底改变原有模式，采用新的方法向高级管理团队、首席执行官和董事会灌输变革的理念，充分调动他们的情感因素，全力推动变革发生。

- 1996 年，约翰·科特出版了《引领变革》[2] 一书，该书影响深远，迅速成为变革管理领域的一部开创性著作。科特指出：引领变革——真正的、颠覆性的变革——是异常艰难的。在他的著作中，他提出了引领并推介变革的 8 阶段流程，为寻求颠覆性变革的企业提供了清晰的指南。

- 2009 年，扎福和洛根出版了著作《效能突破三法则》[3]。作者指出，每家企业都有一个"默认的未来"，这是每个员工潜意识中认为终将发生的事件，也是员工尽力使之成为现实的未来。如果想要引领变革，需要使员工明白"默认的未来"的荒诞性。请员工思考：当你站在"燃烧的平台"上时，是否想要默认的未来。结论是员工往往会选择打破注定失败的幻觉，重塑未来。正如扎福和洛根所说的："员工会心甘情愿地迈向新的未来。"

- 准备"电梯演讲"对于宣传与推动关键绩效指标项目的重要意义。在此期间，演讲者需要每周对"电梯演讲"的内容进行更新。

- 进行演讲前，最好做好充分的准备和练习。建议参考本书第4章提供的演示报告检查表。

- 企业权威人士的参与对于关键绩效指标项目的重要意义。邀请企业的权威人士参加为期一天的焦点小组会议（如本书第4章所述），在向企业高级管理团队宣传推介关键绩效指标项目之前，应首先获得权威人士的同意与支持。如果首席执行官正在推动这个项目，则可以跳过这一步，让权威人士直接参加第7章中提出的为期两天的关键成功因素研讨会。按照约翰·科特的建议，你需要组建一支卓越的变革领导团队。

- 我们需要擘画一幅全面的蓝图。效仿丰田公司的管理原则：不急于做决策……快速，执行决策。

- 快速制胜的重要意义。快速制胜的好处显而易见，然而人们却常常忽视其重要作用。要知道高级管理团队时常会被怀疑患有注意力缺陷障碍。因此，有条不紊、默默无闻地推动工作常常会将你置于被忽视和遗忘的风险之中。我们需要一些可以轻松获取的阶段性胜利，以便首席执行官能够公开举办庆祝活动，通过快速制胜的案例强化企业上下和企业合作伙伴的信心，以便鼓舞士气。

高级管理团队的态度至关重要——如果高级管理团队对该环节缺乏足够的理解、承诺和关注，那么关键绩效指标项目就很难取得成功。对项目团队和高级管理团队来说，将关键绩效指标项目和其他不太重要的项目置于同等地位的情况屡见不鲜。

高级管理团队必须全身心地投入到关键绩效指标项目中，大力推动项目在企业的顺利进行。如果方法得当、进展顺利，关键绩效指标项目将会营造出有利于企业发展的动态环境。而在此之前，关键绩效指标项目团队必须事先向高级管理团队推介关键绩效指标项目的理念。只有得到高级管理团队的赞同和支持，关键绩效指标项目才会成为企业一切工作的重中之重，高级管理团队才能够舍弃其他一些分散注意力的项目，始终关注关键绩效指标项目。

一位高级顾问评论道：

高级管理人员往往将开发平衡计分卡视为其工作的最终目标，希望草草地将平衡计分卡拟定下来并借此使老板满意。然而，如果企业的高级管理团队不能以战略的眼光看待企业的愿景，就无法将平衡计分卡视为帮助他们更好地了解与管理企业的工具，那么当项目遇到困难时（例如，无法决定使用哪种关键绩效指标或应该怎样进行权衡），他们就会对项目逐渐失去兴趣。还应注意的是，虽然高级管理团队的作用不可忽视，但首席执行官的影响更为重要。首席执行官必须是关键绩效指标项目的核心驱动者，需要始终关注平衡计分卡，时刻强调其重要性。

人们发现，当新的首席执行官上任时，平衡计分卡和关键绩效指标项目也常常会陷入僵局。遗憾的是，首席执行官对于平衡计分卡的经验各不相同，因此董事会应任命那些熟悉现代绩效评价方法的人为企业的首席执行官。

采取这个措施的优点

高级管理团队将会因为参与到关键绩效指标的动态项目中而获得一种成就感，而企业的权威人士对项目的鼎力支持会使员工的主人翁意识更强。

经验 3：以平衡计分卡的 6 个维度为起点

在我看来平衡计分卡模式虽然有自身的不足，但企业需要一个平衡的策略，要用一种更加全面、平衡的方法来评价绩效。因此，我建议以平衡计分卡的 6 个维度为起点，实施关键绩效指标项目。

在很多情况下，人们耗费大量的时间在平衡计分卡的维度、名称及设计等问题上争论不休。高级管理团队喜欢这种理性化的思考，然而上述争论常常模糊了工作的重点，偏离了正确的方向，对项目而言并不会创造出多少价值。我曾见过一个政府部门的团队花费几个月的时间为企业平衡计分卡的维度命名，而在定义关键成功因素方面却毫无进展。让我来帮助你把问题变得简单一些。你将需要以下几个方面的维度：

1. 一个财务绩效方面的目标——我们称之为"财务成果"维度。

2. 一个员工创新与发展方面的目标——我们称之为"创新和学习"维度。

3. 一个客户满意度方面的目标——我们称之为"客户至上"维度。

4. 一个内部业务流程方面的目标——我们称之为"内部流程"维度。

5. 一个员工满意度方面的目标——我们称之为"员工满意度"维度。

6. 一个关于环境与社区的关系的目标——我们称之为"环境和社区"维度。

使用上面建议的 6 个维度意味着项目团队在项目开始的前 6~12 个月中拥有了一份更易于实施的企业维度模板。一年之后，当高级管理团队和员工在项目实施过程中积累了丰富的经验和知识时，就可以根据自己对项目的理解调整维度的名称，从而更好地适应企业的需求。

采取这个措施的优点

高级管理团队的成员可以把有限的时间投入关键绩效指标项目更重要的领域。

经验 4：关注关键成功因素

关键成功因素，顾名思义，就是员工每日需完成的能够影响企业绩效的事务或方面。关键成果指标、成果指标、绩效指标和关键绩效指标都属于实际的绩效评价指标，自然应该与企业内部的关键成功因素联系在一起。高级管理团队需要将工作聚焦于为关键绩效指标项目团队提供关键成功因素，这一点尤为重要。如果处理得当，确定主导性关键绩效指标则会变得容易得多。

大多数企业都了解它们的成功因素。但是，很少有企业能够：

- 恰当地表述企业的成功因素。
- 将成功因素从预期的外部结果中分离出来。
- 从众多成功因素中找到其中最重要的因素，即关键成功因素。
- 向员工传达关键成功因素。

如果企业没有设计一个全面的工作方案来确定关键成功因素，那么确定绩效评价指标的工作势必变为一个随意的过程，结果只会是产出大量无效的评价指标。这些指标只会导致大量毫无意义的汇报，让绩效评价越发远离企业的战略方向。

关键成功因素明确了关乎企业健康和活力的重要事务。在最开始探究企业的关键成功因素时，你可能会提出10~15个事务，认为这些事务对企业的持续健康发展起到至关重要的作用。接下来需要对这些事务进行进一步的精简，此项工作相对容易。因为更为重要的关键成功因素具有更加广泛的影响，能够作用于许多其他的成功因素。而最理想的结果是将关键成功因素限制在5~8个。

一旦企业确定了正确的关键成功因素，寻找关键绩效指标的工作就会变得容易许多，因为关键绩效指标就隐藏在关键成功因素之中，这一流程详见本书第7章内容。

采取这个措施的优点

确定企业内部的关键成功因素是企业管理的黄金定律。这将对企业员工产生深远的影响，因为他们会第一次意识到每天的工作重点是什么。除此之外，关键成功因素还有助于将员工的日常活动与企业战略联系起来，从而改进各种形式的绩效报告。

经验 5：遵循 10/80/10 原则

许多平衡计分卡之所以失败，是因为使用了错误的绩效评价指标。在确定绩效评价指标时，大量的指标被错误地认定为关键绩效指标。在我看来，许多企业并没有找出真正的关键绩效指标——一些具有鲜明特征的评价指标（关键绩效指标的特征详见本书第 1 章）。

卡普兰和诺顿[4]建议关键绩效指标一般不超过 20 个。霍普和弗雷泽[5]则建议，关键绩效指标不要超过 10 个。本书介绍的"10/80/10 原则"是一个很好的指导原则，即包含 10 个关键成果指标，最多 80 个成果指标和绩效指标，10 个关键绩效指标。

关键绩效指标项目团队需要深刻理解关键成果指标、成果指标、绩效指标和关键绩效指标的不同特点，并能够对其进行正确的区分。关键绩效指标项目团队的一项重要职责就是让所有相关员工了解这些评价指标之间的差异。

许多企业将所有的评价指标都称为关键绩效指标，结果得出 200 多个关键绩效指标。这样将使关键绩效指标项目陷入一片混乱。所有的著名学者都赞同一个观点："多而杂不如少而精。"

许多顾问、作家和企业经理都混淆了成果指标和关键绩效指标。销售额、净利润、客户满意度和已动用资本回报率都不属于关键绩效指标，它们只是许多事件发生的结果。这些指标都是关键成果指标。依据这类指标，企业的管理者可以知道企业是否在朝着正确的方向前进。如果存在任何问题，关键成果指标会将问题显示出来，但并不会提示你应该采取怎样的补救措施。关键成果指标可以为董事会提供有益的信息，但这些信息并不涉及企业的日常管理。

关键绩效指标深藏于关键成果指标之后，它将首席执行官与一线员工成功地联系在一起。在白天或者清晨，首席执行官会审查关键绩效指标并直接联系相关员工，要求他们对出现的问题做出解释或及时地对他们取得的成就给予嘉许。因为关键绩效指标不会影响全部的团队，所以并不是每一个团队都拥有关键绩效指标。一些团队仅拥有成果指标和绩效指标。值得注意的是，10/80/10原则适用于整个企业。如果企业包含完全独立的、毫无关联的业务部门（例如，生产雨伞和冰激凌的部门），那么该原则可同时应用于此类不同的部门。

采取这个措施的优点

关键绩效指标项目团队能够立即将注意力集中到最终成果上（即按照10/80/10原则确定的最终的评价指标），而不需要尝试从200多个绩效评价指标中挑选出80个关键绩效指标。

经验6：建立一种"放手去做、勇往直前"的企业文化和项目流程

关键成果指标、成果指标、绩效指标和关键绩效指标的比例结构很难一次就设计得准确合理。卡普兰和诺顿非常赞同耐克公司的口号"放手去做、勇往直前"。高级管理团队和关键绩效指标项目团队需要积极建立一种"放手去做、勇往直前"的企业文化。为实现这一目标，建议项目团队阅读本书第6章中列出的关键参考书目。

"放手去做、勇往直前"的企业文化意味着团队不必再依赖于外部专家来组织项目的运行。许多首席执行官对于大规模的项目都很慎重，他们往往选择将其交由收费昂贵的国际咨询公司的员工去管理。因此在过去的几十年里，咨询费高达数十万乃至数百万美元的项目屡见不鲜，而最终的效果却往往都不尽如人意，无法达到企业的预期。"放手去做、勇往直前"的企业文化让项目团队坚信自己的能力，相信凡事皆能做到。项目外部引导师的作用就是确保项目团队成员能够保持自信（但并非过度自信），掌握未来所需的所有必要的技能（例

如，进行有说服力的关键绩效指标汇报），并能够理解本书提供的各类模板。

采取这个措施的优点

这一措施避免了项目的延误，关键绩效指标项目有望在 16~20 周完成。

经验 7：在最初的 12 个月内使用现有的系统

在最初的 12 个月内，项目团队应该提倡使用企业现有的软件程序来收集和汇报绩效评价指标。企业常见的应用软件包括微软的 Excel、PowerPoint、Teams、Access 和 OneNote 等。

在项目的开始阶段没有必要购买专门的软件，这是因为应用于平衡计分卡的软件程序并不适于收集、汇报绩效评价指标，因此关键绩效指标项目团队需要时间来了解两者的差异。

企业的内联网软件是非常有益的资源，这些应用软件可以帮助团队建立起自己的内联网站，这样，任何对开发绩效评价指标感兴趣的人都可以进入网站，为项目实施贡献自己的力量。这些应用软件可以提供预先设定好格式的列表，上面带有截止日期，以保证公告内容的时效性。此外，应用软件还为团队成员相互协作、共同开发关键绩效指标文件以及按时完成绩效评价指标汇报提供了有效的平台。

团队需要经常更新关键绩效指标内联网站上的内容。更新工作极为重要，只能交由指定的系统管理员来完成。

采取这个措施的优点

企业可以使用现有的应用软件为发现的问题迅速找出解决方案，这一措施将会确保项目正常进行，避免因新系统购置前的评估测试及接下来的采购与实施而造成进度延误。

经验 8：将所有绩效评价指标录入数据库，确保所有团队均可获得数据库信息

在 16 周的时间内，我们会发现大量的绩效评价指标，尽管它们不是排名前 10 的关键绩效指标，但与业务团队和服务团队的工作高度相关。接下来，项目团队需要创建一个数据库，用来记录这些评价指标，并通过关键绩效指标内联网的主页向企业其他员工传达这些指标。关于数据库的内容详见本书第 9 章。

数据库不仅应列出当前团队确定的所有评价指标，而且应包含所有被淘汰的评价指标。数据库中的评价指标应保持一致性和完整性，这样，项目团队就可以协助其他各类团队和业务部门，为它们提供数据库信息（例如，只要指标符合团队的个体情况，一个团队设计的一个评价指标就能够且应该被其他团队使用）。

在项目实施的过程中，项目团队必须定期清理数据库，剔除重复的指标，确保指标的前后一致性（例如，关键绩效指标项目团队可以向一个团队提出以下建议，"你可以参考一下评价指标 Y，因为团队 A、B 和 C 都选择使用这个指标"）。

采取这个措施的优点

这一措施将为所有人提供一个全面的、易于操作的数据库资源。

经验 9：应遵循数字可视化专家提出的指导方针来设计关键绩效指标汇报格式

随着时代的发展，数字可视化领域的重要性与日俱增。仅仅凭借想象就可以设计出赏心悦目的汇报格式的想法已不合时宜。数字可视化是一门科学，斯蒂芬·菲尤正是该领域的知名专家。

斯蒂芬·菲尤在数字可视化领域做出了巨大的贡献，他所撰写的相关著作成为亚马逊网站该分类下排名前 3 的畅销图书。我建议企业的高级管理团队相

信关键绩效指标项目团队的判断力，放心地将汇报格式的设计工作（全天候、每天、每周、每月汇报）交由他们完成。高级管理团队应该告诉关键绩效指标项目团队，自己很乐于使用他们的汇报格式。这一环节的关键是项目团队内部应达成一致，将对格式的修改建议记录下来，最后在事先商定的审查阶段研究这些建议。许多建议的修改内容最后都没能经受住时间的检验，这种情况并不令人感到意外。

关键绩效指标项目团队应该充分利用本书第 10 章提供的汇报模板，然后尝试开发自己的汇报格式。

采取这个措施的优点

理解斯蒂芬·菲尤的观点，将有助于提升信息汇报的效果，增强汇报的吸引力，使汇报迅速地激发预期行为。

经验 10：坚持发扬彼得·德鲁克关于放弃的理念

在德鲁克提出的众多经典理论中，最具影响力的就是关于"放弃"的理念。德鲁克认为，放弃是一股重要的力量，是创新的源泉。"放弃"说明管理层已经意识到一些举措将永远无法实现预期的效果，因此应该尽早面对现实，果断放弃。重要的是企业必须给关键绩效指标项目团队留出充足的时间，并为项目的实施投入足够的时间和精力。

"放弃"这一理念极其重要，是主导性关键绩效指标方法的 7 个基本条件之一。为了能够成功地制定并运用关键绩效指标，企业需要做到以下几点：

1. 每个月设立一个放弃日，在那天，各个团队向企业汇报计划放弃的内容。其他团队可以在 24 小时内对放弃的内容提出申诉。

2. 赞扬最勇于放弃的团队。

3. 将所有绩效评价指标录入数据库，放弃过时的和有严重问题的评价指标。

4. 如果完成绩效汇报的方式与上个月和上上个月一样，而且报告根本无人阅读，那么就要毅然放弃这样的报告。

5. 有的企业召开绩效考核会议仅仅为例行公事，会后也并不会采取任何带来积极效应的后续行动，这样的会议应该放弃。

6. 放弃无效的平衡计分卡。

7. 放弃将关键绩效指标与绩效相关的薪酬挂钩，这一点见本书的引言和第2章内容。

采取这个措施的优点

这一措施为项目的创新提供了更多空间。

与其他关键绩效指标方法的比较

卡普兰和诺顿的著作《平衡计分卡：化战略为行动》[6] 是一项极具开创性的成果，每一个关键绩效指标项目团队的成员和外部引导师都应该认真阅读。这本书给予我许多有益的指点，我会在重要之处做上标记，以便随时查阅。本章末附有该著作 PDF 格式的章节摘要，读者可以下载阅读。

本节中我要介绍一些其他的关键绩效指标方法。我坚信，在充分研究与比较这些方法之后，企业内部项目团队会找到一个最适合他们的方法。有时，我们需要取消某种方法中的一项任务，并代之以另一种方法中的任务。该做法合乎企业的实际情况，是十分可取的。

平衡计分卡

卡普兰和诺顿在平衡计分卡方法领域贡献卓著，他们指出企业战略必须保持平衡，应在精心设计的基础之上，对其实施过程进行监控和管理。

卡普兰和诺顿的论文一经哈佛商学院发表即震动了管理界，其后续著作《平衡计分卡：化战略为行动》更是一跃成为经典的必读书目。卡普兰和诺顿在较短的时间内收集并整理了大量的案例，作为同在此领域的作者，我对他们的巨大努力和贡献钦佩不已。然而在过去的 20 年里，我注意到，虽然用平衡计分卡汇报绩效的方法得到了广泛的肯定和认同，但采用平衡计分卡帮助实施战略计划的举措却屡屡遭遇失败。

我认为平衡计分卡项目失败的原因在于缺少强大的支持，就像一张没有腿的桌子，虽然暂时可用，却并不长久。我们需要为平衡计分卡项目提供更加坚实的支持，包括：①关键绩效指标是特殊的评价指标，具有 7 个基本特征（见第 1 章）；②确保评价指标的"阴暗面"最小化（见"序言"）；③由企业内部员工领导和管理关键绩效指标项目（见第 3 章）；④所有的评价指标均来自企业内部的关键成功因素（见第 7 章）。具体如图 12-5 所示。

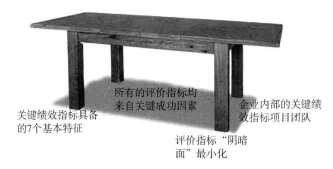

图 12-5　平衡计分卡方法的 4 个基础条件

平衡计分卡与主导性关键绩效指标方法的主要区别

在反复阅读卡普兰和诺顿著作的过程中，我发现了平衡计分卡与主导性关键绩效指标方法存在一些区别，包括：关键绩效指标的主要作用和特点、有效的绩效评价指标的确定方法、超前指标和滞后指标的辨析等。具体区别如表12-5所示。

表12-5　平衡计分卡与主导性关键绩效指标方法之间的区别

主导性关键绩效指标方法	平衡计分卡方法
绩效评价指标的主要作用是帮助员工每天关注企业内部的关键成功因素	卡普兰和诺顿认为绩效评价指标的主要作用是监督企业战略举措的实施
所有的关键绩效指标都是非财务指标，企业需要频繁对其进行评价。除此之外，关键绩效指标还应具备5个其他的特征，因此数量稀少，一家企业关键绩效指标的数量应不超过10个。除关键绩效指标之外，评价指标还包括成果指标、关键成果指标和绩效指标	卡普兰和诺顿将所有的评价指标都称作关键绩效指标
绘制企业成功因素的影响范围映射，避免将这些成功因素纳入任何平衡计分卡的维度，在此基础上确定企业内部的关键成功因素	卡普兰和诺顿专注于战略映射过程，在这个过程中，战略目标和成功因素完全符合平衡计分卡的维度。这表明，每一个行动或决定都会对企业中的某些方面产生影响，你可以将这种因果关系归结为一两种关系
关键成功因素和关键绩效指标常常与不止一个平衡计分卡维度相关联。实际上，本书提及的"飞机准时起飞和到达"这一关键成功因素对平衡计分卡的所有6个维度都会产生影响	卡普兰和诺顿认为这些维度之间界限分明，每个维度都与企业的战略目标巧妙地彼此呼应。战略目标简洁地描述了为实施企业战略，企业针对每个维度需要做好的工作（即成功因素）
成功因素的影响范围映射反映了成功因素的多重关系	战略映射只产生一个或者两个因果关系
了解企业内部的关键成功因素对确定关键绩效指标至关重要	卡普兰和诺顿的著作并未提及关键成功因素

（续）

主导性关键绩效指标方法	平衡计分卡方法
绩效评价指标源自关键成功因素	绩效评价指标源自企业的战略举措
增加了"员工满意度"和"环境和社区"维度，共包含6个平衡计分卡维度。将"学习和成长"维度改回为原来的"创新和学习"	卡普兰和诺顿提出了评估绩效的4个维度：财务成果、客户至上、内部流程、学习和成长
评价指标关注过去、当前或将来的活动	绩效评价指标要么是超前评价指标，要么是滞后评价指标
认为主导性关键绩效指标必须由企业内部团队实施。要遵循彼得·德鲁克的理念"永远不要把新的工作布置给新的员工"	平衡计分卡方法复杂，在很大程度上依赖于顾问的指导
不需要应用程序。在某些阶段，需要一个报告工具用来监控和汇报评价指标	将大量的平衡计分卡应用程序应用于支持战略映射会产生数百个绩效评价指标，而这些评价指标与企业内部的关键成功因素毫无联系
本书为关键绩效指标项目实施提供了工具箱，其中包括检查表、研讨会议程、数据库模板、汇报格式以及所有流程的指南	平衡计分卡的图书主要提供了一种学术方法，其中很少论及项目的实施指南。这说明你将需要一个顾问来指导项目的实施

确定平衡的策略

卡普兰和诺顿提出的一个最为闪光的理念是：无论规模大小，企业都需要确定一个平衡的策略，而企业的战略举措也应体现这种平衡性。而将企业战略传达给项目团队也很重要。为了协助项目的顺利实施，卡普兰和诺顿在书中提供了相关的工具和图表。

图12-6展示了两种不同方法的主要关注领域。

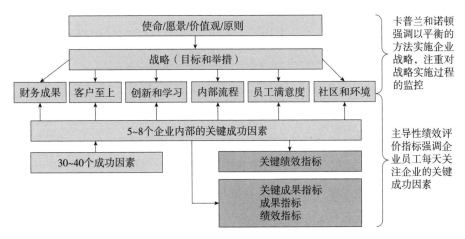

图 12-6 平衡计分卡与主导性关键绩效指标方法的主要关注领域

斯泰西·巴尔的 PuMP

在过去 20 年的时间里，斯泰西·巴尔一直在帮助世界各地的企业寻找能够驱动绩效的评价指标。她所开创的方法有效地弥补了平衡计分卡和其他方法的一些不足。巴尔认为许多企业都有一个专门的评价绩效的方法，然而一些企业并未投入足够的时间与精力，故未能制定出有意义的评价指标。

斯泰西·巴尔的著作《实用绩效评价指标：用 PuMP 蓝图建立快速、便捷、引人入胜的关键绩效指标》[7] 影响深远，是关键绩效指标项目团队和外部引导师的必读图书。

巴尔开发了一种非常成功的方法——在循序渐进的过程中，运用简单的技术和模板，创造出能够驱动战略进展的有意义的评价指标。该方法包括以下 8 个步骤：

- 步骤 1：理解评价的目的。
- 步骤 2：映射可评价的结果。
- 步骤 3：设计有意义的评价指标。

- 步骤 4：建立对评价指标的认可。

- 步骤 5：实施评价指标。

- 步骤 6：汇报绩效评价指标。

- 步骤 7：解读评价指标发出的信号。

- 步骤 8：达到绩效目标。

斯泰西·巴尔将这种方法称为 PuMP，巴尔和我都认为，企业确定并实施的评价指标应该是那些通过员工实践和高级管理团队监控产生积极效应的指标。读者可以访问 www.staceybarr.com，了解更多关于 PuMP 的信息。PuMP 与主导性关键绩效指标方法之间的区别如表 12-6 所示。

表12-6　PuMP与主导性关键绩效指标方法之间的区别

主导性关键绩效指标方法	PuMP
绩效评价指标的主要作用是帮助员工每天关注企业内部的关键成功因素	巴尔认为绩效评价指标的功能更多是支持企业战略举措的实施
我认为非财务指标是企业绩效的主要驱动因素，因此关键绩效指标作为重要的评价指标都是非财务指标	巴尔对关键绩效指标的定义较为宽松，允许企业拥有财务的关键绩效指标
对企业而言，成功因素比战略更为重要，它是能够持续影响企业健康、活力和福祉的事件或者方面	巴尔将关键成功因素视为"涵盖了一类相关目标的重要主题"
成功因素的影响范围映射显示了成功因素的多重关系	巴尔的成果映射过程深受欢迎，在不久的将来，它将取代战略映射
当确定平衡的策略以及制定关键成功因素和绩效指标时，企业需要考虑平衡计分卡的 6 个维度： 1. 财务成果 2. 创新和学习（取代学习和成长） 3. 客户至上 4. 内部流程 5. 员工满意度 6. 环境和社区	巴尔认为平衡计分卡是一个有效的战略工具而非评价工具。在巴尔看来用平衡计分卡汇报绩效的方法在某种程度上缺乏科学性。PuMP 并没有将平衡计分卡的维度作为评价绩效的工具

（续）

主导性关键绩效指标方法	PuMP
存在两类绩效评价指标： **成果指标**：成果指标说明许多评价指标是多个团队成果的总和。这些评价指标在评价各团队共同的工作效果时很有帮助，但遗憾的是，它们并不能帮助管理者解决问题，因为管理者很难通过该指标确定究竟是哪个团队达到最佳绩效，哪个团队未完成绩效 **绩效指标**：绩效指标可以与一个或者几个为共同目的密切合作的团队相关联。业绩的好坏与某个团队直接相关，可以通过该指标追溯到具体的团队。这类指标反映出更加清晰的权责情况	巴尔将所有的评价指标都称作"绩效评价指标"，因此没有区分成果指标和绩效指标

PDF 模板

为了协助关键绩效指标项目团队开展工作，本书提供了一些模板和检查表。读者可以登录 kpi.davidparmenter.com/fourthedition，免费获取以下 PDF 模板和检查表：

- 罗伯特·卡普兰和大卫·诺顿的《平衡计分卡：化战略为行动》概要（Chapter-by-chapter outline of Robert Kaplan and David Norton's *The Balanced Scorecard: Translating Strategy into Action* ）。

- 斯泰西·巴尔的《实用绩效评价指标：用 PuMP 蓝图建立快速、便捷、引人入胜的关键绩效指标》概要（Chapter-by-chapter outline of Stacey Barr's *Practical Performance Measurement: Using the PuMP Blueprint for Fast, Easy, and Engaging KPIs* ）。

注释

1. Robert S. Kaplan and David P. Norton, *The Balanced Scorecard: Translating Strategy into Action* (Boston: Harvard Business Press, 1996) .

2. John Kotter, *Leading Change* (Boston: Harvard Business Review Press, November, 2012) .

3. Steve Zaffron and Dave Logan, *The Three Laws of Performance* (San Francisco: Jossey-Bass, 2011) .

4. 同 1。

5. Jeremy Hope and Robin Fraser, *Beyond Budgeting: How Managers Can Break Free from the Annual Performance Trap* (Cambridge: Harvard Business School Press, 2003) .

6. 同 1。

7. Stacey Barr, *Practical Performance Measurement: Using the PuMP Blueprint for Fast, Easy, and Engaging KPIs* (The PuMP Press, 2014) .

附录

绩效评价指标数据库

在召开研讨会之前，关键绩效指标项目团队应积极地与高级管理人员就评价指标展开探讨，通过查阅企业档案、审核月度报告以及与其他企业交流学习等方式，事先收集并记录绩效评价指标。

接下来，关键绩效指标项目团队需要将研讨会期间提出的所有评价指标记录下来，并在对其进行整理、修改后录入数据库以供企业员工查看。所有员工均可以以只读的方式查看数据库，但只有关键绩效指标项目团队有权对数据库内容进行修改。

为了协助项目团队开展此项工作，附录会提供一些不同范畴的绩效评价指标。在最终审核确定评价指标时，附录中的表格将作为一个宝贵的资源提供参考与借鉴。读者可以通过登录 www.davidparmenter.com 访问该数据库（需支付少量费用）。

受斯泰西·巴尔著作的启发，我发现可以从以下两个维度来评估潜在的评价指标的有效性：

1. 当作为绩效评价指标时，该指标的强度有多大？（5 ＝非常强；1 ＝非常弱。）

2. 实施该指标的可行性如何？（5 ＝非常容易，有现成的数据；3 ＝需要特殊的要求来收集数据；1 ＝数据很难收集。）

项目团队应该根据与评价指标相关的关键成功因素来评估各指标的强度。而在以下列表中，我将根据它们能够成为评价指标的概率赋予各指标权重。

在研讨会期间，参会者应在关键成功因素的基础上确定评价指标。在此之前不应将此表提供给参会者，否则参会者会因受表格影响而无法发现潜在的评价指标。该数据库将评价指标分为成果指标和绩效指标，包含关键绩效指标和关键成果指标。需要由关键绩效指标项目团队对相关评价指标进行分类。

数据库关键词

过去：所有指标用于评价过去的活动 ⊖。

当前：所有指标用于评价前一天或当天的活动。

未来：所有指标用于评价将来要发生的活动（例如，下次和关键客户会面的日期、下次开产品发布会的日期等）。

评价指标类别索引
1. 客户 / 关键客户 / 新客户 / 销售渠道 / 客服中心 / 品牌知名度
2. 质量 / 按时交付 / 订单处理 / 定价
3. 健康和安全 / 事故 / 应急响应
4. 社区参与 / 环境 / 浪费 / 公共关系
5. 招聘 / 学生实习

⊖ 评价前一天活动的指标为当前评价指标。

（续）

评价指标类别索引

6. 员工满意度 / 旷工 / 员工流动率 / 表彰 / 员工休假 / 沟通

7. 资本支出 / 现金流 / 成本控制 / 债务人 / 财务报告 / 盈利能力 / 应付账款 / 工资

8. 内部流程 / 放弃 / 承包商管理 / 信息技术服务台 / 员工管理

9. 库存

10. 新产品 / 研发 / 专利

11. 创新 / 精益流程 / 培训

12. 生产 / 维护 / 使用 / 安全 / 系统 / 交通工具

13. 项目

14. 总公司

评价指标	评价频率	时间区间（过去、当前、未来）	成果指标（R）或绩效指标（P）	强度	可行性	关键词	评价指标类别
网站的搜索引擎排名	每月1次	过去	R	3	3	品牌知名度	1
关键品牌的市场占有率	每季度1次	过去	R	5	2	品牌知名度	1
主要产品线的市场占有率	每季度1次	过去	R	3	3	品牌知识度	1
客服中心的电话放弃率——呼叫者放弃等待	每天1次	当前	P	5	5	客服中心	1
等待超过_____秒钟的电话	每天1次，某些情况下全天候进行评价	当前	P	5	5	客服中心	1
由客服中心首次接听并给出答复的电话（不必转接到另一方）	每天1次，某些情况下全天候进行评价	当前	R	5	5	客服中心	1
上季度制度和协议规定客服中心员工接受的培训小时数	每月1次	过去	R	3	3	客服中心	1
来电的平均持线等待时长	每月1次	过去	R	3	2	客服中心	1
来电的高峰持线等待时长	每月1次	过去	R	3	2	客服中心	1
未来3个月内计划采取的增加销售人员与客户接触的时间的举措数目	每月1次	未来	R	5	5	客户	1

（续）

评价指标	评价频率	时间区间（过去、当前、未来）	成果指标（R）或绩效指标（P）	强度	可行性	关键词	评价指标类别
当月的信用证价值	每月1次	过去	R	4	4	客户	1
解决客户问题的平均时间	每月1次	过去	R	4	2	客户	1
48小时内发出的维修部件的百分比	每月1次	过去	R	5	5	客户	1
无法带来利润的客户清单以及建议采取的行动	每季度1次	过去	R	5	4	客户	1
客户首次电话投诉未解决的情况	每天1次	当前	R	3	5	客户	1
从客户咨询到销售团队做出回应的平均时长	每周1次	过去	R	4	3	客户	1
为增进高级管理团队对客户需求的了解，下一次举办相关的活动的日期	每月1次	未来	P	2	5	客户	1
在项目开始时，预付>__%的客户的百分比	每月1次	过去	R	3	4	客户	1
首次设计完全符合客户要求的主要项目所占的百分比	每月1次	过去	R	3	3	客户	1
不同类别的平均客户规模（A类为排名前20%的客户）	每季度1次	过去	R	3	3	客户	1

（续）

评价指标	评价频率	时间区间（过去、当前、未来）	成果指标（R）或绩效指标（P）	强度	可行性	关键词	评价指标类别
营销费用占收入的百分比	每季度1次	过去	R	2	1	客户	1
周末仍未解决的来自其他客户（非关键客户）的投诉	每周1次	过去	P	3	5	客户	1
针对产品质量问题提供信用证的平均用时	每周1次	过去	P	3	3	客户	1
未解决的其他客户（非关键客户）的服务请求	每周1次	过去	P	4	4	客户	1
需跟进的客户初次查询服务的数量	每周1次	过去	P	3	5	客户	1
分期付款未还清的客户数量	每周1次	过去	R	3	5	客户	1
项目完成后的重点总结工作（仅针对重要的客户项目）	每周1次	过去	P	3	5	客户	1
交付重要项目时，上一次与关键客户进行联系的日期（只列出重要项目的情况）	每周1次	过去	P	3	5	关键客户	1
几个小时内仍未解决的来自关键客户的投诉（向首席执行官和总经理汇报）	全天候进行评价	当前	P	5	5	关键客户	1

（续）

评价指标	评价频率	时间区间（过去、当前、未来）	成果指标（R）或绩效指标（P）	强度	可行性	关键词	评价指标类别
关键客户的服务要求超过 48 小时仍未解决的情况（向总经理汇报）	全天候进行评价	当前	P	4	5	关键客户	1
销售团队未做出回应的关键客户查询（24 小时以上）	每天 1 次	当前	P	5	5	关键客户	1
下次举办关键客户焦点小组会议的日期	每季度 1 次	未来	P	4	4	关键客户	1
下次拜访关键客户的日期（提供按客户姓名排序的清单，向首席执行官汇报）	每周 1 次	未来	P	5	5	关键客户	1
高级管理人员需要实施补救措施的关键客户投诉的数量	每月 1 次	过去	P	5	5	关键客户	1
上个月拜访关键客户的次数	每月 1 次	过去	P	3	5	关键客户	1
关键客户发起的合同变更的数量	每月 1 次	过去	R	3	3	关键客户	1
与关键客户沟通的次数	每季度 1 次	过去	P	4	4	关键客户	1
上个季度关键客户人数的变动情况	每季度 1 次	过去	R	3	4	关键客户	1

（续）

评价指标	评价频率	时间区间（过去、当前、未来）	成果指标（R）或绩效指标（P）	强度	可行性	关键词	评价指标类别
产生显著净利润（超过__美元）的关键客户的数量	每季度1次	过去	R	5	3	关键客户	1
合作项目覆盖的关键客户的百分比	每季度1次	过去	R	4	5	关键客户	1
关键客户业务的百分比（由关键客户汇报）	每季度1次	过去	R	5	2	关键客户	1
关键客户收益率	每季度1次	过去	R	4	2	关键客户	1
向关键客户报价的及时性和准确性	每周1次	过去	P	4	3	关键客户	1
每周向关键客户销售主要产品线的金额（不超过5条产品线）	每周1次	过去	R	3	3	关键客户	1
发给关键客户的信用证的数量	每周1次	过去	R	4	5	关键客户	1
根据最近一次关键客户满意度调查而实施的项目的数量	调查后每周评价1次，持续3个月	过去	P	5	5	关键客户	1
关键客户推荐的新客户的数量	每季度1次	过去	R	5	4	新客户	1
其他客户（不包括关键客户）推荐的新客户的数量	每季度1次	过去	R	3	3	新客户	1

（续）

评价指标	评价频率	时间区间（过去、当前、未来）	成果指标（R）或绩效指标（P）	强度	可行性	关键词	评价指标类别
下个月、未来 2~3 个月、未来 4~6 个月为吸引**新客户**购买 / 使用我们产品或服务计划实施的项目数量	每月 1 次	未来	R	5	5	新客户	1
下次为吸引目标**新客户**而实施项目的日期	每季度 1 次	未来	P	5	5	新客户	1
本月**新客户**的数量	每月 1 次	过去	R	3	4	新客户	1
通过不同销售方式吸引**新客户**而获得的销售收入（例如：推荐、促销活动、发掘潜在客户、网站宣传等）	每月 1 次	过去	R	3	3	新客户	1
下个月、未来 2~3 个月、未来 4~6 个月计划由**首席执行官**在社区中、会议上和公共论坛上**发表演讲**的数量	每月 1 次	未来	P	5	5	销售渠道	1
下个月、未来 2~3 个月、未来 4~6 个月计划由**高级管理团队**在社区中、会议上和公共论坛上**发表演讲**的数量	每月 1 次	未来	P	5	5	销售渠道	1
投标成功 / 失败的百分比	每季度 1 次	过去	R	4	5	销售渠道	1

（续）

评价指标	评价频率	时间区间（过去、当前、未来）	成果指标（R）或绩效指标（P）	强度	可行性	关键词	评价指标类别
为产品 / 服务开发新市场进行的投资（美元）	每季度1次	过去	R	3	2	销售渠道	1
过去___月未捐赠的关键捐赠者	每月1次	过去	P	5	3	销售渠道	1
不同业务部门交叉销售额所占的百分比	每月1次	过去	R	5	3	销售渠道	1
收到的用于投资的客户基金	每月1次	过去	R	4	5	销售渠道	1
代理商创建的领先品牌的数量	每月1次	过去	P	5	5	销售渠道	1
造成损失的中标的数量	每月1次	过去	R	3	3	销售渠道	1
两年未更新的客户记录的数量	每月1次	过去	R	4	4	销售渠道	1
社交媒体上未给出答复的客户负面评价的数量	每周1次	过去	R	3	3	销售渠道	1
向关键客户延迟交付 / 不完全交付的情况	全天候进行评价	当前	P	5	5	按时交付	2
按时交付的百分比（不包括关键客户）	每月1次	过去	R	4	4	按时交付	2
按时交付的百分比（展示过去18个月的进展情况）	每月1次	过去	R	5	5	按时交付	2

（续）

评价指标	评价频率	时间区间（过去、当前、未来）	成果指标（R）或绩效指标（P）	强度	可行性	关键词	评价指标类别
由于生产延误而由快递服务公司运输的**客户订单**	每月 1 次	过去	P	4	5	按时交付	2
未来 3 个月为**增加按时交付的订单数量**而计划采取的措施数量	每周 1 次	未来	R	4	4	按时交付	2
因某种原因被取消的订单（类别限于 5 个以内）	每周 1 次	过去	R	3	5	订单处理	2
订单输入错误率	每周 1 次	过去	P	3	5	订单处理	2
上次下订单至今超过____周的**关键客户**名单	每周 1 次	过去	R	5	5	订单处理	2
主要产品/服务的**订单执行周期**长度	每季度 1 次	过去	R	3	3	订单处理	2
其他客户的发票发生**定价误差**的数量	每月 1 次	过去	P	4	3	定价	2
关键客户的发票发生**定价误差**的数量	每周 1 次	过去	P	5	3	定价	2
在安装过程中发现的**缺陷产品**的数量（包括在开始使用的 90 天以内发现的情况）	每周 1 次	过去	R	5	5	质量	2
每 100 万个____的**缺陷**数量（六西格玛测量流程）	每月 1 次	过去	R	4	4	质量	2

（续）

评价指标	评价频率	时间区间（过去、当前、未来）	成果指标（R）或绩效指标（P）	强度	可行性	关键词	评价指标类别
由于设备故障引起的**质量**问题	每月1次	过去	R	4	3	质量	2
安全可靠的**主要流程**的数量	每季度1次	过去	R	4	4	质量	2
本周退回的**有缺陷的关键产品**的数量	每周1次	过去	R	5	5	质量	2
可能造成环境污染的**险肇事件**	全天候进行评价	当前	R	5	5	事故	3
发生**事故**和违反安全条例的情况	全天候进行评价	当前	R	5	5	事故	3
车队道路交通事故	全天候进行评价	当前	R	5	5	事故	3
事故的数量或者因事故导致的时间损失（按事故原因列出）	每月1次	过去	R	5	4	事故	3
每10万个工时中发生的**事故**的数量	每月1次	过去	R	5	4	事故	3
一周内因伤损失工时的人员数量	每周1次	过去	R	4	5	事故	3
紧急呼叫电话等待时长超过____秒的情况	全天候进行评价	当前	P	5	4	应急响应	3
应急响应时间超过规定时限的情况	全天候进行评价	当前	P	5	4	应急响应	3
应急响应的平均时间	每周1次	过去	R	4	4	应急响应	3

（续）

评价指标	评价频率	时间区间（过去、当前、未来）	成果指标（R）或绩效指标（P）	强度	可行性	关键词	评价指标类别
下次健康和安全审查的日期	每月1次	未来	R	5	5	健康和安全	3
下个月计划的安全检查次数	每月1次	未来	R	5	5	健康和安全	3
提出两周后仍未解决的健康和安全问题	每周1次	过去	R	5	5	健康和安全	3
无高级驾驶证的情况下每天驾驶时间超过8小时的员工	每季度1次	过去	R	3	3	健康和安全	3
下个月、未来2~3个月、未来4~6个月为支持高校（未来公司员工来源地）而计划实施的项目数量	每季度1次	未来	R	4	5	社区参与	4
一个月内招募的志愿者	每月1次	过去	R	5	5	社区参与	4
参与社区活动的员工数量	每季度1次	过去	R	2	2	社区参与	4
每季度向社区组织捐款的情况	每季度1次	过去	R	4	5	社区参与	4
参与当地社区提高工作技能活动的员工人数	每季度1次	过去	R	4	4	社区参与	4
由公司员工作为志愿者参与的外部慈善机构的数量	每季度1次	过去	R	3	3	社区参与	4

（续）

评价指标	评价频率	时间区间（过去、当前、未来）	成果指标（R）或绩效指标（P）	强度	可行性	关键词	评价指标类别
过去一年社区赞助项目的数量	每季度1次	过去	R	3	5	社区参与	4
生产过程中产生的排放量	每天1次	当前	R	4	5	环境	4
未来3个月要颁发的环境/社区奖励条目	每季度1次	未来	R	3	5	环境	4
下个月、未来2~3个月将要实施的环保创新项目的数量（按地点统计）	每月1次	未来	R	3	5	环境	4
下次进行环境灾难清理演习的日期	每季度1次	未来	P	4	5	环境	4
上次进行环境灾难清理演习的日期，按演习的类型统计	每季度1次	过去	P	4	5	环境	4
主要工厂消耗的能源	每天1次	当前	R	4	5	环境	4
当前环保项目所占的百分比	每月1次	过去	R	5	3	环境	4
在过去30天内实施的环保创新项目的数量（按地点统计）	每月1次	过去	R	3	5	环境	4
通过外部调查得到的环境满意度数据	每年1次	过去	R	3	3	环境	4
1周内收到的环境投诉的数量	每周1次	过去	R	5	5	环境	4

（续）

评价指标	评价频率	时间区间（过去、当前、未来）	成果指标（R）或绩效指标（P）	强度	可行性	关键词	评价指标类别
在生产过程中使用的可回收材料所占的百分比	每周 1 次	过去	R	3	5	环境	4
计划于下个月、未来 2~3 个月、未来 4~6 个月开展的媒体报道活动的数量	每月 1 次	未来	P	3	5	公共关系	4
下次首席执行官召开新闻发布会的日期	每月 1 次	未来	P	3	5	公共关系	4
过去 30 天或 60 天内发布在报纸和期刊上的正面的新闻稿件的数量	每月 1 次	过去	R	5	5	公共关系	4
过去 30 天或 60 天内发布在报纸和期刊上的正面和负面的文章的数量	每月 1 次	过去	R	3	3	公共关系	4
报道关键新闻稿件的报纸 / 广播电台的数量	每月 1 次	过去	R	5	3	公共关系	4
上个月、上 2~3 个月、上 4~6 个月报纸中有关首席执行官、董事会成员、公司标识、公司场所的照片的数量	每月 1 次	过去	R	3	3	公共关系	4
熟悉我们公司运营情况且受人尊敬的新闻记者的人数	每季度 1 次	过去	R	4	5	公共关系	4

（续）

评价指标	评价频率	时间区间（过去、当前、未来）	成果指标（R）或绩效指标（P）	强度	可行性	关键词	评价指标类别
浪费 —— 废料、废弃品、未充分利用的产能、闲置时间、停工时间、超额生产等	每周 1 次	过去	R	4	4	浪费	4
后期回收的**废物**所占的百分比	每周 1 次	过去	R	4	4	浪费	4
产生的**废物**和废料	每周 1 次	过去	R	3	3	浪费	4
每周**用水量**与每周生产量的比较	每周 1 次	过去	R	3	3	浪费	4
向**候选人**（非关键职位）发布录用通知后，超过 48 小时仍未得到答复的情况	每天 1 次	当前	P	5	5	招聘	5
向决定录用的**候选人**（关键职位）发布录用通知后，超过 48 小时仍未得到答复的情况	全天候进行评价	当前	P	5	5	招聘	5
潜在**候选人**对工作职位表示出兴趣，3 天后仍没有得到答复的情况	每天 1 次	当前	P	5	5	招聘	5
筛选出来的进入下一轮面试的**候选人**名单	每天 1 次	未来	P	3	4	招聘	5
新员工对**招聘**过程提出的反馈意见	每次做新员工调查时进行评价	过去	R	3	3	招聘	5

（续）

评价指标	评价频率	时间区间（过去、当前、未来）	成果指标（R）或绩效指标（P）	强度	可行性	关键词	评价指标类别
接受过招聘实践培训的管理者的人数	每月1次	过去	R	3	3	招聘	5
本月完成的内部人员申请企业职位的数量	每月1次	过去	R	3	3	招聘	5
内部晋升的一级和二级管理者的人数	每季度1次	过去	R	3	3	招聘	5
招聘职位候选人的人数	每季度1次	过去	R	3	3	招聘	5
在职员工推荐的候选人的人数	每季度1次	过去	R	4	5	招聘	5
未接受竞争企业聘用而选择入职本企业的员工的百分比	每季度1次	过去	R	5	4	招聘	5
同一岗位内部聘用和外部聘用人员的比例	每季度1次	过去	R	3	3	招聘	5
入职一年的新员工的流动情况	每季度1次	过去	R	3	3	招聘	5
年龄超过___岁的关键员工的百分比	每季度1次	过去	R	3	3	招聘	5
测试候选人能力的确定日期	每周1次	过去	P	5	5	招聘	5
两周前结束面试的正在进行中的招聘	每周1次	过去	P	5	5	招聘	5

（续）

评价指标	评价频率	时间区间（过去、当前、未来）	成果指标（R）或绩效指标（P）	强度	可行性	关键词	评价指标类别
尚未在相关网站上公布待聘职位信息的已知**空缺职位**	每周1次	过去	R	3	3	招聘	5
招聘职务超过＿＿级别，尚未对候选人资格进行**真实性检查**	每周1次	过去	P	4	3	招聘	5
需要填补的**空缺职位**的数量（按类别的重要性进行统计）	每周1次	过去	P	5	5	招聘	5
下一个假期为**学生**提供实习的岗位的数量	每周1次	未来	R	5	5	学生实习	5
上个季度完成实习的**学生**人数（跟踪潜在的员工）	每季度1次	过去	R	5	5	学生实习	5
按照部门和主要原因分别列出员工缺勤情况	每月1次	过去	R	5	5	旷工	6
生病超过两周，且没有复工计划的员工	每周1次	过去	P	3	5	旷工	6
下一次发布首席执行官简报的日期	每月1次	未来	P	5	5	沟通	6
上个月添加到知识管理系统的流程、步骤和材料的数量	每月1次	过去	R	3	3	沟通	6
其他团队也参加的团队餐会的次数	每月1次	过去	R	3	3	沟通	6

（续）

评价指标	评价频率	时间区间（过去、当前、未来）	成果指标（R）或绩效指标（P）	强度	可行性	关键词	评价指标类别
下周/未来两周首席执行官进行**褒奖**的次数	每周1次	未来	P	5	5	表彰	6
上周/过去两周首席执行官进行**褒奖**的次数	每周1次	过去	P	5	5	表彰	6
下周/未来两周由各管理者进行**褒奖**的次数	每周1次	未来	P	5	5	表彰	6
具有最佳**按时交付**记录的团队（向总经理和企业全体员工进行汇报）	每周1次	过去	P	4	4	表彰	6
应**休年假**超过30天的员工	每月1次	过去	P	3	5	员工休假	6
应**休年假**超过＿＿天的员工的百分比	每季度1次	过去	R	3	3	员工休假	6
下次进行**员工满意度**调查的日期	每月1次	未来	P	3	5	员工满意度	6
员工对工作与生活平衡的满意度（来自对全体**员工**的调查结果）	每次做调查时进行评价	过去	R	4	3	员工满意度	6
女性经理所占百分比	每月1次	过去	R	3	5	员工满意度	6
在过去6个月从事内部**用户满意度**调查的团队数量	每月1次	过去	P	4	3	员工满意度	6

（续）

评价指标	评价频率	时间区间（过去、当前、未来）	成果指标（R）或绩效指标（P）	强度	可行性	关键词	评价指标类别
统计过去3个月**海外工作天数**时间最长的前20位员工（不包括迁移工作地点的员工）	每季度1次	过去	R	3	4	员工满意度	6
在同一岗位上工作超过两年的**业绩优秀的员工**名单	每季度1次	过去	R	5	4	员工满意度	6
提出两周后仍未解决的**员工投诉**	每周1次	过去	R	5	5	员工满意度	6
在**员工满意度**调查后实施的举措数量	在调查后每周评价1次，为期4个月	过去	P	5	5	员工满意度	6
过去3个月根据**离职面谈**反馈实施的措施数量	每月1次	过去	P	5	5	员工满意度	6
递交辞呈的关键职位员工（当天向首席执行官汇报）	全天候进行评价	当前	P	5	5	员工流动率	6
离职员工的工龄（按时长分别统计：不足1年、2~5年、6~10年等）	每月1次	过去	R	3	5	员工流动率	6
在企业工作超过3年的有经验的**员工**的流动率	每月1次	过去	R	4	5	员工流动率	6
员工入职1年内离职、**员工流动率**高的部门的管理者名单	每月1次	过去	P	4	5	员工流动率	6

（续）

评价指标	评价频率	时间区间（过去、当前、未来）	成果指标（R）或绩效指标（P）	强度	可行性	关键词	评价指标类别
女性员工的流动率	每月1次	过去	R	4	5	员工流动率	6
按种族划分的员工的流动率	每月1次	过去	R	4	5	员工流动率	6
入职3个月、6个月、12个月内离职的员工人数，按部门汇报	每季度1次	过去	R	4	5	员工流动率	6
占资本支出前10名的重大项目的状态（已完成、正在进行、落后、有风险）	每月1次	过去	R	5	4	资本支出	7
本年度技术资本支出占预算的百分比	每月1次	过去	R	4	4	资本支出	7
实际工时与计划工时	每月1次	过去	R	3	3	资本支出	7
关键资产的平均年限	每月1次	过去	R	5	3	资本支出	7
自由现金流（运营现金流－资本支出）	每月1次	过去	R	5	5	现金流	7
主要任务完成金额的百分比	每月1次	过去	P	5	3	现金流	7
当前库存的关键原材料可维持的平均生产天数（仅限关键原材料）	每月1次	过去	R	5	5	现金流	7

（续）

评价指标	评价频率	时间区间（过去、当前、未来）	成果指标（R）或绩效指标（P）	强度	可行性	关键词	评价指标类别
迄今为止已**按进度付**款的当前营收项目的数量	每月 1 次	过去	R	3	4	现金流	7
现金流周期——从现金支出到兑现的时间长度	每季度1 次	过去	R	3	2	现金流	7
债务股本比	每月 1 次	过去	R	5	5	现金流	7
每年移动电话通话的平均费用	每月 1 次	过去	R	3	3	成本控制	7
间接费用占销售额的百分比	每月 1 次	过去	R	5	5	成本控制	7
年初至今的团队**支出**加上从现在到年末的预计团队支出（实际和预计的年度支出情况）	每月 1 次	过去	P	4	4	成本控制	7
直接、间接劳动的每小时平均**人工成本**和总人工成本	每月 1 次	过去	R	2	2	成本控制	7
在行政管理费用中**信息技术费用**所占的百分比	每季度1 次	过去	R	3	5	成本控制	7
外部机构评定的**信用等级**	每季度1 次	过去	R	5	5	成本控制	7
维护 1 个**客户账户**的平均成本	每季度1 次	过去	R	1	2	成本控制	7
行政管理费用占总保险费的百分比	每季度1 次	过去	R	3	5	成本控制	7

（续）

评价指标	评价频率	时间区间（过去、当前、未来）	成果指标（R）或绩效指标（P）	强度	可行性	关键词	评价指标类别
每周加班 20 小时以上的员工人数	每月 1 次	过去	R	4	2	成本控制	7
员工平均加班时间（按工作类型统计）	每月 1 次	过去	R	3	3	成本控制	7
在错过付款期限后 5 天内仍未联系到的债务人	每月 1 次	过去	P	5	5	债务人	7
坏账占营业额的百分比	每月 1 次	过去	R	4	5	债务人	7
应收账款的收款天数	每月 1 次	过去	R	3	5	债务人	7
超期 30 天/60 天/90 天的债务人	每周 1 次	过去	R	5	5	债务人	7
利息成本可由息税前利润覆盖的次数（滚动年度数字）	每季度 1 次	过去	R	4	5	财务报告	7
各主要部门的净盈余/赤字	每月 1 次	过去	R	3	5	财务报告	7
已动用资本回报率	每月 1 次	过去	R	4	5	财务报告	7
资产净值回报率	每月 1 次	过去	R	4	4	财务报告	7
净资产收益率	每月 1 次	过去	R	4	5	财务报告	7
员工平均业绩收入	每月 1 次	过去	R	3	5	财务报告	7

（续）

评价指标	评价频率	时间区间（过去、当前、未来）	成果指标（R）或绩效指标（P）	强度	可行性	关键词	评价指标类别
收入占总资产的百分比	每月 1 次	过去	R	3	5	财务报告	7
各销售团队的销售额	每月 1 次	过去	R	5	5	财务报告	7
总资产/员工人数	每月 1 次	过去	R	3	3	财务报告	7
在建工程的价值	每月 1 次	过去	R	3	5	财务报告	7
投保人索赔的数额	每月 1 次	过去	R	4	4	财务报告	7
各个类别的投保人索赔的价值	每月 1 次	过去	R	3	4	财务报告	7
各个细分市场的销售增长率	每季度 1 次	过去	R	4	5	财务报告	7
新的保险产品收到的保险费	每季度 1 次	过去	R	4	5	财务报告	7
关键产品降价情况	每周 1 次	过去	R	3	3	财务报告	7
销售额与销售成本的比率	每月 1 次	过去	R	4	3	财务报告	7
前一天的销售额	每天 1 次	当前	P	5	5	财务报告	7
销售额排名前 10 的产品的销售天数	每周 1 次	过去	R	5	4	财务报告	7

（续）

评价指标	评价频率	时间区间（过去、当前、未来）	成果指标（R）或绩效指标（P）	强度	可行性	关键词	评价指标类别
每平方英尺 [⊖]的销售额	每月1次	过去	R	5	5	财务报告	7
主要业务部门的毛利率	每月1次	过去	R	5	5	盈利能力	7
主要业务部门的净收入	每月1次	过去	R	4	5	盈利能力	7
每位员工的息税前利润（美元）	每月1次	过去	R	4	2	盈利能力	7
毛利率 ＞＿＿＿ ％的产品	每季度1次	过去	R	5	3	盈利能力	7
主要产品的毛利率	每月1次	过去	R	3	3	盈利能力	7
核心产品的利润率	每季度1次	过去	R	4	2	盈利能力	7
经销商的利润率	每季度1次	过去	R	4	4	盈利能力	7
每位员工的经济附加值（美元）	每季度1次	过去	R	3	2	盈利能力	7
计划更换过时服务/产品的日期	每月1次	未来	R	4	5	放弃	8
预计主要产品线面临淘汰的日期	每季度1次	未来	R	3	4	放弃	8

⊖　1平方英尺≈0.09平方米。

（续）

评价指标	评价频率	时间区间（过去、当前、未来）	成果指标（R）或绩效指标（P）	强度	可行性	关键词	评价指标类别
未来30天、60天和90天内计划**放弃**的项目数量	每周1次	未来	P	5	5	放弃	8
因为**绩效**不达标或其他问题解雇的员工人数	每月1次	过去	R	2	4	放弃	8
各团队每月通过**放弃**而节省的时间（每月介绍该领域中业绩优秀的团队的情况）	每月1次	过去	P	2	2	放弃	8
上个月各团队**放弃**的项目清单	每月1次	过去	P	5	5	放弃	8
已被永久**解散**的会议的清单	每月1次	过去	P	3	4	放弃	8
本月终止的**汇报**数量	每月1次	过去	P	4	5	放弃	8
现在仍在使用但超过其**自然更换**期限的主要车间和设备的清单	每月1次	过去	R	4	5	放弃	8
参与重大项目的**承包商**的数量	每月1次	过去	P	3	5	承包商管理	8
承包商占员工总数的百分比	每季度1次	过去	R	3	3	承包商管理	8
工作超过3个月的**承包商**的数量	每季度1次	过去	P	4	3	承包商管理	8

（续）

评价指标	评价频率	时间区间（过去、当前、未来）	成果指标（R）或绩效指标（P）	强度	可行性	关键词	评价指标类别
信息技术承包商占信息技术员工总数的百分比	每季度1次	过去	P	3	5	承包商管理	8
信息技术承包商占信息技术员工总数的百分比	每季度1次	过去	R	3	3	承包商管理	8
发票支付延误的账户数量	每月1次	过去	P	4	5	内部流程	8
足额、按时付款的百分比（不包括工资）	每月1次	过去	R	3	3	内部流程	8
月末留出的向首席执行官汇报本月财务状况的时间	每月1次	过去	P	4	5	内部流程	8
月末留出的向预算部门汇报本月情况的时间	每月1次	过去	P	4	5	内部流程	8
每个团队内部网页的最近一次更新的时间	每月1次	过去	R	3	5	内部流程	8
4类工时所占的百分比（有效工时、无效工时、行政管理工时、其他）	每周1次	过去	R	5	4	内部流程	8
与同客户沟通的预算时间相比，实际使用的时间	每周1次	过去	R	3	3	内部流程	8
高级管理团队要求的报告/文件逾期的数量	每周1次	过去	R	4	4	内部流程	8

（续）

评价指标	评价频率	时间区间（过去、当前、未来）	成果指标（R）或绩效指标（P）	强度	可行性	关键词	评价指标类别
尚未按时开具发票的按照进度支付的账单数量	每月1次	过去	P	4	5	内部流程	8
按时开具的销售发票所占的百分比（从发货起____天以内）	每月1次	过去	P	4	3	内部流程	8
计时失误（例如，给已完成的作业或者错误作业计时并对其收费）	每月1次	过去	P	3	3	内部流程	8
返还给制作人要求其重做、重新提交的规划许可（数量和金额）	每月1次	过去	P	4	4	内部流程	8
已逾期的规划许可申请	每周1次	过去	P	4	4	内部流程	8
违反条件的服务水平协议	每月1次	过去	R	3	3	内部流程	8
信息技术支持请求得到解决的平均时间	每月1次	过去	R	4	4	内部流程	8
未完成的主要信息技术服务请求的平均等待时间	每月1次	过去	R	4	4	内部流程	8
通过学习课程跟进的事件数量	每月1次	过去	R	4	4	内部流程	8
未使用的软件许可证数量（按部门统计）	每季度1次	过去	R	4	4	内部流程	8

（续）

评价指标	评价频率	时间区间（过去、当前、未来）	成果指标（R）或绩效指标（P）	强度	可行性	关键词	评价指标类别
使用计算机多年的员工人数	每月1次	过去	R	4	4	信息技术服务台	8
当月完成的信息技术服务请求	每月1次	过去	R	4	4	信息技术服务台	8
服务台在一天内答复的电子邮件的百分比	每月1次	过去	R	2	3	信息技术服务台	8
停用超过＿＿＿天的计算机数量	每月1次	过去	R	3	3	信息技术服务台	8
未寻求帮助或未得到服务台帮助的员工的百分比	每月1次	过去	R	3	3	信息技术服务台	8
服务台未处理的求助数量	每周1次	过去	R	5	5	信息技术服务台	8
应付账款分类账上的供应商数量	每季度1次	过去	R	2	5	应付账款	7
应付账款的占用天数	每月1次	过去	R	2	3	应付账款	7
有争议的采购发票数量	每月1次	过去	R	4	3	应付账款	7
应付账款发票在收到后＿＿＿天内得到处理的百分比	每月1次	过去	P	4	4	应付账款	7

（续）

评价指标	评价频率	时间区间（过去、当前、未来）	成果指标（R）或绩效指标（P）	强度	可行性	关键词	评价指标类别
向授权经销商**大额采购**（超过____美元）所占的百分比	每月1次	过去	P	2	2	应付账款	7
月末发现各部门未记录的超过____美元的负债数量	每月1次	过去	R	3	5	应付账款	7
采取**提前付款折扣**的供应商数量	每季度1次	过去	R	3	3	应付账款	7
达成长期协议的战略**供应关系**的数量	每季度1次	过去	R	3	5	应付账款	7
足额、按时**支付工资**的百分比	每月1次	过去	P	4	4	工资	7
上一次**工资核算**进行后的工资更正次数	每周1次	过去	R	3	3	工资	7
企业内部课程中**空缺的领导者人数**（在计划开课日期的前3周，每天向首席执行官汇报）	每天1次	当前	P	4	3	员工管理	8
下个月、未来2~3个月、未来4~6个月计划完成的**领导力创新项目**的数量	每月1次	未来	P	4	3	员工管理	8
下次针对一级和二级管理者进行**360度反馈调查**的日期	每月1次	未来	P	3	5	员工管理	8

（续）

评价指标	评价频率	时间区间（过去、当前、未来）	成果指标（R）或绩效指标（P）	强度	可行性	关键词	评价指标类别
未来 3 个月计划晋升高绩效员工的数量	每月 1 次	未来	R	3	4	员工管理	8
下次高级管理团队成员计划参加高级管理课程的日期	每月 1 次	未来	P	4	5	员工管理	8
提出 2 周后仍未解决的员工投诉	每月 1 次	过去	R	5	5	员工管理	8
已完成的员工绩效考核所占的百分比	每月 1 次	过去	P	3	4	员工管理	8
入职不到 3 个月、接受过录用后面试的员工所占的百分比	每月 1 次	过去	P	4	4	员工管理	8
按时完成的绩效考核所占的百分比	每月 1 次	过去	R	3	4	员工管理	8
使用每日例会和其他灵活方法的团队数量	每月 1 次	过去	P	3	3	员工管理	8
企业员工人数	每月 1 次	过去	R	3	5	员工管理	8
能在企业总账簿上查看本部门账户的管理者的人数	每月 1 次	过去	R	3	4	员工管理	8
上个月为新秀举办指导会议的次数	每月 1 次	过去	R	4	3	员工管理	8

（续）

评价指标	评价频率	时间区间（过去、当前、未来）	成果指标（R）或绩效指标（P）	强度	可行性	关键词	评价指标类别
上个月为其他员工举办指导会议的次数	每月1次	过去	R	3	3	员工管理	8
年龄低于___岁的员工所占的百分比	每季度1次	过去	R	2	2	员工管理	8
受过高等教育的员工所占的百分比	每季度1次	过去	R	2	4	员工管理	8
员工在本企业的平均服务年限	每季度1次	过去	R	2	3	员工管理	8
获得前5种技术职位认证的员工数量	每季度1次	过去	R	3	3	员工管理	8
有接班人计划的关键职位的数量	每季度1次	过去	P	4	5	员工管理	8
没有导师的三级管理者名单	每周1次	过去	P	5	3	员工管理	8
没有导师的高绩效员工人数	每周1次	过去	P	4	4	员工管理	8
没有导师的一级和二级管理者名单（向首席执行官汇报）	每周1次	过去	P	5	5	员工管理	8
接受过交叉培训的员工所占的百分比	每季度1次	过去	R	4	4	员工管理	8
上季度内部晋升的人数	每月1次	过去	R	4	3	员工管理	8

（续）

评价指标	评价频率	时间区间（过去、当前、未来）	成果指标（R）或绩效指标（P）	强度	可行性	关键词	评价指标类别
预计会在下次送货前**缺货**的关键产品（向首席执行官汇报）	每天 1 次	未来	R	5	5	库存	9
当前**库存水平**满足销售需求的天数（仅限主要库存产品）	每月 1 次	过去	R	3	3	库存	9
主要库存产品的**当前库存水平**超过最大限度或低于最低限度的情况	每月 1 次	过去	R	4	4	库存	9
有库存的成品的**平均销售天数**	每月 1 次	过去	R	3	3	库存	9
经测试**库存**记录系统正确记录实际库存量的百分比	每月 1 次	过去	R	3	3	库存	9
过量**库存**——库存水平超出正常需求（超出____天销售量的库存清单，以及上次出货在 1 年前的库存清单）	每季度 1 次	过去	R	4	4	库存	9
1 周里主要库存物品**缺货**的次数	每周 1 次	过去	R	4	5	库存	9
未来排名前 5 位的**新产品**/新服务的预计上市日期	每周 1 次	未来	R	4	5	新产品	10

（续）

评价指标	评价频率	时间区间（过去、当前、未来）	成果指标（R）或绩效指标（P）	强度	可行性	关键词	评价指标类别
晚于计划时间**推出产品**或服务的情况	每周1次	过去	R	4	3	新产品	10
新产品（推出时间小于＿年）占企业全部产品的百分比	每季度1次	过去	R	3	3	新产品	10
重点产品在设计完成后进行的**后期变更**	每月1次	过去	R	5	5	新产品	10
新产品/新服务带来的收入	每月1次	过去	R	4	3	新产品	10
盈利的**新产品**的数量（季销售额超过＿＿美元，而且占毛利的百分比超过＿%）	每季度1次	过去	R	4	3	新产品	10
新产品从初期规划到上市花费的实际时间（仅限主要产品）	每季度1次	过去	R	3	3	新产品	10
新产品或新业务带来的利润（美元）	每季度1次	过去	R	4	2	新产品	10
本季度完成的新产品的**设计周期**	每季度1次	过去	R	3	4	新产品	10
已经应用于产品中的**专利**的申请和颁发情况	每月1次	过去	R	3	5	专利	10
关键产品的平均**专利**年龄	每季度1次	过去	R	2	5	专利	10

（续）

评价指标	评价频率	时间区间（过去、当前、未来）	成果指标（R）或绩效指标（P）	强度	可行性	关键词	评价指标类别
注册专利的数量	每季度1次	过去	R	3	5	专利	10
完成产品原型的日期	每月1次	未来	R	4	5	研发	10
发表研究论文的数量	每季度1次	过去	R	3	4	研发	10
研发支出占产品销售额的百分比	每季度1次	过去	R	3	3	研发	10
研究团队投入研发的时间所占的百分比（排除行政管理时间等）	每季度1次	过去	R	2	3	研发	10
研发投资（美元）	每季度1次	过去	R	2	3	研发	10
设计导致的主要产品的质量问题	每周1次	过去	R	5	3	研发	10
各部门在下个月、未来2或3个月将全面投入使用的创新项目的数量	每月1次	未来	R	5	5	创新	11
下次创新培训的会议日期	每月1次	未来	P	4	5	创新	11
对关键服务进行下一次主要创新的日期	每月1次	未来	R	4	4	创新	11
团队实施的创新项目的数量	每月1次	过去	P	5	3	创新	11

（续）

评价指标	评价频率	时间区间（过去、当前、未来）	成果指标（R）或绩效指标（P）	强度	可行性	关键词	评价指标类别
团队员工建议实施的创新项目的数量	每月1次	过去	P	5	4	创新	11
对其他产品（非主要产品）实施创新举措的数量	每月1次	过去	R	3	3	创新	11
各团队员工在滚动的12个月内实施创新项目的平均数量	每季度1次	过去	P	5	3	创新	11
上季度对主要产品实施创新举措的数量	每季度1次	过去	R	3	4	创新	11
建议的与实际实施的创新项目之比	每季度1次	过去	R	3	3	创新	11
过去18个月主要创新项目的达成度（超出预期、达到预期、低于预期、放弃）	每季度1次	过去	R	3	3	创新	11
为纠正设计缺陷对主要的新产品进行变更的数量	每季度1次	过去	R	3	3	创新	11
滞后的创新项目的数量	每周1次	过去	P	5	3	创新	11
向首席执行官汇报计划在30天、60天、90天内实施的创新项目的数量	每周1次	过去	P	5	4	创新	11

（续）

评价指标	评价频率	时间区间（过去、当前、未来）	成果指标（R）或绩效指标（P）	强度	可行性	关键词	评价指标类别
从竞争对手处复制来的**创新**项目的数量	每月 1 次	过去	R	5	5	创新	11
未来 3 个月内为避免重复实施而**整合的流程的数量**	每季度1 次	未来	R	3	3	精益流程	11
能够在线获取**客户信**息的面向客户的员工所占的百分比	每月 1 次	过去	R	3	3	精益流程	11
与**客户**进行互动的员工所占的百分比	每月 1 次	过去	R	2	3	精益流程	11
上个季度转换为电子自动化交易的**人工交易**的数量	每季度1 次	过去	R	4	4	精益流程	11
过去___个月内更新政策和程序手册的团队的数量	每月 1 次	过去	P	3	5	精益流程	11
生产设定 /**转换**时间	每周 1 次	过去	P	4	4	精益流程	11
中断生产的紧急工作的数量	每周 1 次	过去	R	5	5	精益流程	11
在截止日期前提交的**时间表**的百分比	每周 1 次	过去	R	2	4	精益流程	11
迟交**时间表**的员工名单	每周 1 次	过去	R	5	5	精益流程	11

（续）

评价指标	评价频率	时间区间（过去、当前、未来）	成果指标（R）或绩效指标（P）	强度	可行性	关键词	评价指标类别
外包前的运营成本与现在的总成本对比	每年1次	过去	R	3	3	精益流程	11
交易完全无纸化的主要供应商的数量	每季度1次	过去	R	3	3	精益流程	11
投入年度计划的已用周数	每周1次	过去	R	3	5	精益流程	11
自有／租赁房屋的利用率	每月1次	过去	R	4	3	精益流程	11
超过24小时未被占用的床位数	每天1次	当前	R	5	5	精益流程	11
因病床短缺而取消的手术的数量	每天1次	当前	R	5	5	精益流程	11
每个病房的病人的平均住院时间	每月1次	过去	R	3	3	精益流程	11
积极参加临床试验的病人数量	每月1次	过去	R	3	3	精益流程	11
每个员工每年用于健康和安全的支出	每年1次	过去	R	3	3	精益流程	11
提交行业奖项的数量	每季度1次	过去	R	3	5	精益流程	11
上次参加标杆调查的日期	每季度1次	过去	R	3	5	精益流程	11
不会参加未来两周企业内部课程的团队（每天向首席执行官报告）	每天1次	未来	P	5	5	培训	11

（续）

评价指标	评价频率	时间区间（过去、当前、未来）	成果指标（R）或绩效指标（P）	强度	可行性	关键词	评价指标类别
下个月、未来 2~3 个月、未来 4~6 个月计划开展的**培训**小时数（**团队**参加的外部 / 内部课程）	每月 1 次	未来	P	4	3	培训	11
下个月、未来 2~3 个月、未来 4~6 个月计划开展的**培训**小时数（**高级管理团队**参加的外部 / 内部课程）	每月 1 次	未来	P	4	3	培训	11
各团队年度平均**培训**天数	每月 1 次	过去	P	4	5	培训	11
各团队本月参加的**培训**天数	每月 1 次	过去	P	3	5	培训	11
参加过关键**培训**课程（如领导力、压力管理等）的员工人数	每月 1 次	过去	P	4	5	培训	11
未利用**关键销售技术**的关键销售人员的数量	每月 1 次	过去	R	3	3	培训	11
满足持续专业发展要求的**员工**所占的百分比	每季度 1 次	过去	R	3	2	培训	11
就**职业发展规划**达成一致的员工人数	每季度 1 次	过去	R	4	3	培训	11
各团队中接受**交叉培训**的人员所占的百分比	每季度 1 次	过去	P	3	3	培训	11

（续）

评价指标	评价频率	时间区间（过去、当前、未来）	成果指标（R）或绩效指标（P）	强度	可行性	关键词	评价指标类别
参加过**急救**培训的员工人数	每季度1次	过去	P	3	3	培训	11
上季度**企业内部课程**的培训小时数	每季度1次	过去	R	5	3	培训	11
参与**进修**的员工所占的百分比	每季度1次	过去	R	3	3	培训	11
因工作需要而**未参加**课程的员工	每周1次	过去	P	5	5	培训	11
入职两周内未参加新员工**入职培训**的新员工（向首席执行官汇报）	每周1次	过去	P	5	5	培训	11
预定的跨部门培训活动的数量	每月1次	过去	R	3	3	培训	11
正在完成企业支持的**外部资格认证**的员工人数	每季度1次	过去	R	3	3	培训	11
已用于培训的涉及问题行为的**案例研究**的数量	每月1次	过去	P	3	3	培训	11
各部门在过去6个月中没有接受过任何**培训**的员工数量	每月1次	过去	P	5	5	培训	11
因**设备停机**而损失的小时数	每周1次	过去	R	3	3	维护	12
计划外与计划内的**维修支出**之比	每月1次	过去	R	5	4	维护	12

（续）

评价指标	评价频率	时间区间（过去、当前、未来）	成果指标（R）或绩效指标（P）	强度	可行性	关键词	评价指标类别
延迟**维修**的总价值	每月 1 次	过去	R	3	3	维护	12
不定期**维修**的来电数量	每周 1 次	过去	R	3	3	维护	12
因材料短缺而导致的**生产计划**延误	每天 1 次	当前	R	5	4	生产	12
关键产品线的**生产任务**没有按时完成的情况	每天 1 次	当前	R	4	4	生产	12
由于**生产计划**的改变或实际情况偏离生产计划而损失的时间	每月 1 次	过去	R	5	2	生产	12
紧急**生产量**（计划不周的标志）占平均日生产量的百分比	每周 1 次	过去	P	3	3	生产	12
在任何阶段都没有返工现象，通过所有**工序检测**的产品数量	每周 1 次	过去	R	4	4	生产	12
排名前 10 的产品线的平均**生产**时间	每周 1 次	过去	R	4	3	生产	12
产品收得率（所生产的符合用途的产品占总产品的百分比）	每周 1 次	过去	R	5	5	生产	12
生产率的提高（百分比）	每周 1 次	过去	R	4	4	生产	12
生产周期的时间（每个阶段的时间）——排名前 5 的产品线的生产情况	每月 1 次	过去	R	2	2	生产	12

（续）

评价指标	评价频率	时间区间（过去、当前、未来）	成果指标（R）或绩效指标（P）	强度	可行性	关键词	评价指标类别
违反信息技术协议的行为	每天 1 次	当前	P	5	5	安全	12
未经授权即使用尚未修复且禁止使用的计算机设备	每天 1 次	当前	P	3	3	安全	12
最近一次从远程站点备份中恢复数据的测试日期	每月 1 次	过去	P	5	5	安全	12
本月被病毒破坏的计算机的数量	每月 1 次	过去	R	3	3	安全	12
超过___天未备份的关键系统	每月 1 次	过去	R	3	3	安全	12
垃圾邮件监测失败的次数	每月 1 次	过去	R	2	2	安全	12
企业使用的主要的现成的应用程序的变更次数	每月 1 次	过去	R	5	5	系统	12
关键系统在办公时间内无法使用的小时数（列出前 10 名问题最严重的关键系统）	每月 1 次	过去	R	3	3	系统	12
关键系统的现有用户数量	每月 1 次	过去	R	5	3	系统	12
计划为每个关键系统开展的定制的数量	每月 1 次	过去	R	5	5	系统	12

（续）

评价指标	评价频率	时间区间 （过去、当前、未来）	成果指标 （R）或 绩效指标 （P）	强度	可行性	关键词	评价指标类别
关键系统晚间未备份的天数	每周1次	过去	R	5	5	系统	12
主要系统平均的主机响应时间	每周1次	过去	R	4	5	系统	12
一周内关键系统的非计划性中断次数	每周1次	过去	R	3	3	系统	12
接受过___系统培训的员工人数（仅限先进技术）	每季度1次	过去	R	5	3	系统	12
不支持的主要系统、软件或硬件的名称	每月1次	过去	P	5	5	系统	12
在Excel中执行的关键流程的名称	每月1次	过去	P	5	5	系统	12
分配给人工流程的资源（员工）的数量	每月1次	过去	P	5	3	系统	12
预计运行效率低的前10台机器	每天1次	未来	R	3	4	使用	12
排名前5的信息技术系统利用率	每月1次	过去	R	5	4	使用	12
采用精益流程后提高的备件利用率	每月1次	过去	R	3	4	使用	12
人力资源系统的用户数量	每月1次	过去	R	3	5	使用	12

（续）

评价指标	评价频率	时间区间（过去、当前、未来）	成果指标（R）或绩效指标（P）	强度	可行性	关键词	评价指标类别
信息技术程序开发人员花在实际编程上的时间所占的百分比	每月 1 次	过去	R	4	4	使用	12
每月各主要系统的停**工时长**	每月 1 次	过去	R	4	3	使用	12
已与其他系统整合的**系统的数量**	每季度1 次	过去	R	4	5	使用	12
每百公里耗油量超过 10 升的**车辆所占的百分比**	每月 1 次	过去	R	3	3	交通工具	12
上 个 月 里 程 数 超 过 _____ 的车辆	每月 1 次	过去	R	2	1	交通工具	12
在过去 3 年中，在**项目**实施方面表现得最成功的管理者（向首席执行官汇报）	每季度1 次	过去	P	3	5	项目	13
按时间和预算完成的**项目**（占总项目数量或金额的百分比）	每月 1 次	过去	P	4	3	项目	13
当月完成的**项目**数量	每月 1 次	过去	P	3	5	项目	13
由**承包商** / 顾问管理或配备员工的项目数量	每月 1 次	过去	P	4	5	项目	13
为吸取经验教训而进行的**项目后审查**的数量	每月 1 次	过去	P	3	4	项目	13
试点检验完成的日期	每周 1 次	过去	R	3	5	项目	13

（续）

评价指标	评价频率	时间区间（过去、当前、未来）	成果指标（R）或绩效指标（P）	强度	可行性	关键词	评价指标类别
管理者需每周向高级管理团队汇报的**逾期项目清单**	每周 1 次	过去	P	5	5	项目	13
可能无法完成的**项目清单**（项目未分配、项目负责人已离职、项目在过去几个月内无进展）	每周 1 次	过去	P	5	5	项目	13
已经落后于时间表的等待决策的重大**项目**（向首席执行官报告）	每周 1 次	过去	P	5	5	项目	13
正在进行的没有应急计划的重大**项目**	每周 1 次	过去	P	3	4	项目	13
未完成的**项目后审**查的数量（仅限重大项目）	每周 1 次	过去	P	4	4	项目	13
正在**进行的项目数量**（按项目经理和部门统计）	每月 1 次	过去	P	5	5	项目	13
下次与关键客户和合作伙伴开展**战略规划会**议的日期	每季度 1 次	未来	P	3	5	总公司	14
总公司的总成本／员工（企业的全部**员工**）	每月 1 次	过去	R	3	5	总公司	14

（续）

评价指标	评价频率	时间区间（过去、当前、未来）	成果指标（R）或绩效指标（P）	强度	可行性	关键词	评价指标类别
根据最近对总公司职能的内部满意度调查而完成的举措的数量	调查后3个月内每周1次	过去	P	5	5	总公司	14
总公司员工占企业员工总数的百分比	每月1次	过去	R	3	3	总公司	14
总公司员工在办公室外与客户、一线人员、非客户相处的时长（按直属高级经理统计）	每月1次	过去	R	4	3	总公司	14